EL CENTRO
DEL
UNIVERSO

EL CENTRO
DEL
UNIVERSO

LA VISIÓN DE DIOS
PARA EL AMOR, EL SEXO
Y LA INTIMIDAD

HIGH NOON

Agradecimientos

Este libro de estudio Hoon Dok Hwe[1] es el primero en su clase. Está basado en las palabras del Reverendo Sun Myung Moon y la Doctora Hak Ja Han Moon, quienes son llamados en el libro como Padre Verdadero y Madre Verdadera respectivamente, y juntos son los Padres Verdaderos. Cada capítulo explora un tema donde el Padre Verdadero habla con gran pasión. Sus explicaciones claras sobre el diseño de Dios y su deseo para el amor sexual, nos ha inspirado a tener conversaciones abiertas y llenas de preguntas en este libro. Sin su coraje y liderazgo en vida, este libro no podría haber sido escrito. El Padre Verdadero fue un estudiante de la vida desde su niñez y ha tenido experiencias muy profundas en oración con Dios, mientras buscaba entender el origen de nuestra existencia. Lo que descubrió es que los órganos sexuales son el centro del mundo ideal de Dios. Él nos enseñó un nuevo paradigma sobre los órganos sexuales del hombre y de la mujer.

Este libro es una colaboración de diferentes personas, cada una de ellas ha contribuido con elementos únicos para entender las palabras de los Padres Verdaderos en este tema. Estoy muy agradecido con el equipo de escritores quienes son: Poppy Paviour Richie, Robert Cunningham y mi amada esposa Mitsue. Poppy, quien es la coautora de un libro de educación de carácter para K-12, "Descubriendo al verdadero yo", y otras publicaciones educativas, ella ha revisado este proyecto de principio a fin. Robert, un colaborador de mucho tiempo en el trabajo de High Noon, recientemente

---

1. Hoon Dok Hwe es una tradición establecida por los Padres Verdaderos donde se leen las ocho escrituras sagradas, las cuales están diseñadas para aprender la palabra de Dios juntos como familia.

v

recibió la bendición matrimonial, ha ofrecido una perspectiva nueva como esposo joven, y ha apoyado como jefe de proyectos. Aunque el inglés es el segundo idioma de Mitsue, ella ha contribuido mucho en contenido y sorprendentemente en gramática.

También estoy agradecido por Sammy Uyama, director de High Noon, y Andrew Love, el desarrollador de contenido principal en High Noon, por contribuir con sus sabias opiniones en el equipo de revisión. Sammy ayudó en la escritura de muchos capítulos, así como el Dr. Tyler Hendricks, profesor emérito del Seminario Teológico de Unificación, quien siempre estuvo disponible cuando tenía una pregunta teológica o cuando estaba confundido sobre las palabras de los Padres Verdaderos y siempre daba claridad a los temas.

Mai Thurston y Heather Thalheimer que contribuyeron como editoras. Heather dio grandes consejos para pulir el libro. Ella ayudó a extraer el amor y la compasión incorporados en las Palabras del Padre Verdadero para que los lectores puedan sentir el corazón detrás de sus palabras que muchas veces son fuertes y desafiantes. Mai jugó un papel muy importante en mantener constante el tono de los capítulos y organizando las citas.

Estoy muy agradecido por todas las personas quienes compartieron sus experiencias de vida, sus testimonios personales y nos permitieron incluirlos en el libro. Estoy muy agradecido por todo el equipo de staff del Proyecto de Bendición Matrimonial y Escuela del Amor. Estoy en deuda con todos los que atendieron a los programas de High Noon en América, Europa, Corea y el Sudeste de Asia. Las preguntas sinceras y deseos desesperados de crear matrimonios radiantes a través de la bendición matrimonial han tocado mi alma y han causado que navegue profundamente en las palabras de los Padres Verdaderos para encontrar respuestas. Fue a través de las conversaciones con los participantes de todo el mundo que nosotros como High Noon pudimos darnos cuenta de la urgente necesidad de educación en sexualidad basada en las enseñanzas del Principio Divino y en las palabras de los Padres Verdaderos. Mitsue y yo estamos sorprendidos de cuantas personas se han acercado a nosotros después de los programas buscando consejos sobre sus relaciones, pornografía y otros problemas íntimos.

Estoy muy agradecido con Mitsue por haber buscado las citas de los Padres Verdaderos para este libro, ella muchas veces lloraba conmovida por las Palabras del Padre Verdadero que hablaban sobre lo sagrado y precioso que son los órganos sexuales. Para Mitsue y yo, este libro ha sido la continuación de un viaje de vida. Esperamos que también se conmuevan al leer las palabras de los Padres Verdaderos sobre el ideal de Dios para el sexo. Nuestra experiencia ha sido tal que cuando leemos este contenido como pareja, sentimos felicidad más allá de la que se puede imaginar. Estoy eternamente agradecido a los Padres Verdaderos, por su profundo entendimiento y guía sobre el propósito para el que fue creado el sexo y el poder que tiene de cambiar el mundo.

David Wolfenberger
Fundador de High Noon

Prefacio

Para muchos, el tema del sexo trae sentimientos de vergüenza, bochorno y confusión. Como resultado, muchas personas evitan hablar al respecto, a pesar de que se comparte el mismo deseo de experimentar y entender el amor y la sexualidad. El propósito de este libro es de compartir una visión clara y esperanzadora que parten de las enseñanzas del Reverendo Sun Myung Moon y La Doctora Hak Ja Han Moon a quienes con cariño se les llama Padres Verdaderos. Su percepción revolucionaria es que la relación sexual entre esposo y esposa es el centro del universo. Este recurso puede ayudar a jóvenes adultos a cultivar su integridad sexual en preparación para el matrimonio y apoyar a parejas bendecidas[2] a crear intimidad celestial.

Reconocemos que no todos están en el lugar que desearían, en cuanto a sus hábitos y actitudes hacia el sexo o su relación con su conyugue. Queremos alentarlos a empezar desde donde estén y con valentía tomar los pasos necesarios para lograr el ideal de Dios para este hermoso regalo que es la sexualidad.

Son pocos los que han tenido una conversación saludable sobre intimidad sexual al crecer dentro de su familia y son aún menos los que han tenido buenos modelos a seguir. En la cultura de hoy en día, existe mucha desinformación sobre el sexo que proviene de las escuelas, Hollywood y el internet. Debido a que el sexo puede ser un tema vergonzoso, existe poca o ninguna conversación al respecto en los hogares. Así como la mayoría de las

---

2. Parejas Bendecidas se refiere a los hombres y mujeres que participaron de la Bendición Matrimonial oficiada por los Padres Verdaderos, recibiendo así la Bendición de Matrimonio y convirtiéndose en esposo y esposa para la eternidad

familias que no hablan sobre el tema, en las iglesias el silencio es aún mayor, lo que ha llevado a creer que Dios tampoco tiene algo que decir al respecto. Consecuentemente el internet y la pornografía han reemplazado a la familia y a la iglesia como la mayor fuente de educación sexual.

Padre Verdadero no guardo silencio cuando se trataba del sexo. Él quería que las personas entendieran que los órganos sexuales son el regalo más preciado de Dios para nosotros. A través de ellos, un esposo y esposa pueden experimentar el amor en el matrimonio y experimentar a Dios en una forma tan profunda que nunca se alcanzaría como individuos. En el Principio Divino, se aprende como el mal uso del sexo causó la caída de nuestros primeros ancestros y desde ese momento dio origen a todos los problemas en el mundo. Solo a través de las Palabras del Padre Verdadero, que hablan sobre lo sagrado de los órganos sexuales, se puede entender como el mal uso de este acto sagrado ha causado una gran tragedia para Dios y para toda la humanidad.

Aunque hay varios escritos y discursos de Padre Verdadero sobre los órganos sexuales y temas relacionados, las personas están inconscientes de la existencia de estos. Cuando ellos se topan con este material, lo encuentran incómodo de conversar y desafiante al momento de aplicarlo en sus vidas. Esto deja a muchos confundidos sobre las preguntas esenciales del sexo.

Este libro de estudio Hoon Dok Hwe es el primero en compilar las citas de los Padres Verdaderos de cientos de discursos, para crear un entendimiento comprensivo de la visión de Dios sobre el sexo. Esta organizado en 6 secciones: El Centro del Universo, El Diseño de Dios para el Sexo, Amor Conyugal, Sexo Absoluto, La Caída y Restauración.

Cada capítulo empieza con las palabras de los Padres Verdaderos, seguido de reflexiones, en las cuales se sintetiza y explica el tema central. Puede que se sientan sorprendidos y desafiados por algunas de las enseñanzas de los Padres Verdaderos sobre el sexo. Pedimos tener una mente abierta. Hay una historia en cada capítulo que destaca eventos históricos, personajes o fábulas que ayudarán a entender y a conversar el tema principal. Cada capítulo incluye un segmento de Cómo Hacerlo Real, que muestra como aplicar el tema en la vida diaria y termina con preguntas sugeridas para la conversación. Si estás leyendo esto con tu cónyugue, un grupo pequeño o miembros de la familia, estas historias y preguntas pueden proveer un camino para una conversación abierta sobre el sexo.

Confiamos que este libro tiene mucho para ofrecer en cualquier etapa en la que se encuentren. Puede ayudar a desarrollar la integridad sexual y para aquellos que aún están solteros prepararlos para su futura Bendición Matrimonial. Parejas casadas pueden encontrar inspiración para crear una relación más hermosa y enriquecedora. Cuando comprendemos la magnitud de lo que los Padres Celestiales[3] tenían como intención para que experimentemos como esposo y esposa, podremos convertirnos en parejas bendecidas que irradian gozo y cambian el mundo con amor.

---

3. En nuestra comunidad de fe se refiere a Dios como nuestros Padres Celestiales, encarnando la naturaleza masculina y femenina. Para hacerlo más simple en este libro, se hará la referencia de Dios usando los pronombres masculinos.

Nota sobre las Frases de los Padres Verdaderos

Las citas de los Padres Verdaderos incluidas en este libro fueron extraídas de varios discursos y libros, y las principales fuentes son la versión original y la 2ª edición del Chon Song Guion. En la sección Referencias, estos dos volúmenes del texto se citan con número de libro, capítulo, sección y página. Los títulos de otros libros se citan en cursiva precedidos por el autor y seguidos por la editorial, el año de publicación y los números de página correspondientes. Los títulos de los discursos se citan entre comillas precedidos por el orador y seguidos por el lugar y las fechas.

Cada cita que aparece en cada capítulo está numerada. Los lectores pueden consultar la sección de sección Referencias, en la parte posterior del libro, para ver la cita completa de la fuente. A continuación de cada cita enumerada en cada capítulo hay una fecha que se encuentra entre paréntesis y que indica cuando se pronunciaron las palabras por primera vez (día.mes. año) o simplemente el año en que el discurso se añadió por primera vez a una publicación.

Contenido

Sección IV: Sexo Absoluto

Sección V: La Caída

Sección VI: Restauración

Sección I:
El Centro del Universo

El Centro del Universo

Si le preguntamos a las personas qué es lo más importante en el universo, nos darían muchas respuestas distintas. Es una pregunta que tal vez se hayan hecho ustedes mismos. Esta es la misma pregunta que el Padre Verdadero trató de responder cuando era joven. Después de años de oración y estudio angustioso, el Padre Verdadero llegó a una conclusión radical. Se dio cuenta de que el éxito del plan de Dios para el cosmos dependía al 100% del uso correcto de los órganos sexuales. ¡Esta no es la típica respuesta religiosa! Sin embargo, los órganos sexuales del hombre y la mujer son el lugar donde el amor, la vida y el linaje se unen. Por lo tanto, el Padre Verdadero llama a los órganos sexuales el centro o la raíz del universo.

Desde el principio, el deseo de Dios era establecerse como un padre amoroso eterno a través del primer hombre y la primera mujer, Adán y Eva. El Padre Verdadero ha hablado a menudo de los órganos sexuales como el palacio original del amor, el palacio original de la vida y el palacio original del linaje. Pero ¿qué significan cada uno de estos términos? En los siguientes capítulos, cada uno de estos palacios será explorado en profundidad para comprender plenamente la preciosidad de nuestros órganos sexuales. Estas citas ofrecen una visión de la profunda sabiduría del Padre Verdadero sobre los órganos sexuales y nuestra responsabilidad hacia ellos. Se trata de una forma de pensar completamente novedosa que puede abrir nuevas posibilidades para la humanidad.

Palabras del Padre Verdadero

1. "En mi exhaustivo esfuerzo por encontrar la respuesta a los problemas fundamentales de la humanidad y al origen del universo, me di cuenta que eran los órganos sexuales. Una vez que noté que eran estos y pensé en todo el problema, encontré que la armonía del cielo y la tierra giraba alrededor de los órganos sexuales. Es verdaderamente un hecho asombroso." (7.1.1990)

2. "¿Cómo llegaron a existir el hombre y la mujer? ¿Qué los hace diferentes? ¿Cómo se hacen uno? ¿Centrándose en qué se unifican el hombre y la mujer? ¡En los órganos sexuales! Así es como ellos armonizan. El amor se perfecciona en ese lugar. El amor verdadero se perfecciona por primera vez allí. Además, es donde se unen las vidas del hombre y la mujer y, se intercambian y plantan sus linajes. Los órganos sexuales son el palacio principal del amor ideal y el linaje. Este lugar original absoluto se llama el palacio original, y nadie puede cambiar su valor." (3.3.1992)

3. "¿Qué son los órganos sexuales? Son los palacios que están centralizados en el amor verdadero, la vida verdadera y el linaje verdadero. Ellos son lo más precioso. Si ellos desaparecieran, también lo harían los Cielos y la Tierra, y sin ellos, el ideal de Dios, la familia de Dios, y la voluntad de Dios no podrían ser realizados. Son el origen, del cual podemos alcanzar la perfección de todo." (1.4.1991)

4. "Mi órgano sexual es el palacio principal del amor, la vida y el linaje". Sólo así puede éste convertirse en el palacio en donde Dios puede morar. Dado que Dios es el Rey de Reyes, Él necesita morar en su palacio principal y además si quisieran que Él viniera a morar dentro de ustedes, tienen que convertirse en el palacio principal del amor, la vida, el linaje y la conciencia." (1.1.1997)

5. "Dios basó Su trabajo de la creación en los órganos masculino

y femenino, que están incorporados y conectados a todos los elementos incluyendo los del espíritu, el cuerpo y la sangre ¿No vinieron de allí los componentes de sus ojos? ¿No se parecen los componentes de sus dientes a los de sus padres o madres? ¿Hay una parte de ustedes que no se parezca a ellos? Incluso sus mentes se parecen a las de sus padres. Tomando en cuenta esto, todo está concentrándose en los órganos sexuales y cada nervio y vaso sanguíneo proviene de ellos. Los genitales son las raíces. Las raíces de la humanidad no son la cabeza; nuestras raíces yacen en los genitales." (17.10.1989)

6. "Adán y Eva estaban en la posición del palacio principal, y sus descendientes estaban destinados a convertirse naturalmente en palacios; sin embargo, el lugar para el palacio principal fue perdido. Los órganos sexuales son asombrosos. Ustedes tienen que darse cuenta que ellos son los tres grandes palacios del amor, de la vida y del linaje, y al mismo tiempo la base de partida para el Reino de Dios en la Tierra y en el Cielo. Esto es verdaderamente impresionante." (8.1.1995)

7. "Todos en la historia buscaron esto. Esto es increíblemente poderoso. Trasciende la cultura y lo económico, incluso en el mundo caído. Sin embargo ¿Cómo habría sido esto en el mundo original? Si piensan al respecto, esto es lo más precioso. Es el palacio principal de todos los palacios. Es el palacio de la vida, tanto como el palacio del linaje. Los genitales son el fundamento de estos tres palacios. Son el lugar más importante. Incluso Dios los busca. Si Él hubiera ocupado estos tres palacios, toda la gente de este mundo se hubiera convertido en Sus descendientes." (28.1.1993)

8. "Dios desea vivir en el centro. La familia, la nación y el mundo ideales desean estar conectados a esta raíz. Sin embargo, todo se perdió debido a la Caída. Nosotros estamos en una situación

lastimosa ¿Cuál es el órgano masculino? El palacio del amor eterno. ¿Es esto cierto sólo para su generación? ¡No lo es! Es para la eternidad. Este es el lugar del palacio eterno. Es el palacio de la vida eterna. Consecuentemente, la vida del hombre y la mujer estarán unidas por primera vez basadas en el amor ¿Qué son los órganos sexuales? Ellos son en primer lugar, el palacio del amor; en segundo lugar, el palacio de la vida; y en tercer lugar, el palacio del linaje de Dios. Es la cosa más preciosa ¿No serían todos ustedes felices con esto?" (1.8.1993)

9.   "El amor conyugal y paternal se establecen para siempre cuando nos casamos y hacemos el amor ¿A través de qué parte hacemos el amor? ¿Es la boca, los ojos, o los oídos? No lo sé, pero creo que todos conocen muy bien la respuesta! ¿Cuál es? Hasta hoy, la gente ha considerado a los órganos sexuales como algo malo, pero ahora mismo les enseño que éstos son el palacio principal de santidad ¿Cuán asombrosos son los órganos masculino y femenino? Sin ellos, el amor, la vida, el linaje y la conciencia verdaderos no se pueden conectar ¿Puede el Reino de los Cielos comenzar sin ellos? ¡No puede! Sólo a través de estos órganos es posible el mundo de la libertad, la felicidad, la paz y la unidad verdadera." (5.5.1996)

Reflexiones sobre las Palabras del Padre Verdadero

Después de años de una búsqueda agonizante en oración, el Padre Verdadero descubrió el Centro del Universo: los preciados y sagrados órganos sexuales. Desde este centro se despliega la armonía de todo el cielo y la tierra. Nadie en la historia había sido capaz de entender y explicar verdaderamente el significado del hermoso plan de Dios para los órganos sexuales, y debido a esto, el mundo ha estado atrapado en la confusión. El Padre Verdadero fue el primero en descubrir la verdad. Él explica que los órganos sexuales no deben ser considerados como algo vergonzoso.

La emocionante verdad es que los órganos sexuales masculinos y femeninos son los palacios originales del amor, la vida y el linaje, y el origen de todo lo que Dios ha deseado. Se llaman palacios porque son la morada más sagrada y hermosa de toda la creación de Dios. Sólo a través de su uso correcto puede desarrollarse la familia, la nación y el mundo ideal, donde todas las personas puedan disfrutar de la libertad, la paz, la unidad y la felicidad. Dios ha anhelado el día en que pueda morar en estos palacios junto a Sus hijos para siempre.

Cómo Hacerlo Real

El Águila ha Aterrizado

Los científicos de la NASA lanzaron el Apolo 11 el 16 de julio de 1969. Cuatro días después, el módulo lunar, tripulado por los astronautas Neil Armstrong y Buzz Aldrin, se separó del módulo de mando y aterrizó cerca del Mar de la Tranquilidad. Fue un descenso dramático que estuvo a punto de ser cancelado. Al llegar, Armstrong transmitió el ahora famoso mensaje "El Águila ha aterrizado". La icónica foto de la primera huella en la Luna creó una tremenda impresión. Lo que es menos conocido es que Aldrin celebró allí la santa comunión con la hostia y el vino tradicionales, mientras leía el pasaje de Juan 15:5: "Yo soy la vid, vosotros los sarmientos; el que permanece en mí y yo en él, éste da mucho fruto, porque separados de mí nada podéis hacer".

El sueño de aterrizar en la luna fue al principio sólo una noble idea. El presidente estadounidense John F. Kennedy inspiró a la nación a perseguir este objetivo monumental en un famoso discurso que pronunció en 1962: "Elegimos ir a la luna en esta década y hacer lo demás, no porque sean metas fáciles, sino porque son difíciles, porque ese desafío servirá para organizar y medir lo mejor de nuestras energías y habilidades, porque ese desafío es un desafío que estamos dispuestos a aceptar, uno que no queremos posponer, y uno que intentaremos ganar, al igual que los otros". Kennedy inspiró a su país para que se involucrara en la carrera espacial porque le preocupaba que los conflictos en la tierra continuarían en el espacio exterior sin el liderazgo de Estados Unidos, para asegurar la exploración pacífica y la cooperación internacional.

Aterrizar en la luna fue un proyecto de gran magnitud. Se necesitaron

25.000 millones de dólares y se calcula que 400.000 personas trabajaron durante ocho años para que Armstrong y su equipo pudieran despegar. Lo que sólo existía en nuestra imaginación colectiva acabó tomando forma y sólo entonces se pudo lanzar el cohete y convertir el sueño en realidad.

El módulo de mando podría considerarse el núcleo del programa lunar de la NASA. Sus propulsores fueron los encargados de sacar el módulo de la órbita terrestre y de impulsarlo hacia la luna. Si los propulsores se hubieran activado demasiado pronto o demasiado tarde, la trayectoria habría llevado al cohete al espacio profundo y habría arruinado la misión. El éxito de todo el proyecto dependía de la sincronización exacta y del perfecto funcionamiento del módulo de mando.

La historia del Apolo 11 es un ejemplo dramático de la cantidad de personas y los cálculos precisos que se necesitan para que un sueño impresionante se haga realidad. Puede ayudarnos a entender algo sobre el corazón de Dios. Nuestro Creador anhelaba realizar Su ideal. Durante miles de millones de años, Dios invirtió el 100% de Su corazón y energía para crear el universo y, en su centro, los increíblemente hermosos y complejos órganos sexuales. Con la unión sexual de Adán y Eva en el momento adecuado, todo por lo que Dios había estado trabajando se habría lanzado con éxito. Como palacios del amor, la vida y el linaje, los órganos sexuales tienen este significado.

El Padre Verdadero hace hincapié en esto porque los órganos sexuales son el centro del universo. Hay una temporada especial para el amor sexual y debe ocurrir de acuerdo con el plan y el tiempo de Dios. Hubo una secuencia ordenada de eventos que fueron necesarios para la creación de este mundo complejo, maravilloso y eterno que estaba destinado a comenzar con Adán y Eva en el centro. El plan de Dios requería un tiempo de crecimiento y un compromiso de seguir las estrictas instrucciones del mandamiento. Adán y Eva habrían tenido permiso para experimentar el amor conyugal y convertirse en uno, después de su ceremonia matrimonial. Al igual que el destino del aterrizaje lunar dependía totalmente del momento preciso del lanzamiento del cohete, el destino del lanzamiento exitoso del plan de Dios para la creación dependía de la paciencia, el autocontrol y la obediencia de Adán y

Eva a las palabras de Dios. Los órganos sexuales son el centro del universo, como exclama el Padre Verdadero: "¡Es verdaderamente asombroso!".

Puntos a Considerar/Actividades

- ¿Qué te hace pensar o sentir la revelación del Padre Verdadero de que los órganos sexuales son el centro del universo?

- Comparte un evento o momento importante en tu vida que fue un gran éxito porque el momento fue perfecto.

- En un mundo en el que los órganos sexuales sean honrados y valorados como deben ser ¿cómo sería la vida familiar, las escuelas, los espectáculos, los matrimonios, etc.?

El Palacio Original del Amor

Cuando eran niños ¿solían visitar con tu mejor amigo, algún lugar realmente especial que sólo conocían ustedes dos? ¿Un lugar secreto sólo para ti y tu amigo, y nadie más? Al leer las Palabras del Padre Verdadero podemos llegar a la conclusión de que este era el pensamiento de Dios cuando creó los órganos sexuales. Quería crear un lugar exclusivo donde sólo el esposo y la esposa pudieran reunirse y conectarse con Dios como pareja. Los órganos sexuales son ese lugar especial, el palacio original del amor, donde los esposos comparten únicamente entre sí.

Palabras del Padre Verdadero

10. "Los órganos sexuales de Adán y Eva son lugares de grandeza. Por eso es que ellos son llamados el palacio principal del amor. Son términos asombrosos. El palacio en donde toda la creación puede perfeccionarse e incluso donde Dios mismo puede ser perfeccionado y habitar es el palacio principal." (24.5.1996)

11. "Ustedes escucharon decir que el fundador de la Iglesia de la Unificación es el líder religioso del sexo. Si no fuera por la Caída, el sexo sería el palacio principal del amor. Habría sido el palacio principal donde Dios, el Rey, pudiera siempre ubicarse y residir. Deben saber que el sexo es el palacio original del amor. Los órganos sexuales son el cuartel general, el palacio del amor." (24.5.1996)

12. "Los genitales que usa la pareja casada al fundirse y deleitarse en el amor son el palacio del amor. El amor comienza de este lugar. Son

el palacio del amor verdadero, el lugar donde la vida comienza por primera vez. Piensen si esto es verdad o no. Los órganos sexuales son el palacio del amor. En términos del origen, los genitales son el palacio del amor, la vida y el linaje. Allí, donde el hombre y la mujer se juntan centralizándose en el amor, se perpetúan la vida y el linaje." (15.2.1994)

13. "Después de la creación de Adán, sus órganos sexuales puros, sin pecado —como originalmente Dios había pretendido e idealizado- debían ser la base y el palacio original unidos con Dios y conectar el linaje y la vida, centrados en el amor verdadero. Ellos son el palacio original, el principal palacio del amor." (2.2.1998)

14. "Es ideal hacer que los dos palacios se encuentren y convertirlos en la reina y el rey del ideal. Eso se conoce como amar. Aquellos que han demostrado tal amor pueden convertirse en hijos e hijas de Dios y junto con Él, participar igualmente en la única esfera ideal de la vida. Las personas fueron creadas para tener tanto valor." (2.10.1983)

15. "El órgano sexual femenino es el origen universal. El lugar donde uno forma la conexión del amor, es el palacio principal del amor. Este es el palacio original. El amor comienza allí. El acto del amor en la primera noche del matrimonio, es el comienzo del principal palacio del amor. Es el lugar donde la vida del hombre y de la mujer se une por primera vez. Así, este lugar es el palacio original de la vida ideal, y es también el palacio original del linaje, dado que el linaje comienza desde allí. Además, puesto que el Reino de los Cielos comienza allí, ese lugar es el palacio original del Reino de Dios en la Tierra y en el Cielo, el palacio principal de la perfección de la humanidad y de Dios." (16.3.1994)

16. "Ustedes deben atender y amar los órganos sexuales más que a Dios, porque solamente entonces, Él puede alegrarse ¿Dónde podrían ustedes escuchar semejantes palabras? Si la gente religiosa

las escuchara, saltarían y caerían de conmoción, pero esta es la pura verdad. Solamente cuando ustedes atiendan a los órganos sexuales más que a Dios, se puede establecer el fundamento sobre el cual Dios puede asentarse. Es más precioso que la vida y ustedes no pueden cambiarlos por el mundo, el universo ni incluso Dios. Solamente cuando ustedes adoren, amen y reconozcan el valor del órgano sexual de su esposa más de lo que aman a toda la creación de Dios junta, podrá Dios venir a morar en sus hogares." (1.7.2000)

17. "¿Dónde está el palacio del amor? Ustedes no deberían pensar que es extraño si hablo de este asunto. Si nuestra manera de pensar sobre los órganos sexuales no está alineado con Dios, el mundo entero se torcerá. Cuando el primer paso va mal, el universo entero se llenará con maldad. En mi exhaustivo esfuerzo por encontrar la respuesta a los problemas fundamentales de la humanidad y al origen del universo, me di cuenta que eran los órganos sexuales. Una vez que noté que eran estos y pensé en todo el problema, encontré que la armonía del cielo y la tierra giraba alrededor de los órganos sexuales. Es verdaderamente un hecho asombroso." (7.1.1990)

18. "En conclusión ¿en qué parte del cuerpo habrá invertido Dios el mayor esfuerzo cuando creó a los seres humanos? ¿En los ojos, en la boca, en la nariz, en las manos? La gente ni piensa en esto. Esa parte es la cuna del amor ¿Dónde está el nido del amor? En los genitales del hombre y la mujer. Los genitales fueron el palacio original del amor. Es a partir de ellos donde se aprende el amor del hombre y la mujer. Sin ellos no conoceríamos el amor; no podrían manifestarse los dueños del amor. La dueña del amor del hombre, es la mujer y el dueño del amor de la mujer, es el hombre. Los órganos del amor son los que nos califican como dueños del amor." (14.6.1999)

19. "Ustedes serán castigados si usan sus órganos sexuales irresponsablemente. Ellos son el palacio del amor y el jardín ancestral de amor. El amor empieza allí. El origen del Reino de Dios en el Cielo y en la Tierra, y el origen del inicio de la felicidad de Dios están moldeados allí. La risa y alegría de Dios surge de allí. Es donde Dios puede encontrar el amor por fin y bailar de alegría. Debemos buscar ese lugar." (13.3.1994)

Reflexiones sobre las Palabras del Padre Verdadero

El Padre Verdadero se refiere a nuestros órganos sexuales como un palacio del amor, porque es donde los esposos se conectan de la manera más íntima y crean un vínculo de amor eterno. Además, nos enseña a honrar nuestros órganos sexuales y los de nuestro cónyuge ¡incluso más que a Dios! Cuando un joven guarda su pureza para su futuro cónyuge, protege el palacio original del amor. De esta manera, aprenden a disciplinarse para mantener su sexualidad alineada con los valores de Dios. Una vez maduros y bendecidos, se cuidan mutuamente como esposo y esposa, y experimentan la plenitud del amor sexual. Una nueva vida surge de su creciente amor y se perpetúa el linaje de Dios. Dios habita en su pareja y en su familia, y es allí donde puede regocijarse verdaderamente. Por eso los órganos sexuales se llaman el palacio del amor, de la vida y del linaje.

Cómo Hacerlo Real

El Jardín Secreto por Frances Hodgson Burnett

Esta es una historia sobre la felicidad y sanación en un jardín secreto. Mary es una niña desafortunada y enferma que es enviada a la casa de un pariente en Inglaterra después de que su familia muriera de cólera en la India. Vive con su tío, Archibald Craven, en una extensa y antigua finca con más de cien habitaciones. El tío se muestra antipático y apesadumbrado desde la muerte de su amada esposa hace diez años. Él y su esposa habían creado hermosos recuerdos en su jardín, paseando por los senderos y disfrutando de las flores. Ahora el jardín sólo le recuerda que ella se ha ido, por lo que permanece cerrado para que nadie pueda entrar.

La salud de Mary mejora, especialmente cuando encuentra la llave del jardín y empieza a trabajar en secreto para devolverle la vida. Pero cuando empieza a oír ruidos extraños desde el interior de la casa, Mary siente cada vez más curiosidad y decide investigar. Se adentra discretamente en una zona prohibida de la casa y hace un descubrimiento sorprendente. Los sonidos provienen del hijo inválido de Archibald, Colin, que fue escondido en una habitación privada porque su padre, desconsolado, no puede soportar estar cerca de él. Archibald perdió a su mujer durante el parto y culpa a su hijo, de la muerte de su esposa. Mary descubre la historia del niño, mientras desarrollan una amistad secreta. Colin ha estado enfermo en la cama toda su vida y siente que está condenado a convertirse en un jorobado como su padre. Los sirvientes han cuidado de Colin y por lo tanto, es muy egocéntrico. Mary, sensible por su propia tragedia personal al perder a sus padres, simpatiza con Colin y acaba sacándolo del aislamiento y llevándolo al jardín.

El jardín secreto se convierte en un lugar protegido para los dos niños. Allí encuentran felicidad, sanación y esperanza. Hay aún más en esta conmovedora historia. Un día, Archibald tiene un sueño en el que su mujer le dice que se reunirá con él en el jardín. Cuando entra, esperando ver a su mujer, se encuentra con Colin, que ahora está en vías de recuperación y puede caminar. Cuando Archibald y Colin se abrazan, el corazón del padre se cura. La feliz reconciliación entre padre e hijo trae a la memoria, el amor que tanto disfrutaron el esposo y la esposa cuando ella estaba viva.

El jardín secreto se convirtió en un lugar donde todos encontraron esperanza. Los niños pudieron encontrar lo que más deseaban: felicidad, esperanza y amistad. Archibald también encontró allí lo que necesitaba, un reencuentro con su mujer a través de abrazar y amar a su hijo. La pareja había creado este hermoso lugar a partir de su amor mutuo. Ahora podía disfrutar de él una vez más y saborear los gratos recuerdos de sus paseos juntos. El jardín secreto se convirtió en un tesoro para los que entraban, un lugar donde los sueños se hacían realidad.

Como nos enseña el Padre Verdadero, Dios creó el palacio original del amor, como un lugar sagrado, reservado exclusivamente para dos personas, un esposo y una esposa, donde el amor y la esperanza están destinados a prosperar. Se convierte en un refugio al que la pareja puede acudir para recargarse y animarse mutuamente para afrontar los retos de la vida. Cuando una pareja que ha recibido la Bendición Matrimonial entra en su jardín secreto, el lugar donde se encuentran sus órganos sexuales, Dios experimenta alegría y su corazón roto se cura a través de ese amor y esa unión.

Puntos a Considerar/Actividades

- ¿Por qué crees que el Padre Verdadero se refiere a los órganos sexuales como el palacio del amor?

- Piensa en un lugar especial que atesoras ¿Qué tipo de recuerdos creaste allí? ¿Qué fue lo que lo hizo especial?

- ¿Cuáles son los beneficios de compartir el palacio del amor sólo con tu cónyuge?

- ¿Cómo se beneficia tu vida al hacer el amor con tu cónyuge?

El Palacio Original de la Vida

Uno de los acontecimientos más espectaculares de la vida es el nacimiento de un niño. Según la UNICEF, esto ocurre unas 353.000 veces al día! ¿Qué tan maravilloso es esto? Cuando las madres y los padres de todo el mundo experimentan este milagro, también se produce una inmensa alegría para nuestro Padre Celestial. La inversión y el corazón que fueron puestos en el diseño de nuestro Creador para la reproducción, el embarazo y el nacimiento son extraordinarios. Les invitamos a reflexionar sobre el increíble origen de la vida y a encontrar inspiración en las palabras de los Padres Verdaderos.

Palabras de los Padres Verdaderos

20. "Los órganos masculinos y femeninos son el palacio del amor, el palacio real del amor ¿Qué es más preciado: el vientre materno o los órganos sexuales masculino y femenino? Respóndanme ¿Llegaron a existir ellos debido al vientre materno o viceversa? Estas son palabras serias y no para que se rían. El vientre materno llegó a existir debido a la existencia del hombre. El órgano femenino fue hecho para el hombre. Sin los órganos sexuales, no puede haber amor. El amor no podría ser encontrado. Sin pasar a través de ellos, la vida no puede continuar ¿Qué tan buena sería la existencia del hombre y la mujer? Sin ellos la vida no puede continuar. Sin pasar a través de ellos, el linaje que vincula la historia no puede continuar." Padre Verdadero (28.2.1993)

21. "Si los seres humanos no hubieran caído, el órgano sexual masculino sería el palacio del amor. Por lo tanto, éste no puede ser

usado imprudentemente. Es también el palacio de la vida ¿No se genera la vida a partir de este? ¿De dónde viene la vida? Del palacio de la vida. Los órganos sexuales son también el palacio del linaje. De allí nace nuestra vida, heredando el linaje. Ellos son la fuente de nuestra vida, el linaje y el amor. Como tal, nuestros antepasados deberían haberlos valorado y apreciado." Padre Verdadero (3.10.1990)

22. "Nuestros órganos sexuales son el palacio del verdadero amor, de la verdadera vida y del verdadero linaje. Es lo más valioso que hay; sin él desaparece el mundo; sin ellos no pueden hacerse realidad, ni el ideal divino, ni la familia de Dios, ni Su voluntad. Es una fuente capaz de perfeccionarlo todo." Padre Verdadero (4.1.1991)

23. "Empezamos en el vientre de nuestra madre. El vientre materno fue el primer mundo en el que nos nutrimos. Al nacer, nos separamos de ese mundo y entramos en un mundo nuevo. Del mismo modo, en la muerte, el ser espiritual se separa y vuela lejos del cuerpo físico que es como su vientre materno. El ser humano atraviesa un mundo de agua y otro de tierra y aire, hasta llegar a vivir en el mundo eterno del amor." Madre Verdadera (1999)

24. "Reflexionen y pregúntense: ¿dónde comienza mi vida? Comienza en sus padres. Nuestra vida comienza en el vientre de nuestra madre. Cuando un feto está en el vientre de su madre, este absorbe los elementos de ella para crecer. Si hay algo que el bebé quiere mientras está en el vientre, es que su madre esté alegre, feliz y cantando todo el tiempo. Este podría ser el deseo más importante del feto. Es por eso que la educación prenatal consiste en que la madre embarazada escuche música hermosa, que mire paisajes hermosos y que tenga lindos pensamientos. Esto también es bueno para el bebé." Padre Verdadero (10.11.1974)

25. "En el término 'Saeng Shik Gi', (órganos sexuales) el carácter Chino 'Saeng' ("生") que significa vida, puede ser usado ya sea

como 'Shik' ("食") que significa comida, o como 'Shik' ("植") que significa plantar. Estos órganos puede ser llamados: los recipientes que plantan la vida. 'Shik' también puede ser representado por el carácter 殖 con el significado de multiplicar. En otras palabras, los órganos para plantar la vida, también son los órganos para multiplicar la vida. Así es cómo podemos interpretar el significado de este término; los órganos sexuales son los recipientes que plantan la vida." Padre Verdadero (13.6.1999)

26. "¿Cuánto se habría deleitado Dios en hacerlos? Piensen qué partes de los cuerpos del hombre y la mujer Él habría creado con el mayor placer y cuidado. Así fueron creados los órganos sexuales. Ellos no son recipientes para almacenar arroz crudo. Son recipientes que engendran la vida. Son los órganos de vida que generan la vida. Sin ellos, no surgiría ninguna vida, incluso después del paso de los eones. Entonces no habría naciones, el cielo y la tierra se convertirían en una vasta extensión de oscuridad y desierto." Padre Verdadero (13.4.1997)

Reflexiones sobre las Palabras de los Padres Verdaderos

Los Padres Verdaderos nos enseñaron que los órganos sexuales son el palacio original de la vida, el amor y el linaje. En este capítulo, hablamos del Palacio de la Vida. Los órganos sexuales fueron diseñados para plantar y generar nueva vida, lo que los convierte en la parte más preciosa de nuestro cuerpo. Nuestros nervios y vasos sanguíneos están conectados a esta raíz.

Pasamos la primera etapa de nuestra vida creciendo dentro del vientre de nuestra madre. Aquí es donde la nueva vida se nutre, se protege y se cuida tanto física como espiritualmente. Por esta razón, los Padres Verdaderos alientan a las parejas embarazadas, especialmente a la madre, a ser conscientes de su entorno, ya que tiene un impacto primordial en el niño en desarrollo. Cuando una mujer embarazada tiene pensamientos pacíficos y escucha música hermosa, crea una atmósfera saludable y amorosa que contribuye al bienestar emocional y espiritual del niño en el vientre materno. No hay mayor felicidad que dar la bienvenida a una nueva vida. Los Padres Verdaderos animan a las parejas a vivir con alegría este momento tan especial.

Cómo Hacerlo Real

El Milagro de una Nueva Vida

Cuando observamos el universo, nos asombra su diseño. Cuando era niño, el Padre Verdadero exploraba las colinas y los campos que rodeaban su hogar familiar, en la zona rural de Corea del Norte, maravillándose con todas las plantas y animales, las montañas y los ríos que le enseñaron las características de Dios. Al contemplar la naturaleza, surge naturalmente la pregunta: ¿acaso Dios creó algo sin considerar cómo iba a interactuar con todo lo demás en su entorno? Hay innumerables ejemplos de cómo los elementos de la naturaleza se complementan y se apoyan mutuamente de diversas maneras, lo que demuestra la existencia de un Creador ingenioso que diseñó el universo para que fuera eterno. Cuando observamos la creación, podemos concluir que el mayor logro de Dios fue el plan para la vida humana, la creación de sus hijos. El acto de amor y los órganos reproductores fueron los medios, a través de los cuales Dios pudo tener un número infinito de hijos a los que amar.

Los Padres Verdaderos enseñan que hay tres fases de la vida. La primera etapa de la vida es el mundo del agua, que comienza en el útero. La segunda etapa es nuestra vida en la tierra y la tercera es nuestra vida en el mundo espiritual. La primera fase de la vida comienza cuando el esperma del hombre se une con éxito al óvulo de la mujer. Por medio de imágenes especiales, los científicos han descubierto recientemente que hay una chispa visible cuando esto sucede.

La vida tiene un comienzo muy pequeño. A las cuatro semanas, el embrión tiene el tamaño de un grano de arroz y a las 12 semanas sólo mide cerca de cuatro centímetros. Los primeros rasgos que aparecen son la nariz, los párpados y las orejas, pero la boca no. El embrión tiene brazos y piernas con dedos unidos como una rana, y el cerebro y la médula espinal se están desarrollando, así como el corazón y otros órganos. En este momento, el embrión parece un poco menos extraño. Los genitales aparecen en las fotos en este momento, por lo que se conoce el sexo. Al final del primer trimestre, el embrión se convierte en feto.

El pequeño humano en desarrollo se nutre constantemente a través del cordón umbilical. Cuando la madre come una ensalada o una banana, los nutrientes son absorbidos por su torrente sanguíneo y fluyen a través del cordón umbilical hacia el torrente sanguíneo del bebé.

Aproximadamente a las 17 semanas, las estructuras óseas se endurecen, lo que permite al feto darse la vuelta y girar. El tamaño es todavía muy pequeño, sólo mide 12 centímetros aproximados desde la coronilla al coxis. De la semana 25 a la 27, se forman los pulmones y los oídos recién desarrollados permiten al bebé oír los sonidos fuera del vientre materno.

Alrededor de la semana 37, llega el momento de la partida, cuando el bebé abandona el vientre de su madre, para entrar en la segunda fase de la vida. Este es el brillante plan de Dios para la creación.

Michael y Nicole La Hogue, orgullosos padres primerizos

Esta hermosa pareja de Estados Unidos y Alemania recibió la Bendición Matrimonial en 2018 y compartió esta historia semanas después de dar a luz a su primer hijo.

Nicole La Hogue:
"En 2019, Elijah La Hogue fue concebido en Carolina del Norte, en un momento en el que mi marido, Mickey y yo estábamos relajados y felices. Desde entonces, comenzó nuestro viaje de comprensión, adaptación y cambios. Mi embarazo fue una época preciosa para mí. Me encantaba ver cómo crecía mi vientre, mientras mi cuerpo se preparaba para el momento final del parto.

Debido a las enseñanzas de los Padres Verdaderos sobre el valor de crear una nueva vida, sabía que el embarazo era un período importante para el bebé. Quería ser lo más feliz y alegre posible. No siempre funcionó como pensaba, porque la vida es la vida, pero hubo momentos en los que decidí conscientemente mantenerme positiva, perdonar y seguir amando por el bien de mi bebé. Siempre tuve el deseo de ir a Cheon Bo (Centro de Entrenamiento del Cielo y la Tierra Cheongpyeong, en Corea del Sur) porque sabía que allí encontraría definitivamente la paz con Dios, conmigo misma y la naturaleza a mi alrededor. Desgraciadamente, debido al brote mundial del Coronavirus, no pude salir de Alemania.

Toda la situación de la pandemia tuvo un aspecto positivo: mi marido pudo trabajar en casa hasta el final de mi embarazo. Me preparé física y mentalmente para el parto. Sólo me centré en las cosas positivas. Disfruté mucho de este tiempo con Mickey porque ambos hacíamos una condición de oración y cantábamos canciones para Elías todos los días, y leíamos las Palabras de Dios. La calidez y el amor de mi marido jugaron un papel crucial durante ese tiempo.

Dar a luz fue una experiencia inolvidable para mí. Estoy segura de que para todas las madres, es un momento especial y único. Algo que me vino a la mente fue que dar a luz es pura abnegación y sacrificio por un propósito mayor. Aunque fue una de las experiencias más dolorosas que he tenido hasta ahora, me negué a tomar medicamento alguno. No quería perjudicar a mi bebé y quería estar a su lado cuando llegara. En el momento posterior al parto, me sentí de repente muy cerca de mi propia madre y sólo podía sentir gratitud hacia ella. También reflexioné sobre la Madre Verdadera dando a luz catorce veces. Sólo puedo sentir respeto y admiración por esas supermujeres que dieron a luz más de una vez".

Mickey La Hogue:
"Como escribió Nicole antes, hicimos una condición de oración, estudio de Hoon Dok Hwe diario y cantábamos todos los días durante unos dos meses antes de que naciera nuestro hijo. Durante ese tiempo, realmente sentí que la inversión y la sinceridad que estaba poniendo en la creación de un entorno sagrado ayudarían a nuestro hijo. Estábamos muy tranquilos y felices en casa, especialmente durante los dos últimos meses, y estoy convencido de que esa fue una de las razones por las que Elías es un bebé tan paciente y tranquilo.

Una de las partes más asombrosas de ser padre, es darse cuenta de que ¡uno es 100% responsable de otro ser humano completamente indefenso y desagradecido! Me encontré en una situación única en la que tuve que aprender a dar amor incondicional ya que parecía que pasarían meses e incluso años antes de que Elías pudiera corresponder. Ser padre me ha ayudado a entender mejor a mis padres y a Dios, ya que ahora estoy pasando por lo mismo que ellos. Ver el parto y convertirse en padre, es una experiencia tan surrealista. No puedo pensar en ningún momento de mi vida en el que haya sentido un cambio tan grande en lo que soy y en las responsabilidades de mi vida. Incluso dos semanas después de ser padre, todavía es difícil asimilar que se trata de un cambio permanente. ¡A veces todavía parece que vamos a devolverlo al hospital y volver a una vida "normal" en algún momento!

El parto fue increíble. Nicole demostró mucha determinación y concentración (y también llegó a dar un poco de miedo, jaja). Ver a Elías salir de Nicole fue completamente extraño pero hermoso ¡y la forma en que Nicole se aferró instintivamente a él, fue tan maravillosa!. Realmente pude ver la forma en que Dios dispuso que una madre quiera proteger a su bebé. Era tan difícil comprender que me había convertido en padre y que este pequeño ser humano había estado con nosotros todo este tiempo, solo que dentro del vientre de mamá. Elías estaba ahora con nosotros y su nacimiento fue definitivamente uno de los mejores momentos de mi vida".

Puntos a Considerar/Actividades

- ¿Por qué crees que Dios diseñó tres etapas de la vida para los seres humanos?

- ¿Por qué crees que Dios diseñó el nacimiento de sus hijos mediante la unión de los órganos sexuales?

- ¿Has tenido alguna experiencia en la que te hayas sentido asombrado por la creación de una nueva vida? Comparte tus experiencias.

- Dedica un tiempo para ver un video sobre el desarrollo de los fetos: Nova video, El Milagro de la Vida (Life's Greatest Miracle) (55 minutos).

El Palacio Original del Linaje

Si pudieran retroceder en el tiempo y conocer a cualquier persona ¿a quién elegirían? Puede que nos vengan a la mente muchas figuras famosas, como la Madre Teresa, Martin Luther King Jr, Abraham Lincoln o incluso Jesús. De todas las personas interesantes que han vivido ¿no sería increíble conocer a sus propios antepasados? Imaginen una conversación con sus tatarabuelos. Quizá descubran que tienen algo en común, como gestos o rasgos físicos similares ¿No sería interesante saber cómo influyeron sus decisiones en sus familias? A través del linaje, nuestros antepasados han dejado para siempre su huella en este mundo, en cada uno de nosotros.

Palabras del Padre Verdadero

27. "Recuerda, todos los antepasados están esperando en tu sangre, alineados allí. Siempre debemos recordar que cientos de generaciones de ancestros están esperando en la fila y están en la punta de tu órgano sexual esperando el mejor descendiente posible." (18.2.2001)

28. "Los órganos reproductivos, con los que el hombre y la mujer hacen el amor, son el palacio original del amor, la vida y el linaje. Tu abuelo y abuela viven agarrándose de este palacio; tu madre y padre también, tu pareja vive aferrándose de él y tus hijos e hijas futuros también vivirán regocijándose en el. Entonces ¿por qué hemos convertido esto en algo deshonroso y vulgar? El nombre de este palacio original es en realidad algo muy sagrado. Debemos mantenerlo con santidad. Es gracias a esto que el amor eterno está

conectado, es de allí que aparecen la vida y el linaje eternos. Es la cosa más preciosa." (1.12.1990)

29. "Tu órgano del amor es más importante que tu cerebro. El origen del amor verdadero no está en tu cerebro. El origen del verdadero linaje no está en tu cerebro ¿Dónde está ese origen? Está en el órgano reproductor. Todo está en el órgano reproductor. En él hay vida, en él hay amor y en él hay linaje. Es el palacio original del amor. También encontramos allí la raíz de la vida y del linaje. Este es el lugar más preciado, no sólo en el cuerpo humano, sino también en el mundo y a lo largo de la historia. Sin él, la multiplicación de la humanidad sería imposible." (17.6.1990)

30. "Nosotros debemos ser eternos e incambiables como Dios. El amor es absolutamente único, eterno e incambiable, así como es Dios; y el lugar que establece esta afirmación son los órganos sexuales. Hasta ahora, nadie sabía esto. Así de preciosos y valiosos son los órganos genitales. Una familia feliz se forma cuando los órganos sexuales de los abuelos están unidos, los de los padres están unidos, los del esposo y esposa están unidos, y los de sus hijos con sus respectivos cónyuges en el futuro, estarán completamente unidos. Si esto se rompe, la familia se derrumba. La abuela se ha aferrado al órgano sexual del abuelo y tratará de no dejarlo nunca ir; y el abuelo ha ocupado el órgano sexual, la vagina de la abuela, y tratará de no perderla nunca. Todo, el amor, la felicidad y la libertad, y así sucesivamente, comienza a partir de los órganos sexuales. Esto es indudable e innegable." (24.5.1996)

31. "Estos fueron creados por Dios con el mayor cuidado. El centro esencial de todos los seres creados fue extraído y conectado a ellos. Los órganos sexuales están conectados al cien por ciento a la esencia del amor y la vida, y la esencia de la historia brota de ellos. La esperanza, la felicidad y el comienzo del reino de la libertad basada en el amor provienen de estos órganos." (23.7.1994)

32. "Los órganos sexuales de los seres humanos son el lugar del amor verdadero ¿No son estos en donde el hombre y la mujer son conectados en el acto del amor? No es en cualquier otro lugar. Es el palacio donde la vida del hombre y de la mujer se conectan y se convierten en una unidad. Y cuando el hombre y la mujer se unifican, sus hijos e hijas nacen de ese linaje. Por lo tanto es el palacio del linaje. Los órganos sexuales son de tal importancia." (7.6.1992)

33. "Los órganos sexuales, masculinos y femeninos, son al final el destino ideal de la absorción de toda la creación. Esta es la realidad ¿Por qué? ¿Cómo se produce? Allá es donde el amor de Dios, la humanidad y el universo se unen, donde el amor y la vida se convierten en una unidad. Es también donde los descendientes se conectan verticalmente a través del linaje. Además, a través de esta conexión vertical, se conectan horizontalmente un incontable número de personas. De esta manera se establece el reino de Dios en la Tierra. Así de preciosos son los órganos sexuales. ¡Qué tan importantes son ellos!" (9.4.1995)

34. "¿Dónde están la fe absoluta, el amor absoluto y la obediencia absoluta? Todos estos son términos relacionados a los órganos genitales. La Caída se refiere al hecho de que Dios y los genitales humanos no llegaron a ser completamente uno. Hubo fracaso en lograr la completa y total unidad. Ustedes tienen que creer esto, absolutamente. Estos son los pilares de la historia de nuestra familia, clan y linaje." (10.10.1999)

35. "¿Dónde se encuentran el amor de Dios y el amor de la humanidad? En el punto donde se establece el amor, la vida y el linaje. Si no fuera en ese lugar, no habría manera de que el amor, la vida y el linaje se conecten ¿Cuál es ese lugar, los órganos sexuales y para que se usan? Es el lugar donde las vidas del hombre y la mujer se conectan, y donde su linaje y sangre se cruzan, donde

se mezclan. La vida, el amor y el linaje de Dios, y los del hombre y la mujer se conectan a través de este punto de establecimiento. Basado en esto, sus descendientes llegan a existir." (7.7.1990)

Reflexiones sobre las Palabras del Padre Verdadero

El Padre Verdadero descubrió que Dios hizo toda la creación con el propósito de establecer sustancialmente Su linaje infinito en la tierra a través de Sus hijos. Los órganos sexuales son el palacio original del linaje y a través de estos órganos se establece el Reino de Dios. Son la parte del cuerpo que conecta nuestra vida con nuestros antepasados y descendientes, y nos vincula tanto con el pasado como con el futuro. Dios quería que las generaciones de abuelos, padres e hijos estuvieran conectadas a través de los órganos sexuales.

Por eso Dios creó los genitales con más cuidado y atención que los ojos, la nariz, el corazón y el cerebro. Estos órganos son los más preciados, no sólo del cuerpo humano sino de toda la historia. La vida, el amor y el linaje serían imposibles sin el ingenioso diseño de los órganos sexuales. La felicidad, la libertad y todo lo importante comienza allí. Sin estos órganos, toda la vida humana terminaría. Por lo tanto, Dios creó los órganos sexuales para que fueran el manantial de generaciones interminables que llenarán el Reino de Dios.

Cómo Hacerlo Real

El ADN: El Plan de Dios para la Unicidad y la Semejanza

"Tú creaste mis entrañas; me formaste en el vientre de mi madre. ¡Te alabo porque soy una creación admirable! ¡Tus obras son maravillosas, y esto lo sé muy bien!" (Salmo 139:13-14, Santa Biblia, Nueva Versión Internacional)

La ciencia finalmente ha apoyado a la religión en su afirmación de que cada persona es única. Sólo que aún no se han puesto de acuerdo en que Dios nos hizo así. La investigación reciente, con la ayuda de 23andMe y otras empresas similares, han sido pioneras en los nuevos descubrimientos sobre el ADN. La ciencia de la genética ha hecho avances sorprendentes en la identificación de los pilares de la vida humana que contienen el plan para hacernos lo que somos.

El ADN es el material hereditario de los seres humanos y de casi todos los demás organismos. Los científicos han constatado que el ADN refleja la identidad única de cada individuo, pero no sólo eso, sino que también muestra el grado de parentesco entre nosotros. La diferencia genética en los seres humanos suele ser de un 0,1%, es decir que no hay mucha variación. Cabe destacar que el genoma de cada persona es único y una copia de ese genoma, organizado en 46 cromosomas en 23 pares, se encuentra en casi todas las células de nuestro cuerpo. Así que, somos una creación total y única de Dios y, al mismo tiempo, estamos emparentados unos con otros como miembros de la misma familia humana.

Ahora viene la parte realmente interesante: no importa cuántos miles de millones de personas nazcan, nunca habrá dos que sean exactamente iguales. En el Principio Divino aprendemos que cada persona es una manifestación distinta de Dios. El genoma de un bebé se forma cuando el óvulo de la madre se une al esperma del padre. Ambos están formados por células especializadas llamadas gametos. Estas células se diferencian de todas las demás células de nuestro cuerpo en un aspecto significativo. Contienen sólo la mitad del número habitual de cromosomas. ¿Por qué? Cuando se produce la fecundación al unirse el espermatozoide con el óvulo, la mitad del genoma del padre se mezcla con la mitad del genoma de la madre y forma el genoma completo de la siguiente generación.

"Antes de crear, Dios poseía en su mente una imagen individual para cada ser creado... para poder sentir alegría infinita, Dios creó incontables individuos, cada cual semejante a los atributos específicos de una de Sus Imágenes Individuales. La individualidad, o los atributos específicos de una persona se distinguen de los que otra persona revela... Es necesario comprender pues, que Dios nos ofrece esa individualidad singular (Imagen Individual), a fin de sentir una alegría singular de cada uno de nosotros".[4]

Estos complejos procesos diseñados por Dios garantizan que la vida y el linaje continúen para siempre, que sigan naciendo bebés y que cada uno de ellos sea único y diferente del siguiente. El Padre Verdadero nos ayudó

---

4. Sang Hun Lee, *Explicando el Pensamiento de Unificación*. Bridgeport: Instituto de Pensamiento de Unificación, 1981.), 103.

a aprender que este tipo de diversidad trae una gran alegría a nuestro Padre Celestial, que quiere deleitarse con el amor que le brinda la infinidad de hijos. Así de grande es el corazón de Dios. A medida que aprendemos más sobre la ciencia del linaje, nos maravillamos con el designio de Dios de transmitir sus infinitas características divinas a través de interminables generaciones de individuos, que son a la vez únicos y muy similares.

La Herencia: Más que algo físico

Herencia implica algo más que legar posesiones o rasgos físicos. La personalidad y los comportamientos únicos que conforman el destino, también son producto del linaje.

El estudio de la epigenética ha ganado mucha atención en los últimos años, revelando algo notable sobre la herencia. La epigenética explora las formas en que nuestro entorno, nuestros pensamientos y nuestras experiencias influyen en la expresión de nuestros genes. Y no sólo eso, sino que ha demostrado el modo en que nuestras acciones y hábitos pueden influir e incluso cambiar los rasgos que transmitimos a las generaciones futuras.

Para ilustrar el efecto que nuestras vidas pueden tener en las generaciones futuras, podemos fijarnos en una interesante comparación de dos genealogías muy diferentes. He aquí un relato en el que se comparan los descendientes de Jonathan Edwards (1703-1758), un predicador y teólogo de renombre, con los de un contemporáneo, Max Jukes (nacido alrededor de 1720), que tuvo una reputación y un legado notorios. Sus descendientes se describen en el artículo (Legado Multigeneracionales, La historia de Johnathan Edwards) *"Multigenerational Legacies - The Story of Jonathan Edwards"*, de Larry Ballard.

Jonathan Edwards, predicador y teólogo de renombre, y su esposa, Sarah, disfrutaron de un matrimonio y una vida familiar maravillosa y tuvieron once hijos. Él era conocido por ser excepcionalmente atento con su esposa e hijos, lo que era inusual a mediados del siglo XVII. Las buenas cualidades de esta pareja se transmitieron a las generaciones futuras. Un estudio genealógico identificó las ocupaciones de los descendientes de esta pareja. La lista incluye un vicepresidente de los Estados Unidos, tres senadores, tres gobernadores, tres alcaldes, 13 presidentes de universidades, 30 jueces, 65 profesores, 80 funcionarios públicos, 100 abogados, 62 médicos, 75 oficiales del ejército o de la marina, 100 clérigos, misioneros y profesores de teología. Prácticamente no hubo infractores de la ley.[5] Max Jukes (no es su verdadero nombre) vivió en la misma época que Jonathan Edwards. Él y otros miembros de la familia vivían y sobrevivían pescando y cazando en los bosques del estado de Nueva York. No se sabe mucho de su vida personal, aparte de su reputación de beber alcohol y tener hijos fuera del matrimonio. Atrajo la atención de los genealogistas cuando se descubrió que los árboles genealógicos de 42 hombres diferentes del sistema penitenciario de Nueva York se remontaban a él. Entre los descendientes de Jukes figuraban siete asesinos, 60 ladrones, 128 prostitutas, otros 140 convictos y 440 personas cuyas vidas se vieron afectadas por la adicción al alcohol. Se descubrió que 300 de los 1.200 descendientes estudiados murieron prematuramente y se indicó que 67 habían contraído sífilis.[6] Además, se estimó que los descendientes de Jukes costaron al Estado más de un millón de dólares.

Las historias de Jonathan Edwards y Max Jukes son un ejemplo de la importancia de la vida de una persona, con respecto a su impacto en los futuros descendientes. Una vida multiplica la bondad, mientras que la otra produce dolor y sufrimiento. El Padre Verdadero nombra a los órganos sexuales sagrados como el palacio del linaje y explica como la manera en que los usamos, puede llevarnos al cielo o al infierno. Cuando los órganos sexuales se tratan sin cuidado, se vuelven vulgares y viles, y pueden hacer que toda la familia se desmorone durante generaciones. El Padre Verdadero dice que cuando sus dueños consideran sus órganos sexuales como sagrados, se convertirán en los pilares de la historia al generar amor, felicidad y libertad.

La Visión de Dios

Mark Hernández, antiguo pastor de la Iglesia Familiar de Dallas, tuvo un instante inesperado e inolvidable en el momento de su renacimiento espiritual,

---

5. Larry Ballard, "Multigenerational Legacies — La Historia de Jonathan Edwards," 1 Julio de 2017, https://www.ywam-fmi.org/news/multigenerational-legacies-the-story-of-jonathan-edwards/.

6. Ibídem

al tener una visión donde muchas personas que llevaban objetos luminosos mientras caminaban hacia una gran cesta. El recipiente estaba vacío hasta que cada persona, una por una, colocó rubíes, esmeraldas y gemas preciosas en la cesta. Finalmente, ¡se llenó de los más bellos y brillantes tesoros!

Mark comprendió que se trataba de sus antepasados y que cada objeto simbolizaba las buenas acciones y los sacrificios que habían realizado durante su vida. Intuyó que todas estas ofrendas habían sido hechas con amor, a modo de bendiciones para él y sus descendientes. Entonces se dio cuenta de que fueron los esfuerzos de sus antepasados los que le permitieron conocer a los Padres Verdaderos.

El ADN contiene el mapa de todo nuestro linaje, pasado y futuro, de nuestros antepasados y descendientes. No es sólo nuestro mapa físico, sino también el espiritual. Nosotros heredamos el mérito espiritual de todos nuestros antepasados. Y nos beneficiamos de todas las buenas acciones y de todos los sacrificios que han hecho durante su vida. Del mismo modo, nuestros hijos y descendientes reciben las bendiciones que acumulamos durante nuestra vida.

A través de nuestros órganos sexuales recibimos los medios para enviar todos estos tesoros hacia el futuro. Cuando una pareja bendecida hace el amor, comienza un linaje completamente nuevo, nunca antes visto en la historia, donde Dios puede morar. Por eso el órgano sexual de cada persona es un palacio original de linaje.

Puntos a Considerar/Actividades

- Comparte las historias que se han transmitido en tu familia sobre tus padres, abuelos o antepasados ¿Cómo te han impactado?

- ¿Qué características has heredado de tus padres o abuelos?

- ¿Qué te gustaría que hereden tus descendientes de ti?

- ¿Cómo influye este capítulo en la visión que tienes, de la relación entre el linaje y los órganos sexuales?

Sección II:
El Diseño de Dios para el Sexo

El Propósito de Dios para los Órganos Sexuales

Todos sabemos lo difícil que es armar una bicicleta nueva, un estante o una cama por nuestra cuenta. Cuando todo lo demás falla, tenemos que leer las instrucciones. Pero ¿y si no hay tal cosa? Este ha sido el caso de los órganos sexuales. Nadie, a lo largo de la historia, ha conocido su propósito, por lo que fuimos obligados a descubrirlo por nuestra cuenta. El sexo puede darnos gran placer y crear una nueva vida, pero también puede confundirnos y lastimarnos ¿Por qué es así y cuál es el propósito verdadero de nuestros órganos sexuales? El Padre Verdadero reflexionó sobre esta cuestión. La clave para encontrar las respuestas es saber lo que Dios estaba pensando cuando diseñó los órganos sexuales. Este capítulo y sección ahondarán en el diseño y propósito de Dios para el sexo, revelado a nosotros en las Palabras del Padre Verdadero.

Palabras del Padre Verdadero

36. "¿No son los genitales órganos mágicos? Los órganos que conectan el amor y la vida del hombre y la mujer, mezclan y juntan la sangre del hombre y de la mujer, los cuales se encuentran en el centro de nuestros cuerpos, esos son los órganos sexuales. ¿Tengo razón? Si ustedes fueran a profundizar en este origen, comprenderían la razón del acto de la creación de Dios. ¿Por qué Él creó? ¿Cuál fue la base de Su creación? Hoy, no hay nadie que considere tales preguntas. Incluso si ustedes fueran a visitar todas las librerías del mundo, encontrarían que yo fui el primero en abogar por esto.

Es tan precioso. Llegó a ser tan claro que es la conclusión para todo. ¿Por qué creó Dios? El hecho de que el hombre y la mujer se convierten en una unidad a través de los órganos sexuales prueba que Él creó con amor. Esta es la fuente de Su amor ideal." (15.10.1989)

37. "¿Cuál fue el estándar de Dios al crear a los seres humanos? Si uno se preguntara: ¿cuál fue el estándar para la creación del hombre? ¿sería correcto decir "Dios creó al hombre basado en su rostro"? Con respecto a la creación de la mujer ¿es correcto decir que, "Él la creó haciéndola diferente con menos vello facial, una piel más suave y más baja de estatura?" ¡Desde luego que no! Ustedes necesitan entender el hecho de que Él creó a los seres humanos basado en los órganos sexuales. El hombre es hoy de la manera que es, en correspondencia a sus órganos genitales y la mujer es como es, igualmente de acuerdo a sus genitales. Yo he sido el primero en hacer esta afirmación. Nadie más, nunca, ha pronunciado tales palabras." (3.10.1989)

38. "¿Para qué fueron creados los órganos sexuales? Ciertamente no solamente para algún individuo. Fueron dados para el gran Camino del Cielo y de la Tierra, para el gran gobierno providencial del Cielo y de la Tierra ¿Cómo surgirá el mundo ideal sobre la Tierra en el futuro? ...Hasta ahora, debido a Satanás, nosotros éramos ignorantes de ser los dueños de los órganos sexuales y de cómo llegaron a ser creados. Para divulgar esta verdad y eliminar la conmoción y la confusión de Satanás tanto en la Tierra como en el Cielo, yo vine a la vanguardia e icé mi bandera." (3.10.1989)

39. "¿Cuándo es que la carne y el alma de un hombre y una mujer se juntan en armonía? Esto sucede cuando ellos hacen el amor. El alma de un hombre y una mujer no pueden relacionarse sólo mirándose a los ojos. Se relacionan al vivir como esposo y esposa, esto es, haciendo el amor. El lugar donde ellos hacen el amor,

es la fuente de la vida. El alma del hombre y de la mujer no se combinan en ningún otro lugar. También, en ese lugar es donde los linajes son conectados. Es el lugar donde sus vidas se sujetan y adhieren. Es el origen del linaje y donde el amor se instala. Y es el único punto donde el amor genera la unidad." (13.3.1993)

40. "Si un hombre insiste en tener propiedad absoluta sobre su órgano reproductor y una mujer hiciese lo mismo con el de ella, ambos se quedarían exactamente donde están sin moverse por toda la eternidad. Esto no está bien. Con el fin de traer a la otra persona a mi lado, e ir yo al lado de ella, la propiedad debe ser intercambiada. El amor conyugal es este tipo de acción. El valor de la acción de dar y recibir sólo aparece cuando la titularidad de los órganos reproductivos se ha intercambiado a través del matrimonio. ¿Acaso el órgano reproductor que tiene la mujer es de ella? El dueño del órgano del amor de la esposa, es su esposo. El dueño del órgano del amor del esposo, es su esposa. Puesto que no nos hemos dado cuenta de esto hasta ahora, el mundo se hizo promiscuo. Esta ley es absoluta. Esta es la razón por la cual el amor conyugal es grande; porque en él, la propiedad es intercambiada absolutamente." (12.2.1986)

41. "Dios quiere un compañero de amor. Por eso, quiere aparecerse y encontrarse con el ser humano, en el lugar donde marido y esposa se unen por medio de sus órganos sexuales. ¿Por qué es ese el lugar donde hombre y mujer llegan a ser uno centrados en Dios? Porque el amor es absoluto y es en ese lugar donde hombre y mujer tienen el deseo absoluto de estar unidos. Si lo vemos horizontalmente, el hombre, como un polo positivo, acerca ese centro y la mujer, como un polo negativo también aproxima ese centro. En Dios también, tiene en armonía su carácter masculino o positivo y su carácter femenino o negativo, se llega a un estado de unidad en el que Dios actúa como un elemento positivo de mayor dimensión que se une a

un elemento negativo de mayor valor, es decir, la unión del hombre y la mujer." (15.9.1996)

42. "El palacio principal del amor, la vida y el linaje, son los órganos sexuales. El origen y el destino del amor verdadero, buscados por Dios, son los órganos masculino y femenino. De allí que las vidas del hombre y de la mujer, interactúan. Desde allí el linaje se entrelaza y la humanidad encarna la historia conectada por un reinado de sangre, por lo cual ellos son los más preciosos". (8.1.1991)

Reflexiones sobre las Palabras del Padre Verdadero

¿Por qué Dios creó los órganos sexuales? Esta pregunta ha sido central en los esfuerzos del Padre Verdadero por revelar la verdad, ocultada por Satanás por miles de años. Los órganos sexuales son el único lugar donde el alma de un hombre y una mujer se fusionan y sus linajes se conectan. El lugar donde ocurre esta fusión e interacción entre Dios y los seres humanos es donde florece el amor, la vida y el linaje. Dios creó todo basado en los órganos sexuales de un hombre y una mujer. Por ende, este es el lugar donde Dios puede encontrarse en totalidad y plenitud con los cónyuges. El hecho que el hombre y la mujer experimenten una felicidad incomparable cuando se unen mediante los órganos sexuales prueba que estos nos fueron entregados por el bien del Amor Divino.

Cómo Hacerlo Real

Los niños ignoran el sexo y la función completa de sus órganos sexuales; solo saben que de ahí sale la orina. Algunos niños con mucha imaginación piensan en otro uso: "Qué buena idea. ¡Dios me dio una manguera para apagar fuegos!". Es inevitable que los niños empiecen a hacer preguntas sobre sus órganos sexuales y sobre de dónde vienen los bebés. La curiosidad por el sexo es natural; entonces ¿no es extraño que muchos padres se sientan incómodos al hablar de ello con sus hijos?

Con preguntas sin responder sobre el sexo, los jóvenes se han sentido perdidos y han tenido que descubrirlo por sí mismos, a veces recurriendo al internet por información. Malentendidos sobre el propósito de los órganos sexuales han generado confusión. En vez de practicar sexo de la forma en que Dios pretendía, las personas suelen usarlo solo para su propio placer. Se ha convertido en un producto que puede comprarse y venderse. El sexo ha perdido su valor precioso porque nadie ha explicado por completo por qué Dios lo creó.

La religión debería darnos respuestas sobre el sexo, pero ni siquiera Jesús mencionó algo al respecto. Las iglesias nos dan una guía moral sobre la santidad del matrimonio, pero en general ignoran el tema del sexo. Históricamente, la religión ha considerado el acto sexual como una distracción para la vida sagrada, lo cual ha llevado al celibato entre monjes, curas y monjas.

El Padre Verdadero explica que el amor, la vida y el linaje están conectados al órgano sexual. Solo al comprender el diseño de Dios para el sexo entre cónyuges podemos resolver toda la confusión y entender cómo usar este precioso regalo. El propósito de Dios para crear los órganos sexuales era para que las parejas llegaran a una profunda intimidad mutua, física, emocional y sexual.

Los Dioses Deben Estar Locos

Cuando el propósito de algo se malinterpreta, la confusión resultante puede llevar al mal uso y a otras consecuencias. La siguiente historia graciosa ilustra los diferentes problemas que ocurren cuando esto sucede.

En la película *Los Dioses Deben Estar Locos*, un piloto que vuela por el desierto del Kalahari tira una botella de gaseosa. Esta es descubierta por una tribu de bosquimanos que no tienen conexión con el mundo fuera de su hogar. Como cae del cielo, la tribu recibe el objeto como un regalo de los dioses. Es hermosa de ver y posiblemente útil. Los miembros de la tribu están intrigados por la botella y la usan de varias formas, sin conocer su propósito original. La botella es más dura y más suave que cualquier otra cosa en su entorno. Ellos descubren que es ideal para curtir piel de serpiente, excelente para machacar cereales y también puede hacer música.

Al principio, los miembros de la tribu se turnan para usarla de diferentes formas. Los bosquimanos suelen ser pacíficos y comunitarios, pero la botella comienza a estimular la codicia, la envidia y el egoísmo, y surgen discusiones para poseerla ¿A quién le pertenece? ¿Cuál es la mejor forma de usarla? Con el tiempo, concluyen que los dioses deben estar locos por enviar eso, porque está causando muchos problemas. Los ancianos deciden que deben deshacerse de esta cosa "maligna" que altera a su comunidad pacífica. La entierran, pero, cuando un jabalí la desentierra, un niño la encuentra y la lleva al campamento. Tirarla al cielo para devolverla a los dioses también fracasa. Después de que la botella golpea la cabeza de un bosquimano, se rinden. Al final, los ancianos deciden que necesitan llevarla al "fin de la tierra" y la arrojan desde un acantilado.

¿Cuál es la lección de *Los Dioses Deben Estar Locos*? Esta historia divertida brinda una analogía de un problema mucho más serio de malinterpretación y mal uso. La humanidad ha sufrido por no conocer el propósito de Dios, para crear los órganos sexuales. Cuando entendemos el propósito de nuestros órganos sexuales, podemos vivir con integridad y pararnos frente a Dios como Sus divinos hijos e hijas.

Puntos a Considerar/Actividades

- Los bosquimanos encontraron formas únicas de usar la botella, lo cual tuvo resultados graciosos e incluso peligrosos ¿Te ha pasado algo similar?

- ¿Qué piensas que dirían tus amigos si les preguntas el propósito de sus órganos sexuales?

- Mira *Los Dioses Deben Estar Locos*, de Jamie Uys.

La Química del Amor

¿Qué tiene que ver la química con el amor? A muchos de nosotros nos intriga la magia de la química ¿Recuerdan sorprenderse cuando aprendieron que dos moléculas de hidrógeno y una molécula de oxígeno, ambos gases, pueden formar agua, un estado completamente diferente? El Padre Verdadero describe a Dios como el químico supremo que nos creó para experimentar el mayor amor de todo el cielo y la tierra en cada célula de nuestro cuerpo. Hemos recibido poderosos aspectos químicos y neurológicos para sostener un amor eterno y monógamo entre cónyuges. Los científicos llaman al ciclo de respuesta sexual a un sistema de recompensa biológica, que actúa como un agente de unión, cuando una pareja tiene sexo. Todos los sentidos del cuerpo trabajan juntos con estas hormonas, para crear una fuerza formidable de atracción y placer.

Palabras del Padre Verdadero

43. "¿Por qué a los hombres y a las mujeres les gusta el amor? El cuerpo humano consiste en unos 100 billones de células y el instante en que todas ellas se mueven como una sola entidad, es cuando hacemos el amor. El momento en que el hombre y la mujer movilizan la totalidad de las células de su cuerpo no es otro, sino cuando hacen el amor." (26.4.1982)

44. "La electricidad del amor que surge en el mundo original, es el relámpago de amor del universo. Esta electricidad de amor supera a la del mundo caído en miles de veces; además, el sonido del movimiento de las células de cada órgano humano es semejante al

de un trueno. El punto de vista del Principio respecto al amor, es
que el hombre y la mujer comprometidos en amor verdadero en
el mundo original no pueden encontrarse con Dios, a menos que
concentren todo su poder hacia el punto de contacto donde los
relámpagos del amor se encuentran." (1997)

45. "Un hombre y una mujer abrazándose y besándose brillan como
dos polos de cargas opuestas tocándose y emanando chispas. Si
esa luz es blanca, deberíamos agregar temperatura para crear cinco
colores brillantes. Cuando esta exposición de colores es mezclada
con el amor vertical de Dios, se transformará dentro de un mundo
ideal, la esperanza brillante como los colores del arcoíris. Como
el amor humano está en un plano horizontal, esto es simple. Las
personas de amor original quieren combinar colores para ver
perfectamente la combinación por medio del amor de un hombre
y una mujer. Al mismo tiempo, el amor vertical descenderá. Como
el arcoíris, el amor de Dios descenderá a este amor horizontal."
(7.4.1985)

46. "Así que había un hombre y una mujer, y luego tenía que haber
una unión ¿Por qué? Porque tanto el hombre como la mujer se
excitan y al igual que la electricidad positiva y la negativa crean
una chispa, cuando el hombre y la mujer están completamente
cargados, crean una chispa. Esa es la unión. La chispa entre el
hombre y la mujer debe ser más fuerte que la de la electricidad, tan
fuerte que no puedan separarse." (26.12.1999)

47. "Esa pareja amorosa ideal no tendría que pensar en meterse en su
cama, porque Dios mismo estaría allí mismo para formar un cojín
perfecto para sus relaciones amorosas. Dios participará en su amor,
para que puedan experimentar la unidad más armoniosa. Dios será
como el núcleo y a Su alrededor estarán el hombre y la mujer, los
tres unidos en uno. En este momento, cuanto más rápido y más
feroz sea el choque entre ellos, mejor será. Viajan tan rápido y con

tal impacto que Dios, como amortiguador, sentirá dolor, pero a
Él no le importa. Quiere participar en su amor. Después de que el
hombre y la mujer se unen por la fuerza de su amor ¿qué sucede?
Por la ley de la física, esa energía se difundirá y volverá a un estado
más lento. Entonces, la próxima vez que hagan el amor, la fuerza
entre ellos habrá crecido un poco más. Cada vez que repiten su
acto de amor, la energía entre ellos se vuelve más y más amplia. Al
final, todas las cosas sienten su amor: el individuo, la familia, la
nación e incluso la tierra entera. Cuando el hombre y la mujer se
amen de esta manera, con esta fuerza y magnitud, tendrán hijos
e hijas que podrán abrazar el universo como resultado del amor
universal de los padres." (8.1.1984)

48. "Las células del órgano del amor del hombre y la mujer son lo
     más minúsculo. Para tener los sentimientos de las células de esta
     parte, por donde recorre todos los caminos el amor que une la
     mente y el cuerpo, para entrar en este mundo como uno de sus
     elementos, este es el objetivo de todos los seres en el mundo
     creado. Entonces ¿dónde se unen el hombre y la mujer? A través
     de los órganos sexuales. Estos son donde el hombre y la mujer se
     unen directamente y se convierten en una unidad con Dios. A
     través de la Caída, los órganos sexuales llegaron a ser lo peor, pero
     originalmente, son extremadamente santos. Cuando el hombre y
     la mujer abren esta puerta, se abre el mundo y cuando la puerta se
     cierra, el mundo se cierra; cuando ellos están felices, el mundo y el
     universo entero es feliz." (20.6.1993)

49. "Cuando positivo y negativo se hacen uno, el resultado es claro,
     con nueva potencia y energía. Este es el principio del cielo y la
     tierra. Si miramos un imán, este tiene polos positivos y negativos.
     De igual manera, cuando nuestra mente y cuerpo se hacen
     completamente uno, nos convertimos como en un imán. Incluso el
     cuerpo de un hombre y el cuerpo de una mujer, puede convertirse
     en un imán, por medio de sus polos positivos y negativos. Por lo

tanto, un hombre y una mujer se atraen para llegar a ser uno en cuerpo." (1.2.1976)

Reflexiones sobre las Palabras del Padre Verdadero

Los órganos sexuales son por donde un hombre y una mujer se unen, y se hacen uno con Dios. El Padre Verdadero usa muchas metáforas para explicar la energía del amor que se crea. Dios participa en el amor sexual de cada pareja, para que puedan experimentar la mayor armonía y alegría. Ellos se vuelven inseparables. Todas las células de su cuerpo se mueven al unísono. Esa onda de amor y felicidad se convierte en un tsunami que envuelve a la familia, la nación y el mundo entero.

Cómo Hacerlo Real

Dios nos creó por el bien del amor y configuró nuestro cerebro para estar interesado en el sexo. Químicos poderosos como la dopamina y la oxitocina, también llamada la "hormona del amor", se liberan durante el orgasmo para producir sensaciones de emoción, conexión y alegría. La euforia del sexo es tan intensa que el cuerpo recuerda detalles vívidos de su primera experiencia sexual. Con el tiempo, varias actividades sexuales crean profundas vías neurales en el cerebro que crean un patrón sexual. Con el tiempo, la respuesta sexual se vuelve más natural. Cualquier persona, imagen, sonido o aroma que asociemos con sexo puede desencadenar nuestro deseo sexual, que es muy difícil de ignorar una vez estimulado. Los científicos se refieren a esto como el "ciclo de respuesta sexual".

Estos procesos dinámicos y neurológicos actúan como un agente unificador celestial, para atraer al esposo y a la esposa en una conexión exclusiva de amor. Dios nos diseñó de esta manera para que los cónyuges se sintieran atraídos entre ellos sin la necesidad de un pensamiento consciente. El plan de Dios era que experimentemos un choque de electricidad cada vez que vemos a nuestro cónyuge, para que sea nuestro único desencadenante que despierte esta química de amor que fluye por nuestras venas.

El Pingüino Saltarrocas Austral

Los Padres Verdaderos suelen describir cómo aprendieron sobre el amor de la naturaleza. Esta historia es sobre la química del amor en los pingüinos saltarrocas.

En una orilla rocosa de la Isla Marión, un pingüino hembra con pelos parados, plumaje rojo y una ceja amarilla, pisa la tierra. Ella es una de miles en este grupo de pingüinos recién llegados, listos para reproducirse y buscar a su pareja. Los machos se reúnen entre los pastizales altos, donde pronto se formará el nido tras la reunión. Este pingüino hembra ha elegido a un compañero hace años y ahora tiene la misión de buscar a su único amor verdadero, en el mar de cuerpos blancos y negros y cuerpos plumíferos ¿Cómo podrá encontrarlo?

Además, ella ha estado separada de su compañero por unos seis meses, a veces a cientos y miles de kilómetros de distancia ¿Cómo podrán reconocerse cuando son todos tan parecidos? De pronto, se escuchan fuertes graznidos, que suenan similares excepto para ellos dos. Los dos amantes distanciados se encuentran, al reconocer los sonidos únicos que producen. Ahora reunidos, su siguiente misión es encontrar el nido que usaron el año pasado, reproducirse y dar a luz a una o dos crías.

Este es un ejemplo de la química mágica de Dios en el reino animal. Los pingüinos saltarrocas están diseñados para ser monógamos y tienen esta increíble memoria para atraer a su pareja ¿Cuánto más habrá invertido Dios en la química del amor de Sus propios hijos?

Las Ventajas de la Monogamia

Los Padres Verdaderos enseñan que Dios creó el amor sexual para ser experimentado exclusivamente, entre un hombre y una mujer tras recibir la Bendición Matrimonial. No fuimos diseñados para tener relaciones fuera del matrimonio, incluídos compañeros sexuales imaginarios. Estudios científicos que analizan los efectos de la pornografía en el cerebro, brindan evidencia de que esta es una actividad insalubre que genera dependencia. La pornografía puede generar una adicción, porque actúa como un súper estímulo que desencadena una oleada anormal de químicos en el cerebro.

Este nivel de estímulo es mucho mayor que cualquier otra cosa que podamos experimentar en una relación real. Cuanta más pornografía se consume, más se necesita para alcanzar placer y menos queda satisfecho teniendo sexo con una persona real. Esto arruina el ciclo de recompensa que Dios creó para permitirnos sentir atracción por nuestro cónyuge.

Contrario a la creencia popular, las personas casadas tienen vidas sexuales más satisfactorias que las personas solteras. Un artículo de *HuffPost*, de Linda y Charlie Bloom, aborda los descubrimientos de uno de los estudios más completos al respecto, publicado en 2010 por el Centro para la Promoción de la Salud Sexual de la Universidad de Indiana. En dicho estudio, los investigadores descubrieron que las parejas casadas tienen más sexo que los solteros. En otras palabras, falsamente se presenta la vida soltera como algo atractivo, cuando las parejas casadas se divierten en la habitación. El artículo continúa su argumento en favor del sexo comprometido en el matrimonio, citando estudios que demuestran como una buena vida sexual, es decisiva para promover felicidad y calidad de vida. Se relaciona con sentirse seguros y satisfechos en el área de la intimidad emocional.[7]

No sólo las parejas casadas tienen más sexo, sino que también son más sanas. El médico Michael Roizen es un gerontólogo de la Universidad de Chicago. En su exitoso libro *La Edad Verdadera ¿Eres tan Joven como Deberías Ser? (RealAge: Are You as Young as You Can Be?)* de 1999, él establece que las parejas casadas que tienen sexo dos veces por semana, biológicamente son dos años más jóvenes que su año cronológico. Eso se debe a que el sexo con compromiso, tiene un efecto positivo en la eficiencia del corazón, la respiración, la fuerza muscular y otros órganos del cuerpo. ¡Como si fuera una fuente de la juventud!

Mientras los investigadores exploran la química del amor, sus descubrimientos revelan el poder asombroso del amor sexual y su efecto imborrable en nosotros. La ciencia nos da más razones para creer que el plan de Dios era que un hombre y una mujer estuvieran juntos para siempre.

---

7. Linda Bloom and Charlie Bloom, "Want More and Better Sex? Get Married and Stay Married," HuffPost, July 13, 2017, https://www.huffpost.com/entry/want-moreand-better-sex-get-married-and-stay-married _b_5967b618e4b022bb9372aff2.

Él nos equipó con muchas hormonas sexuales para ayudarnos. La unión química que se desarrolla durante las relaciones sexuales, es como un súper pegamento que brinda un sentimiento más profundo de conexión. Esto ayuda a crear una memoria emocional eterna.

Puntos a Considerar/Actividades

- Para las parejas casadas: compartan qué les atrae de su cónyuge, ya sea física, emocional o mentalmente. Para los solteros: ¿qué cualidades en un futuro cónyuge son atractivas para ustedes?

- Con lo que saben sobre la química del amor ¿qué tipo de precauciones tomarían sobre el amor y el sexo?

- ¿Qué es lo que los hace sentir amados por su cónyuge o familia? ¿Es el contacto físico, las palabras de afirmación, los momentos valiosos o algo más?

- Lean *Los Cinco Lenguajes del Amor*, (The Five Love Lenguages) de Gary Chapman e identifiquen el lenguaje del amor de ustedes y de su cónyuge.

La Química del Primer Amor

Romeo y Julieta es una obra sobre dos jóvenes con un amor frustrado. Ellos se obsesionan y no pueden pensar en otra cosa. Su enamoramiento es tan abrumador que eligen la muerte antes que estar separados ¿Cómo pudieron experimentar esos sentimientos intensos tan rápido? ¿Qué hace al primer amor tan poderoso y embriagador?

Palabras del Padre Verdadero

50. "La primera chispa del amor verdadero es muy importante y no debería usarse mal. Cuando esa primera chispa se usa mal, es imposible enmendar ese error. Cada persona tiene el deber de preservar su primer amor puro hasta el momento en que pueda brillar por el bien del universo y de Dios. Por lo tanto, no pueden comportarse de manera casual con su amor; así es como hacen los animales. El amor es noble y sagrado; no es vulgar o sucio, si bien lo sagrado del amor puede corromperse para ser un amor sucio." (30.1.1983)

51. "El primer amor es muy, muy importante. Su primer contacto con el amor debería hacerse con mucho cuidado, porque esa reunión es como cables de oro puro conectándose entre sí. El primer amor tiene una conductibilidad del 100%; una vez que hacen contacto, crean una chispa de gran poder. Por lo tanto, el primer amor debería experimentarse con mucho cuidado. Un primer amor intenso, de una forma correcta y honorable, se une y crea, una hermosa y poderosa chispa. El amor de Dios brillará con ese

amor y será la chispa más extraordinaria del Cielo. El impacto de esa chispa es tan fuerte que te aplasta en el suelo. Aún así, sientes alegría debido al impacto del amor. El primer amor debe experimentarse con mucho cuidado." (30.1.1983)

52. "Cuando se forma un rayo, el trueno resuena en el aire. Cuando el amor de Adán y Eva choque, no sólo caerían rayos y truenos resonarían por todo el universo. Con este tipo de amor ¿creen que a ellos les importarían los artículos negativos en los medios? ¿La persecución perturbaría los relámpagos de su amor? No, su amor penetraría todo eso y lo incendiaría. El primer amor es lo más intenso; ese es el amor verdadero. El primer amor tiene el poder de la dinamita." (4.2.1979)

53. "Pueden intentar pedir a sus ojos que vayan por el camino incorrecto, pero ellos saben mejor. Sus cinco sentidos saben lo que es correcto. Cuando está obrando el poder del amor, particularmente el primer amor, nada bajo el sol puede detenerlo. La fórmula del amor original no puede detenerse." (20.8.1987)

54. "Tienen que darse cuenta qué tan importantes son los órganos del amor del hombre y de la mujer. Dios baja a través de ellos... La puerta de la relación del primer amor del Reino de los Cielos en la Tierra y en el mundo espiritual se abre en ese lugar." (15.5.1994)

Reflexiones sobre las Palabras del Padre Verdadero

En el ámbito del primer amor, el Padre Verdadero enseña que Dios pretendía que la primera experiencia sexual de una persona fuera con su compañero eterno. Es la forma en la que estamos diseñados. Chispas de felicidad vuelan en la unión sexual de los cónyuges que guardan su primer amor para el otro. Esta es la forma ideal de iniciar un matrimonio feliz.

Cuando el Padre Verdadero nos advierte sobre la importancia del primer amor, es porque sabe que Dios lo creó como una fuerza extremadamente poderosa, para liberar en el momento adecuado. Las experiencias sexuales antes de la Bendición Matrimonial pueden tener consecuencias dolorosas difíciles de resolver. Por lo tanto, los jóvenes deben tomar este tema con mucha seriedad. El deseo genuino de los Padres Verdaderos es ayudarnos a evitar lastimar nuestros corazones y el de los demás. Ellos nos han mostrado la hermosa verdad de que el amor de Dios es tan grande para abrazarnos y perdonar nuestros pecados. Él ansía que todos experimentemos la mayor profundidad del amor con nuestro cónyuge eterno.

Cómo Hacerlo Real

¿Cuál es la Ciencia Detrás de la Química del Primer Amor?

Los Padres Verdaderos nos enseñan que Dios creó a Sus hijos para desarrollar una atracción por el sexo opuesto de forma espiritual, emocional y sexual. Fue parte de Su gran propósito, para que podamos crecer en profundo amor con nuestro cónyuge. Estamos equipados con mecanismos químicos que fortalecen esta fuerza de atracción. Los estudios muestran que la actividad sexual tiene un impacto poderoso en el cerebro y sus vías neuronales. Ciertos químicos como la testosterona y el estrógeno, el neurotransmisor dopamina y la "hormona del amor", la oxitocina, trabajan en conjunto para crear un comportamiento y un ciclo de recompensa que refuerzan la actividad sexual.

El sexo y la novedad provocan que nuestro cerebro libere la mayor dosis de dopamina; por esta razón, muchas personas pueden recordar con mucha claridad su primera exposición al estímulo sexual. Dios nos creó de esta forma para que recordemos nuestro primer amor. Su intención era que sólo sintiéramos excitación sexual por nuestro compañero eterno.

Una Historia sobre el Registro: *Volando Lejos de Casa*

Es muy adorable ver una fila de patitos marchando obedientemente en una línea perfecta detrás de su madre. Lo interesante es que cuando los patitos nacen y su madre no está cerca, ellos van a registrar a la primera persona o animal que ven. La película *Volando Lejos de Casa*, de 1999, se inspiró en los experimentos de Bill Lishman con gansos. Él logró entrenarlos para que reconocieran el sonido del motor de su avión y volaran con él, siguiendo el recorrido del avión.

En la película, una adolescente, Amy, encuentra huevos de ganso en un nido abandonado y los esconde en una cómoda. Cuando los huevos eclosionan, los pichones ven primero a Amy y la siguen como si fuera su madre. La joven aprende de un guardabosques que los gansos la han registrado a ella. Los pichones dependen de sus padres que les enseñan todo sobre supervivencia, incluídas las rutas migratorias. El guardabosques le advierte que a las aves domesticadas hay que cortarles las alas. En contra de esto, Amy y su padre le enseñan a los gansos a volar, mediante un avión ligero. ¡Pero ellos sólo vuelan si Amy es la piloto! Así que ella aprende a volar y los gansos la siguen hasta un santuario para aves, su nuevo hogar migratorio.

En el caso de los humanos, los Padres Verdaderos nos enseñan que Dios creó al hombre y a la mujer para "registrarse" durante su primera unión sexual como pareja bendecida. La intensidad de esta experiencia única y embriagante forma un recuerdo hermoso e inolvidable. La intimidad que comparten será una constante fuente de fortaleza, mientras profundizan su amor y enfrentan juntos los desafíos de la vida.

Un Amor Contra Muchos Amores

El sexo casual genera una gran "confusión química", especialmente entre los jóvenes. Cuando nuestro cuerpo y corazón se apega a muchos otros, las hormonas afectivas entran en caos. Con el sexo casual, el cuerpo, los pensamientos, las emociones y el espíritu, no se usan de la forma en que fueron diseñados. Cuando se hace mal uso del amor sexual, aparece la confusión y se altera el plan original de Dios para alcanzar la felicidad.

¿Cuáles son los impactos psicológicos del sexo premarital? Thomas Lickona, psicólogo y autor de *Sexo, Amor y Tú: Tomar la Decisión Correcta (Sex, Love, and You: Making the Right Decision)* 2003, describe como el sexo casual puede afectar el bienestar emocional de los jóvenes y ponerlos en riesgo ante dificultades futuras en su adultez. Él describe los posibles resultados psicológicos del sexo premarital en adolescentes y jóvenes adultos en un artículo de 2007 para su publicación en línea, Las cuatro y cinco Rs: Respeto y Responsabilidad (*The Fourth and Fifth R's: Respect and Responsibility)*. La lista incluye lo siguiente: culpa, remordimiento, pérdida de la autoestima, corrupción del carácter, miedo al compromiso, depresión y suicidio, relaciones dañadas, mal desarrollo personal y efectos negativos en el matrimonio.[8] Es obvio que los peligros del sexo premarital son mucho más que los embarazos no deseados y las enfermedades.

Cada vez hay más preocupación por la cultura del sexo casual entre los jóvenes. El Levante: La Nueva Ciencia en Cómo el Sexo Casual está Afectando a Nuestros Hijos (*Hooked: New Science on How Casual Sex is Affecting Our Children*), escrito por los doctores Joe S. McIlhaney Jr. y Freda McKissic Bush (2008), es un recurso poderoso que usa datos de investigación de estudios sobre el sexo premarital, así como las experiencias clínicas de los autores. Sus hallazgos muestran, que los jóvenes que toman esta elección sufren consecuencias psicológicas negativas que pueden durar para toda la vida.

McIlhaney y Bush enfatizan que los "registros neuroquímicos" de la actividad sexual premarital pueden interferir con nuestra capacidad de invertir por completo en relaciones futuras. Esto se debe a que una persona inmadura que no está completamente desarrollada en lo emocional y carece de habilidades sociales no está lista para el sexo. Ellos sólo experimentan la dosis de dopamina, sin la conexión emocional madura que forma parte de una relación estable. Esto forma un patrón químico que puede afectar negativamente su habilidad de tener relaciones sanas en el futuro. "La imposibilidad de unirse tras múltiples relaciones, es casi como una cinta que pierde su adherencia tras ser aplicada y quitada varias veces".[9]

Los autores explican que nuestra primera experiencia de sexo casual puede llevarnos a tomar malas decisiones sobre la actividad sexual. Esto se debe a que se debilitan las sinapsis del cerebro que gobiernan el autocontrol sexual. Se disminuye la habilidad de medir las consecuencias de nuestras

---

8. Thomas Lickona, "Ten Emotional Dangers of Premature Sexual Involvement," *Center for the 4th and 5th Rs*, 2007, https://www2.cortland.edu/centers/character/images/sex_character/2007-Fall-red.pdf.

9. Joe S. McIlhaney and Freda McKissic Bush, *Hooked: New Science on How Casual Sex is Affecting Our Children* (El Levante: La Nueva Ciencia de Cómo el Sexo Casual está Afectando a Nuestros Hijos) (Chicago: Northfield Publishing, 2008), 43.

acciones, por lo que es más fácil aceptar el sexo. Esto puede convertirse en un ciclo autodestructivo que continúa en nuestro matrimonio.

Además, surge un deseo nocivo porque la dosis de dopamina incrementa nuestro apetito sexual. Entonces, una persona que tiene sexo casual por primera vez tiene más probabilidades de ràpidamente saltar al sexo en la próxima vez. De este modo, el sexo deja de tener tanta importancia.

Claramente, la ciencia y el Padre Verdadero están de acuerdo en que la química del primer amor libera un conjunto de fuerzas biológicas y emocionales que pueden ser beneficiosas o destructivas. Estas fuerzas químicas funcionan como nuestros agentes adhesivos, cuando estamos en un matrimonio centrado en Dios. Cuando no hay compromiso, estas mismas fuerzas pueden dañar de forma severa, nuestra habilidad de desarrollar una intimidad sana en el matrimonio. Nuestra primera experiencia sexual afecta nuestro patrón de estimulación con tanta fuerza que nunca se olvida. Esta puede ser la razón más importante por la que deberíamos guardar nuestro primer amor, para la persona con la que estemos para toda la vida.

Puntos a Considerar/Actividades

- ¿Por qué crees que Dios nos diseñó para que nuestra primera exposición al sexo tuviera un efecto tan profundo y duradero?

- ¿Cuál crees que fue el propósito de Dios cuando les dio a los adolescentes deseos sexuales poderosos, antes de estar listos para la Bendición Matrimonial?

- Miren *Volando Lejos de Casa*, dirigida por Carroll Ballard

La Primera Noche

Un bebé da sus primeros pasos y se cae, pero se levanta con una sonrisa y muy emocionado. Años después, ese pequeño se convierte en atleta olímpico, un medallista de oro, ¡el corredor más rápido del mundo! La emoción de alcanzar el potencial más alto, comienza de una forma muy humilde y se consigue con el tiempo.

Así, como un futuro atleta necesita crecer para participar en carreras, los jóvenes deben desarrollarse física, espiritual y emocionalmente antes de estar listos para el primer amor. Además, cuando los recién casados inician con sus relaciones sexuales, tienen que empezar paso a paso. Puede ser extraño al principio, pero también es estimulante y divertido. En los deportes, la práctica da resultados y lo mismo puede decirse de aprender a hacer el amor.

Palabras del Padre Verdadero

55. "La mejor relación es la que se forma durante el primer amor. Es lo mejor, no importa lo que digan los demás. Esto no se puede comprar a ningún precio. Si puedes tener un mundo así por la eternidad ¡qué espléndido sería esto! Todos deberían al menos alcanzar ese nivel." (11.5.1969)

56. "El lugar del amor conyugal es la flor del universo entero. Una esposa es parte de todas las personas en el museo de la historia humana. Ella es la flor de todo su linaje. Dios está presente en su noche de bodas. Después de haber esperado durante toda la historia, finalmente, Dios puede instalarse en el alegre lugar del amor de un hombre y una mujer. ¡Qué increíble es este lugar! Ella

debe pensar: "Tengo el papel para abrir el camino, de reconectar el sendero roto y explotar en amor como un perfecto polo negativo, donde nunca se ha hecho antes". A partir de aquí, el sol brillante de amor se eleva por encima del cielo y la tierra. Cuando un hombre entra en la habitación de su esposa, él debe hacerlo como la encarnación del amor y el ideal." (22.7.1988)

57. "Una mujer en su camino para encontrar a su hombre, debe tener este tipo de pensamiento: "Estoy buscando a quien es más precioso que Dios. Estoy en mi camino para encontrarte, llevando conmigo lo más precioso que tengo, lo que he atesorado y mantenido a salvo muy cuidadosamente durante toda mi vida. Te amo." Cuando la mujer anhela a su hombre de esa manera, su área sexual palpita." (3.10.1990)

58. "¿Dónde se encuentra el amor absoluto de Dios, con el amor absoluto de la humanidad? Únicamente, en un único punto ¿Dónde sería eso? Está donde los órganos sexuales se unen en la noche de bodas. Bien ¿han pensado ustedes encontrar a Dios en ese momento? La pregunta es: ¿dónde se unen ustedes con Él?" (7.4.1997)

59. "Por consiguiente, si usan su órgano reproductivo como les plazca, estarán en serios problemas... Esto era verdad para Adán y para Eva. El primer amor es para que sea lo más valioso. Dios guía ese primer amor." (25.1.1976)

60. "El amor de la primera noche de bodas es grandioso: ¡es el primer amor! Es el momento en que la mujer ofrece su cuerpo, que ella ha salvaguardado como un tesoro toda su vida, para su hombre. Este también es el caso para el hombre. En esa noche, el hombre ofrece su cuerpo casto y puro 100% a su mujer. Las vidas de ambos, antes del matrimonio, fueron guiadas totalmente en preparación para esa noche." (12.10.1993)

61. "Una vez que experimentas el primer amor, con el cónyuge que te ha dado Dios, tu responsabilidad es mantenerlo y compartirlo libremente con el resto de la humanidad. Esta forma de vida sirve de base para la vida celestial en la tierra." (20.11.1983)

62. "Una vez que Adán y Eva se hubiesen dado cuenta de la explosión de su amor, el universo entero habría sido como un hermoso y fragante jardín de flores. Sentirían que todo se hacía eco de su amor. Cuando esa sensación electrizante llegara a Dios, entonces Él sería atraído hacia ellos y toda Su creación se habría activado con el amor. Dios debía ser quien uniera a Adán y Eva en el estallido del amor... ¡En los siguientes estallidos de amor, los tres se fusionarían! Lo importante es que no haya ningún elemento extraño, que hombres y mujeres fueran puros cuando consumaran su primer amor." (5.6.1983)

63. "En este punto de encuentro, la mente, el cuerpo y las cuarenta billones de células son concentradas, son atraídas y se vierten allí. Esto es lo que se conoce como el primer amor. Basado en el primer amor, todas tus cuarenta billones de células comienzan a bailar. Si alcanzas ese nivel a través de tu amor, entonces todas tus cuarenta billones de células, tu sangre y tu cuerpo se armonizarán en uno. Esto es la unificación total. El cuerpo del marido pertenece a la esposa y el cuerpo de la esposa pertenece al marido. Dios llegaría a ese lugar de Su compañerismo absoluto y se convertiría en uno. El hombre absoluto y la mujer absoluta se combinan en una pareja absoluta y luego se combinan con Dios y hacen un solo cuerpo. Después de que se convierten en un cuerpo con Dios, entonces todo pertenece a aquel lugar del cuerpo único para siempre. Por siempre suyo." (4.5.1997)

64. "En el momento en que el hombre y la mujer casados llevan a cabo el acto del amor, es decir, tienen relaciones sexuales por primera vez, es cuando se perfecciona el amor filial. Es el lugar de

perfección del corazón fraternal y del corazón conyugal, y el punto de inicio para la perfección del corazón de los futuros padres.

Así, el órgano sexual femenino es el principal palacio del amor, el origen del amor. A partir de allí, el amor comienza; no se inicia en el aire." (13.3.1994)

65. "Después de casarse, el momento en que una pareja experimenta el primer amor conyugal, es el momento de su perfección como un hombre y una mujer. Ellos reinan supremamente. El hombre es la antena que representa a toda la polaridad positiva de Dios, todas las características masculinas y las cosas del lado derecho. La mujer es la antena que representa a toda la polaridad negativa de Dios, todas las características femeninas y las cosas del lado izquierdo. La unión de ellos, es igual al punto en el que las cargas eléctricas negativas y las cargas eléctricas positivas se encuentran en la parte superior de la antena. El lugar donde un hombre y una mujer hacen el amor, es donde alcanzan la perfección como hombre y como mujer. El palacio real del amor que puede asentarse en la tierra, como el centro del cielo y la tierra comienza a partir de ese punto. Entonces, finalmente puede surgir el origen del amor y conectarse a nuestras vidas. Nuestro linaje se conecta a ese lugar. Al mismo tiempo, una nación surge de ese lugar. El Reino de los Cielos en la tierra y en el cielo comienza desde el lugar donde se abren las puertas del primer amor." (15.5.1994)

Reflexiones sobre las Palabras del Padre Verdadero

El Padre Verdadero habla con mucho entusiasmo sobre la primera noche de una pareja, usando palabras como "electrizante" y frases como "estallido de amor". Él describe cómo un hombre y una mujer que guardan sus órganos sexuales para la primera noche, experimentan este estallido donde Dios puede participar completamente. El cuerpo del esposo pertenece a la esposa y el cuerpo de la esposa pertenece al esposo.

En realidad, la primera noche puede que no sea tan buena. Incluso puede ser decepcionante y no cumplir con las expectativas de la pareja. Es importante entender que este, solo es el comienzo de un proceso que dará lugar a experiencias, donde esta nueva relación maravillosa se sentirá como un estallido de amor. Para las parejas que han recibido la Bendición Matrimonial, lo preciado de su primera noche tiene que compartirse con Dios, quien ha estado esperando por miles de años para experimentar el primer amor de Adán y Eva. Quizás es Dios quien estalla de felicidad esa primera noche y quizás ese sea el valor real del primer amor de una pareja bendecida.

El tiempo hasta el matrimonio, es la mejor oportunidad de prepararse bien para esta primera noche. Es importante buscar la guía de Dios mediante nuestros padres y en oración, y no dejar que nuestras emociones nos dominen. Cuando el lazo matrimonial se nutre con el tiempo y su amor crece, la pareja llegará a tener experiencias electrizantes a nivel físico, emocional y sexual. Al compartir alegría, brindarse comodidad y fuerza, en los buenos y malos momentos, la pareja forma unidad y confianza, como pareja y con Dios. Su ejemplo de un matrimonio lleno de amor inspirará a sus hijos y a las personas a su alrededor. ¡Este es un pensamiento electrizante!

Cómo Hacerlo Real

Mi Primera Noche

Esta es una experiencia sobre su primera noche con su esposa.

"Al crecer en un mundo donde el sexo está por todas partes, sentía que había desarrollado conceptos nocivos, de lo que sería hacer el amor después de recibir la Bendición Matrimonial. Había esperado toda la vida para entregar mi pureza a mi esposa, así que no tenía experiencia real en el sexo, solo lo que había visto del mundo. Pensaba que el sexo sería fácil; parece fácil ¿verdad? Sin embargo, mi primera experiencia demostró que la realidad del sexo, es muy diferente de lo que el mundo te muestra. Siempre pensé que justo antes de la primera vez, estaría tan excitado que no podría controlarme en absoluto. Sin embargo, justo antes de nuestra primera experiencia, estuve más nervioso que nunca antes en mi vida, literalmente estaba temblando. Una vez que comenzamos, eso desapareció, pero el acto en sí no fue como lo había esperado. No fue una experiencia loca, intensa, llena de placer y apasionada con muchos gemidos y sonidos raros. En cambio, fue divertido, curioso, un poco asqueroso y lleno de risas. Comprendí que el sexo es como cualquier otra cosa en la vida, dominarlo toma tiempo y práctica, y la realidad no es lo que esperabas.

Siento que, además del placer físico que ofrece, el sexo es un acto de acercarse al otro de corazón, de confiar y entender las necesidades de tu cónyuge para hacerle feliz. Me siento mucho más satisfecho, cuando mi esposa tiene una buena experiencia y eso no es fácil de hacer. ¡Requiere mucho tiempo y esfuerzo! Es difícil explicar lo diferente que es el sexo a como yo pensaba, pero debo decir que es mucho más divertido y emocionante que la intensidad que se muestra por televisión. Creo que es diferente para cada persona; pero al final, es muy hermoso iniciarte en tu relación sexual y descubrir todo con la persona que amas, y a quien has entregado tu vida. Es algo especial y es sólo para ustedes dos. De verdad vale la pena esperar; es algo que toma tiempo para que sea genial".

Planear la Primera Noche

La mayoría de las parejas jóvenes, antes de su primera noche juntos, tienen curiosidad por lo que va a suceder. Algunos recurren incluso a la pornografía para informarse. Es normal sentir curiosidad. Dios nos creó para tener interés en el sexo, pero ver pornografía no es la forma de prepararse para una increíble vida sexual con nuestro cónyuge. Esa elección llevará a expectativas poco realistas y podría convertirse en una adicción seria.

Si desean saber más sobre las relaciones sexuales, pueden hablar con sus padres o un hermano o una hermana casados que puedan compartir lo que puede pasar o cómo prepararse para lo que debería ser una experiencia hermosa y natural. Un pastor también puede recomendarles un buen libro a los recién casados. Van a pasar un gran momento, explorando este glorioso mundo nuevo con su cónyuge.

La primera noche no tiene por qué ser electrizante. Mientras se preparan para esta experiencia única, no se preocupen, solo diviértanse y formen recuerdos hermosos que puedan recordar años después. Su falta de experiencia y errores pueden hacer a su primera noche incluso más memorable, en especial si ambos se estuvieron riendo en ese momento. Como pareja, aprenderán, crecerán y tendrán cada vez más intimidad. ¡La práctica hace la perfección!

Una Hermosa Celebración Familiar

El Dr. Chung Sik Yong, Presidente Regional de la Federación de Familias de América del Norte, compartió la guía que le dio a su hijo y nuera después de recibir la Bendición Matrimonial y estar listos para consumar su matrimonio. Su pareja había estado orando en preparación para esta ocasión especial. El Dr. Yong y su esposa realizaron una hermosa ceremonia en su casa con toda la familia presente.

Primero, la joven pareja se inclinó ante su padre y madre, y luego entre ellos. Luego, el Dr. Yong dijo: "Mi amado hijo y mi amada nuera, que les vaya bien y siempre tengan a Dios como la mayor prioridad".

El Dr. y la señora Yong pusieron sus manos sobre las cabezas de la pareja recién bendecida, que estaban frente a ellos y el Dr. Yong ofreció una bendición:

"Padre Celestial, hoy mi hijo y su esposa están iniciando su familia. Has esperado mucho por este día. Vine de un linaje de sangre caído, pero mi hijo vino directamente del Cielo debido a Tu gracia. Has esperado mucho por este día. Hoy es un día increíble. ¡Cuánta alegría debe sentir nuestro Padre Celestial!"

Tras la ceremonia, el Dr. Yong exclamó: "¡Hoy es un día maravilloso para ambos y para nuestros Padres Celestiales! Estamos creando una nueva tradición".

El Dr. Yong describió el resto del día y compartió esto: "Toda la familia disfrutó una celebración con pastel y dimos flores a la nueva pareja. El suegro de mi hijo compartió palabras hermosas para la ocasión, mi esposa y yo también ofrecimos palabras de felicitaciones.

Los hermanos menores de la nueva pareja, tienen una fuerte determinación de ser como ellos algún día. Después de que nuestra segunda hija recibió la Bendición Matrimonial, preguntó: 'Padre, estamos listos para iniciar familia. ¿Cuándo vas a darnos una bendición?'. Nuestro tercer hijo hizo el mismo pedido. Le dije, con una sonrisa: 'Bueno, solo espera'.

La primera noche es muy preciosa; de verdad muy preciosa. Creo que esta debería ser una de las tradiciones más importantes de nuestras familias bendecidas. Esta es la forma en que las familias pueden enraizarse en la tradición de la piedad filial".

Las familias pueden considerar implementar la tradición del Dr. Yong con sus propios hijos. Esta es una increíble forma de invitar a los Padres Celestiales a las vidas futuras de nuestros hijos.

Puntos a Considerar/Actividades

- ¿Cuál es la diferencia entre la tradición del Dr. Yong de la primera noche y la forma en que muchas parejas inician sus relaciones sexuales?

- ¿Cómo desearías prepararte para la primera noche de tus hijos? Si son solteros ¿cómo te gustaría prepararte para la primera noche con tu cónyuge?

- Si son solteros ¿qué expectativas tienes para la primera noche? Si están casados, ¿cuáles fueron las expectativas para su primera noche?

La Boda de Dios

Durante la boda de sus hijos e hijas, ¡los padres se sienten en las nubes! Es un momento hermoso de ver. Cuando vemos su alegría o lo experimentamos nosotros mismos, podemos ver una fracción del deseo de Dios de participar en el casamiento de Sus hijos. Solo podemos imaginar el brillo en los ojos de nuestro Padre Celestial mientras baila con Su nueva hija bendecida y la feliz risa de nuestra Madre Celestial cuando baila junto a Su nuevo hijo bendecido en su día de bodas.

Palabras del Padre Verdadero

66. "¿No debería la boda de Adán y Eva, ser también la boda de Dios? ¿Dónde te encontrarías con Dios, quien creó al compañero objeto de Su amor, para ser superior a Él? ¿Adónde irás para unirse con Él? ¿A través de la nariz? ¿Dónde sería? Este es un asunto sumamente importante. Como los órganos sexuales que se encuentran en hombres y en mujeres, son el jardín original donde Dios puede residir, allí sería el lugar donde Su amor se perfecciona por primera vez. Ese lugar, donde cóncavo y convexo llegan a unirse, es donde la perfección de los seres humanos, es decir, donde la perfección de la mujer, el hombre y Dios ocurre centrándose en el amor.» (19.6.1994)

67. "La boda de Dios, es la boda de Adán y Eva, lo cual es así, porque Su Reino en la Tierra y en el Cielo, llega a existir simultáneamente. Empieza a partir del nido de amor. El momento en el que los órganos sexuales masculino y femenino se unen, fuera del ámbito

de La Caída, corresponde al punto de origen del Reino de Dios en la Tierra y en el Cielo. Esa es también la base sobre la cual se establecen los tres grandes reinados. Un nido de amor no se puede construir en ninguna otra parte excepto en ese lugar." (16.8.1994)

68. "¿De quién es la boda en la ceremonia de matrimonio de Adán y Eva? Es la boda de Dios. Si ese hubiera sido el caso, ¿cuál habría sido el resultado? Los órganos sexuales se habrían convertido en el primer palacio del amor de Dios, el palacio original de amor. Por eso se dice que la familia es el palacio, por que los órganos sexuales son el palacio principal del amor. La familia, generalmente hablando, es el palacio y los órganos sexuales, el principal palacio vertical del amor. ¡Qué preciosos son ellos!» (23.11.1994)

69. "Nosotros buscamos regresar al hogar original —en donde el amor de Dios y de la humanidad están conectados— los órganos sexuales masculino y femenino ¿Dónde comienza a unirse el amor de Dios y el de la humanidad? Dios, quien es la raíz de la vida, el amor, la conciencia y el linaje de Adán y Eva, entrará inevitablemente, desde la posición vertical, al centro de unión de la forma externa y la naturaleza interna de Adán y Eva, quienes están en la posición horizontal. Por lo tanto, el matrimonio de Adán y Eva es también, el matrimonio de Dios. Los órganos masculino y femenino son los instrumentos que liberarán y perfeccionarán a Dios. De aquí que, Dios es el Padre, el Padre vertical, mientras que Adán perfecto es el Padre horizontal." (16.3.1994)

70. "Por amor, Dios se dividió en hombre y mujer. El Dios invisible, como un ser unido, no puede experimentar el estímulo del amor. Fue para sentir este estímulo que se dividió en hombre y mujer, manifestando Su sustancia incorpórea, con la sustancia corpórea... Para volver a ser cuerpos sustanciales invisibles tienen que unirse... Entonces cuando, un hombre y una mujer, se convierten en un

cuerpo sustancial objeto entre ellos, finalmente se convierten en los compañeros del amor de Dios." (30.1.1994)

71. "¿No es ese el lugar donde comenzó nuestra existencia? Los hombres y las mujeres nacen de allí; no podrían nacer a través de besarse, solamente ¿o sí? Por lo tanto ¿no sería deseable para los órganos masculino y femenino unirse absolutamente? ¿Quieren, esposos y esposas, unirse completamente o sólo moderadamente? Con respecto a ese órgano, para recibir amor, la mujer necesita estar en la posición en donde ella asiste no solamente a su esposo, sino también a Dios espiritualmente. El órgano sexual de Adán es su parte externa, pero al mismo tiempo es la parte interna de Dios. El órgano sexual de la mujer es también la parte externa de Eva, pero al mismo tiempo, es la parte interna de Dios. Lo que es invisible es vertical, y lo que es visible es horizontal. Esa es la manera como el Padre Vertical y los padres horizontales alcanzan la unidad." (7.4.1997)

72. "La boda de Dios ocurre en el día de bodas de Adán y Eva. Sería una boda vertical y una boda horizontal. A través de sus órganos sexuales, el hombre y la mujer alcanzan el amor absoluto de Dios y el centro de ese amor al mismo tiempo, y se unen centrándose en el amor de Dios. Si hubiera sucedido así, Adán y Eva se habrían unido centrándose en sus mentes, como Dios." (15.4.1997)

73. "La ceremonia de matrimonio de Adán y Eva es internamente la boda de Dios, esto significa que es un matrimonio dual. Lo que une a los dos son los órganos masculino y femenino; sin ellos, nuestra vida no podría llegar a existir. Los linajes y la historia de la humanidad se han perpetuado a través de los órganos sexuales. Incluso el mundo ideal de Dios será establecido por los Hijos, los Hijos amados quienes han pasado a través de las ocho puertas; así es como se construirá Su Reino." (3.2.1998)

74. "La boda de Adán es también la boda de Dios. Este es Su más

grande secreto. A través de dilucidar esto, yo me convertí en el embajador de la anatomía sexual. Todo se une a los órganos sexuales. Si no es por ellos, el hombre y la mujer no conocerían el amor, y tampoco se podrían unir sus vidas." (3.11.1995)

75.   "Incluso la pared está esperando verlos, sin poder dormir y preguntándose: '¿A qué hora mi pareja favorita va a realizar el banquete para celebrar el amor donde Dios vendrá y participará?'" (22.9.2000)

Reflexiones sobre las Palabras del Padre Verdadero

El Padre Verdadero descubrió el mayor secreto de Dios: ¡la boda de Adán y Eva debía ser la boda de Dios! La naturaleza masculina de Adán y la naturaleza femenina de Eva vinieron de Dios. Si Adán y Eva hubieran esperado hasta que Dios les diera permiso para casarse y unirse mediante sus órganos sexuales, esas dos partes de Dios también se habrían unido. Dios habría estado completo, cuando Adán y Eva hicieran el amor. Esa debía ser la boda de Dios. ¿Qué significa eso para nosotros?

La Bendición Matrimonial es central para la vida porque, a través de nuestro cónyuge, podemos amar y servir a Dios de una forma nueva y profunda. El Padre Verdadero enseña que los órganos sexuales del esposo y de la esposa, son los órganos sexuales de Dios. Por ende, las parejas casadas deberían amarse como representantes de Dios. Cuando un esposo y una esposa se esfuerzan por brindarse amor, cuidado y atención, ellos expresan el amor que Dios pretendía que recibiera cada cónyuge.

Cuanto más entienda una pareja la presencia de Dios durante el acto sexual, más podrá experimentar amor divino. La Bendición Matrimonial tiene el potencial de crear este tipo de conexión inseparable, donde los cónyuges pueden compartir su alegría con Dios. El Padre Verdadero se refiere a esto como la unión de lo vertical y lo horizontal. La boda de un hombre y una mujer verdaderos es la boda de Dios. Este siempre ha sido el ideal de Dios desde antes de crear el cosmos, con la Bendición Matrimonial como la culminación de toda Su creación.

Cómo Hacerlo Real

La Morada de Dios

"¿No saben que ustedes son templo de Dios y que el Espíritu de Dios habita en ustedes?" (1 Corintios 3:16)

Jesús vino con una nueva enseñanza, cuando el pueblo judío creía que el lugar más sagrado era el templo de Jerusalén. Él declaró que esta creencia del Antiguo Testamento se estaba reemplazando por una nueva verdad que proclamaba, que nosotros como hijos de Dios, debemos ser Sus templos. Había mucho más que Jesús debía revelar, pero su crucifixión impidió esto.

Los Padres Verdaderos revelaron que Dios creó el Cielo, como un lugar donde ingresamos como cónyuges, no como individuos y esa salvación completa solo puede lograrse mediante la Bendición Matrimonial. Una parte crucial de la misión de los Padres Verdaderos es modelar el estilo de vida de una pareja celestial. Cuando recordamos cuando estaban juntos en esta tierra, veíamos una pareja hermosa y afectiva, que se tomaba de las manos, se abrazaba, se besaba, cantaba y bailaba, orando y haciendo juntos la voluntad de Dios todos los días. Está claro que ellos siempre invitaron a Dios en su matrimonio, tanto en público como en privado. La lección que hemos aprendido de su ejemplo es que nuestros Padres Celestiales desean estar completamente presentes en los corazones, mentes y cuerpos de las familias bendecidas en cada momento. El momento en que Dios puede manifestarse por completo es cuando una pareja bendecida hace el amor. Ahí es cuando Dios, esposo y esposa, los tres, pueden experimentar un amor eterno sin precedentes.

Las parejas bendecidas tienen que desarrollar la sensibilidad de que el cuerpo de su cónyuge es el cuerpo de Dios y de que su órgano sexual, es el órgano sexual de Dios. Cuando hacemos el amor con nuestro cónyuge y tenemos esto en mente, estamos amando y honrando tanto a Dios como a nuestro cónyuge, y lo estamos invitando a nuestro matrimonio. El Padre Verdadero nos enseña que Dios está presente y es estimulado de una forma que Él nunca podría experimentar por Sí mismo. A su vez, la pareja llega a conocer a Dios de una forma más íntima que conociéndolo como individuos.

Este es el lugar donde Dios se regocija mientras las parejas desarrollan su amor más profundo.

Dios no pudo experimentar amor por Sí mismo y nosotros tampoco. Por ende, Él nos diseñó con el deseo de experimentar amor con un compañero del sexo opuesto. Toda la creación debe deleitarse ante la belleza de una pareja bendecida haciendo el amor.

"Porque el anhelo ardiente de la creación es el aguardar la manifestación de los hijos de Dios". (Romanos 8:19)

Qué maravillosa y hermosa es esta verdad, que Dios y toda la creación están ansiosos por celebrar el amor de un esposo y una esposa. Una pareja bendecida de Escandinavia ilustra esto con una encantadora historia:

"En los primeros días de nuestro matrimonio, estábamos en Laponia haciendo el amor en la naturaleza, cuando de repente vimos arriba y había un enorme alce parado sobre nosotros. Nos quedamos petrificados. Luego miré a mi esposo y él dijo: 'Creo que está esperando que terminemos'. Entonces continuamos, ¡y el alce se fue!"

El Matrimonio Radical de una Monja Fugitiva y un Monje Renegado

Esta es la historia verdadera del matrimonio entre el gran reformador, Martín Lutero (1483-1546) y Catalina de Bora (1499-1552). Antes de casarse, ambos habían dedicado sus vidas a servir a Dios. Martín Lutero era un monje que rompió su juramento de celibato para casarse y tener una familia con Catalina de Bora, una monja.

En un acto valiente en 1517, Martín Lutero publicó sus *Noventa y cinco tesis*, una lista de protestas contra la corrupta venta de indulgencias[10] por parte de la Iglesia Católica. Lo que muchos no saben de este famoso religioso, es que él tuvo un matrimonio notable. Todo comenzó cuando, en 1523, Martín Lutero ayudó a doce monjas que se escondieron en barriles sucios para escapar de un Convento Católico cerca de Wittenberg, Alemania. Estas mujeres estaban allí contra su voluntad y por esa razón escaparon. Al parecer, él encontró esposos para todas las mujeres excepto para una, Catalina de

---

10. Objetos que se adquirían para comprar una salida a los problemas con Dios.

Bora, con quien él se casó después.

La atracción entre estos cónyuges no comenzó como una atracción física. Él estaba atraído por su devoción espiritual y llegó a amarla profundamente como su esposa elegida. Martín Lutero no creía que el sexo era sólo para procrear. Él promovió la idea novedosa (novedosa en el siglo XVI) de que el sexo en el matrimonio cristiano debía glorificar a Dios y que es un regalo dado por el Creador para nuestro placer. Según este famoso reformador: "El mayor bien de la vida casada, lo que hace que todo el sacrificio y trabajo valga la pena, es que Dios brinda descendencia y ordena que ellos terminen reverenciándolo y sirviéndolo".

¿Cómo sabemos tanto de su matrimonio? Martín Lutero compartió sobre su matrimonio y familia en su sermón: *"El Estado Matrimonial"*. Él fue un esposo y padre con una mirada moderna de la vida familiar. Él y Catalina tuvieron seis hijos, y eso significaba muchos lavados de pañales. Su comentario al respecto fue ingenioso: "Dios, con todos sus ángeles y criaturas, está sonriendo; no porque ese padre está lavando pañales, sino porque lo está haciendo con fe cristiana".

Martín y Catalina eran devotos de su fe; pero, después de casarse y tener hijos, su colaboración para hacer la voluntad de Dios logró mucho más de lo que pudieron haber logrado por su cuenta. Catalina descubrió que tenía un talento para el negocio y mediante sus esfuerzos, la propiedad familiar se expandió para brindar una base financiera y una sede para su misión. Los reformadores se reunían en su casa para debatir ideas y hacer planes, y este fue el epicentro del movimiento de la Reforma. Martín pudo dedicarse por completo a enseñar y promover reformas necesarias mientras Catalina administraba su propiedad. Ella también participaba en los debates y se dice que hizo aportes significativos al progreso del movimiento de la reforma. La energía de Dios se multiplicó de forma exponencial mediante su matrimonio.

El Trabajo en Equipo hace del Sueño una Realidad

Adorar a Dios como una sola persona es profundamente gratificante y edificante. Martin y Catalina ilustran como un esposo y una esposa con una fe común y pasiones compartidas pueden lograr mucho más juntos de lo que podrían lograr como individuos. Cuando el esposo y la esposa colaboran para hacer feliz a Dios, experimentan Su presencia divina en su relación.

Imaginen estar sentados solos mientras observan un atardecer magnífico sobre el océano en una playa cálida. Es inspirador y pacífico, y te llena con mucha serenidad. Pero ¿no sería incluso mejor observar la misma variedad de brillantes colores naranjas, rosados y azules intensos con su amado cónyuge, ambos abrazados y susurrándose tiernas palabras de amor?

Puntos a Considerar/Actividades

- Nombre a una pareja que admire ¿Qué tienen ellos que te inspira?

- ¿Cree que es importante que una pareja comparta valores y fe en su matrimonio? ¿Por qué sí o por qué no?

- Comparte tus pensamientos sobre cómo el matrimonio nos ayuda a crecer.

- ¿Crees que Dios tiene un plan para tu pareja o futura pareja? Si es así, habla más sobre ello.

Los Guardianes del Universo

En la aventura espacial de ciencia ficción, Los *Guardianes de la Galaxia*, Peter Quill es perseguido por unos cazarrecompensas tras robar una esfera misteriosa deseada por Thanos, un villano poderoso que busca usarla para eliminar a la mitad de los habitantes del cosmos. Cuando Quill descubre el verdadero poder de la esfera y el peligro que esta posee, él debe hacer su mayor esfuerzo para guiar a su equipo de inadaptados en una última y desesperada batalla, con el destino de la galaxia en juego.

Si bien es poco probable que alguna vez encontremos una esfera misteriosa, el Padre Verdadero enseña que todos poseemos algo igual de poderoso. Ya que nuestros órganos sexuales son el centro del universo, cuando protegemos nuestra pureza, estamos haciendo mucho más que esperar hasta el matrimonio.

Palabras del Padre Verdadero

76. "Debido a la Caída hemos malinterpretado, maltratado y abusado de la palabra "amor" hasta hoy. En verdad, el amor es el palacio sagrado original. El lugar original del amor es el palacio sagrado, el lugar más preciado. La puerta del palacio no puede abrirse cuando les plazca. Solo cuando ustedes se conviertan en el rey y la reina del amor pueden abrirla. Esta es la tradición original del amor para todas las personas. El rey y la reina quienes poseen a los Padres Verdaderos pueden abrir dicha puerta. Los amados hijos e hijas de Dios nacen en este palacio original." (2.10.1983)

77. "Proteger y guardar la castidad de hombres y mujeres es equivalente

a proteger el universo. Esto es debido a que el orden del amor entre hombres y mujeres es la base del universo. El órgano sexual es más importante que la cabeza. Ustedes no pueden encontrar el origen del amor verdadero en su cabeza, no pueden encontrar el origen de la vida verdadera en su cabeza y no pueden encontrar el origen del linaje consanguíneo verdadero en su cabeza. Entonces ¿dónde está ese origen? Está en el órgano sexual ¿No es esto también cierto? Todo puede ser encontrado en los órganos sexuales: la vida, el amor y el linaje de sangre. Son el palacio principal del amor. Ustedes pueden encontrar la raíz de la vida allí. Es lo mismo en el caso del linaje de sangre. El órgano sexual es la parte más valiosa del cuerpo humano y también del mundo humano y de su historia." (17.6.1990)

78. "Los órganos sexuales son el palacio del amor, el palacio en el cual nace la vida eterna, el palacio que hereda los futuros descendientes y el linaje consanguíneo que continuará por la eternidad las tradiciones incambiables del Cielo. Es el palacio del amor verdadero, vida verdadera y linaje verdadero. Es el más precioso lugar de todos. Pero no pueden usarlo a su antojo, no pueden usarlo sin el permiso de Dios. Es un lugar que no puede ser tocado por nadie más que su esposo o esposa, quienes hayan obtenido la aprobación de Dios y del universo." (31.3.1991)

79. "Los órganos sexuales son el palacio del amor ¿Cuál es el estado actual de ese palacio del amor? Los órganos sexuales de los seres humanos son lo más preciado en el mundo, son el palacio del amor, la vida y del linaje. Son lo más sagrado del mundo. No obstante fueron profanados a través de la Caída. Desde el punto de vista original de Dios, los órganos sexuales del hombre no son impuros, sino sagrados. Es lo más sagrado. La vida, el amor y el linaje de sangre están conectados a los órganos sexuales; este órgano sexual fue mancillado y profanado por Satanás." (28.7.1991)

80. "Si este mundo fuera uno que absolutamente valorara los órganos sexuales ¿sería un mundo bueno o malo? ¿sería un mundo próspero o un mundo en decadencia? Cuando Dios estaba creando a los seres humanos ¿en qué parte del cuerpo, piensan ustedes que dedicó su mayor esfuerzo? ¿Habría sido en los ojos, la nariz, el corazón o el cerebro? Ninguno de estos órganos puede reproducir una vida y además muere al final ¿no es verdad?" (15.9.1996)

81. "Las mujeres necesitan llegar a ser las soberanas de sus oídos y bocas. Los caracteres Chinos para estas tres palabras (oído, boca y rey) se combinan para formar el carácter (聖) "Seong" que significa "santo". Cuando preguntamos: ¿Te gustaría ser una mujer santa o una mujer malvada? cada mujer respondería que ella quisiera ser lo primero. Esto es a lo que nos referimos aquí por "Seong (聖)," no el "Seong (性)" que significa deseo sexual entre el hombre y la mujer. Aunque se pronuncian de igual manera en coreano, el Seong del que les estoy hablando es la combinación del oído, la boca, y el rey; deberían dar por sentado este último como el órgano sexual femenino. ¡Es cierto! ¿Acaso no es éste el rey? Protegiéndolos, ustedes se convertirán en santos ¿No es esto algo que vale la pena aprender? Ustedes no pueden encontrar esto en algún diccionario o en cualquier otro lugar. Nunca han visto tales enseñanzas, ni en textos japoneses ¿o sí?" (8.4.1997)

82. "¿Qué es mejor: los dedos o la cabeza? ¿Qué es lo mejor en un hombre? ¿Qué parte del cuerpo es la más preciosa en hombres y mujeres? ¿No es el órgano sexual? ¡Qué tan precioso es, que fue creado de tal manera que fuera protegido contra todas las intrusiones importunas que pudieran venir! Ese no hubiera sido el caso si estuvieran situados donde podrían ser tocados muy fácilmente, así nada más al pasar; por eso fueron colocados allí, para estar completamente protegidos. Ese es el caso del hombre y la mujer. Incluso si yo fuera Dios, no podría encontrar un mejor lugar que ese. Al crear y ubicar a los órganos sexuales ¿dónde los

colocarían? ¿Los pondrían en cualquier otra parte? Si lo hicieran ¿qué sucedería cuando un hombre y una mujer, caminaran juntos?" (21.2.1990)

Reflexiones sobre las Palabras del Padre Verdadero

Hay muchos problemas mundiales que nos preocupan, como proteger a los más vulnerables, cuidar a nuestros hijos y preservar nuestro planeta para las generaciones futuras. El Padre Verdadero enfatiza otra responsabilidad, proteger nuestra pureza. Nuestro órgano sexual es un tesoro sagrado que reservamos exclusivamente para nuestro cónyuge. Cuando protegemos nuestra pureza, podemos contribuir a formar familias, comunidades y naciones centradas en Dios, y algún día, un mundo centrado en Dios. De este modo, nos convertimos en los guardianes del universo.

Cómo Hacerlo Real

Las Santas Vírgenes

Santa Ágatha, Santa Lucía, Santa Inés y Santa María Goretti son llamadas santas por la Iglesia Católica porque sacrificaron sus vidas para preservar su virginidad. Todas estas mujeres enfrentaron situaciones donde hombres intentaron forzarlas a tener relaciones sexuales, aunque las mujeres se habían determinado a ser castas. Estas mujeres muy especiales entendieron lo sagrado de sus órganos sexuales y no deben usarse de forma incorrecta, aún si eso les causaba sufrimiento. Todas ellas sufrieron una horrible tortura y fueron asesinadas por ser fieles a sus creencias.

Santa María Goretti (1890-1902) nació en una familia de granjeros italianos. Su familia era pobre y todo se volvió más difícil cuando su padre murió de malaria y su esposa e hijos quedaron solos. María cuidó a sus hermanos y trabajó en el campo para ayudar a la familia. Un día, un joven se acercó a ella para forzarla a tener relaciones sexuales. Ella gritó y se opuso a sus intenciones: "¡No, es un pecado! ¡Dios no quiere esto!" Lleno de ira, su atacante la apuñaló catorce veces. Los médicos intentaron salvarle la vida, pero las heridas eran demasiado graves. Quienes estuvieron con ella en el hospital observaron que, incluso al borde la muerte, meditaba sobre la Pasión de Cristo y observó claramente que Nuestro Señor perdonó a todos los pecadores. En los últimos momentos de su vida terrenal, ella pudo perdonar a su atacante. En su lecho de muerte, ella le dijo a su madre: "Yo también lo perdono y deseo que algún día él pueda unirse conmigo en el cielo". Al día siguiente, ella murió en paz. Apenas tenía 12 años.

La historia no termina ahí. El atacante de María Goretti fue sentenciado a 30 años de prisión. Él continuó justificando con ira sus acciones y culpó a María por defenderse y mantener su pureza. Luego tuvo un sueño revelador en el que María aparecía y lucía radiante. Ella estaba recogiendo lirios en el campo; luego lo miró y le entregó catorce flores. Él recibió un mensaje de que cada lirio representaba una herida que ella había sufrido de su puñal y de que, al darle la flores, ella lo perdonaba por haber tomado su vida. Él escuchó que ella repetía el deseo que hizo antes de morir, que él pudiera unirse con ella en el Cielo algún día.

Este evento lo cambió por completo y le pidió a la madre de María que lo perdonara. Él dedicó los últimos 40 años de su vida a Dios e hizo penitencia por su pecado en un monasterio capuchino. Su testimonio sobre como murió María y lo que había experimentado en el sueño brindó la evidencia necesaria para que la Iglesia Católica canonizara a María como santa en 1950.

Si bien María solo tenía 12 años, ella tenía la sabiduría, la fe y el coraje de proteger su pureza con su vida. Ella tomó las palabras de Dios con tanta seriedad que no dudó en aferrarse con coraje a lo que ella creía era la verdad.

El Lugar más Sagrado del Cielo

La vida es preciosa y hay que protegerla. No estamos diciendo que es mejor morir que perder nuestra pureza. Estamos enfatizando el poder que viene por comprender el valor de la pureza. En el mundo actual, es menos probable que una persona se nos acerque con un cuchillo o un arma, pero sí es probable que recurra a los cumplidos y a su encanto. Cuando nos enfrentemos a esta tentación, podemos aprender del ejemplo de Santa María Goretti y heredar su claridad y convicción de proteger nuestro órgano sexual para nuestro futuro cónyuge.

¿Por qué es tan importante proteger los órganos sexuales? El Padre Verdadero enseña que Dios los creó con el mayor cuidado y devoción, como la fuente de amor, vida y linaje. Adán y Eva hicieron mal uso de sus órganos sexuales, por lo que rompieron el corazón de Dios y destruyeron Su ideal de la creación. Desde entonces, Dios ha estado trabajando sin descanso durante la historia para restaurar los órganos sexuales a su valor original. Mediante la Bendición Matrimonial, los Padres Verdaderos han dado a hombres y mujeres la forma de restaurar el fracaso de nuestros primeros antepasados y crear familias felices y radiantes, así como un mundo de paz.

Puntos a Considerar/Actividades

- ¿Qué hace único al órgano sexual, comparado con las otras partes del cuerpo?

- ¿Por qué proteger tu órgano sexual es importante para ti?

- ¿Cómo sería el mundo si todos valoraran los órganos sexuales, como Dios pretendía?

La Pureza Sexual en la Mente y el Cuerpo

¿Alguna vez han considerado cuál es el amor más elevado? Nuestro mayor deseo en la vida es compartir nuestros pensamientos y sentimientos más profundos con alguien en quien confiemos completamente. Desarrollar y proteger nuestra pureza es fundamental para lograr esta aspiración. El Padre Verdadero nos ruega que seamos precavidos con las relaciones sexuales y los hábitos basados en deseos egoístas. Él nos incentiva a crear una vida de honestidad e integridad, donde nuestro cuerpo esté unido con la mayor visión de la mente y el corazón. Mientras desarrollamos una vida de pureza, aprendemos a valorarnos a nosotros y a los demás como los hijos de Dios. Es entonces que estaremos listos para recibir a nuestro compañero de vida, con quien experimentaremos el gran regalo de Dios del amor sexual.

Palabras del Padre Verdadero

83. "Antes de intentar dominar el universo, primero tienen que dominarse a ustedes mismos". Este era mi lema en el momento que estaba abriendo el camino de la verdad. Les dije a todos: "Antes de intentar tomar dominio del universo o de conectarse con todo el mundo, tienen que tomar dominio sobre ustedes mismos". Nuestra mente puede convertirse en el dueño verdadero, el maestro verdadero y el padre verdadero... Nuestra mente quiere vivir por el bien de nuestro cuerpo, pero nuestro cuerpo no quiere servir a nuestra mente. Este es el problema." (30.3.1990)

84. "La religión nos enseña a vivir una vida de abstinencia sexual como una armadura en contra del amor inmoral. La carne puede ser un enemigo y su enemigo tiene tres grandes armas: comer, dormir y el deseo sexual. Yo he enfrentado todos estos deseos. No tienen idea cuánto he luchado, cuántas lágrimas he derramado con el fin de controlar estos deseos. Para hacer condiciones de indemnización y así conquistar esos tres deseos, tienen que hacer cualquier cosa que se requiera." (9.10.1977)

85. "Cuando hombres y mujeres jóvenes se encuentran en sus años de adolescencia, sus corazones saltan. Y cuando se emocionan, ocurren cambios en sus corazones. Sin embargo, si sus mentes no están asentadas en Dios sino que están del lado opuesto, ellos caerán en la maldad. Nuestra mente debe estar asentada en Dios. El amor es lo que permite que nuestra mente y corazón, cuando están enfocados en Dios, se eleven a la posición de unidad con el corazón de Dios. Siendo que la gente debe pasar por sus vidas en esta posición, ellos absolutamente deben tener sueños y esperanzas, con el amor como su centro." (25.10.1969)

86. "El cuerpo y la mente necesitan unirse a través de los órganos sexuales. Debe haber solamente un lugar de inicio, pues si hubiese dos habría dos direcciones diferentes. El destino final, donde el amor de la humanidad y el amor de Dios llegan a estar en contacto y se consolidan, son los órganos sexuales." (20.11.1994)

87. "Dios creó el universo con amor; por consiguiente, Adán y Eva debieron haber hecho del mundo creado, una comunidad de amor centrada en el amor de Dios y conectarlo con Él. Como esta fue su responsabilidad, Adán y Eva debieron haber pensado cómo podrían compartir el amor que Dios había permitido y con qué clase de actitud. Este asunto del amor era muy serio, tan serio que hasta podría decidir si ellos vivirían o morirían." (1997)

88. "Si llegan a un cierto punto, no pueden confiar en que se

detendrán ahí. Entonces no comiencen. Sobre este asunto, el resultado es muy estricto. Todos somos seres humanos y sabemos lo tentador que puede ser el amor. Ni siquiera nos gusta que hombres y mujeres vayan juntos a algún lugar porque sabemos que los humanos no son fuertes... Nunca confíen demasiado en ustedes. Mi dispensación es establecer un nuevo linaje de sangre pura." (1965)

89. "Cuando una mujer camina por la calle y se encuentra a un hombre apuesto, ella piensa que desearía verlo otra vez. Esta es la naturaleza de la Caída. Si son hijos e hijas de Dios, no deberían mostrar el más mínimo interés en quien no sea el cónyuge que Dios seleccionó para ustedes. Mirar a alguien directamente no es un pecado en sí. Pero si miran con interés, la fuerza poderosa de la Caída puede hacer efecto y puede llevarlos a un accidente inesperado. Por eso, cuando están caminando por la calle y se encuentran con un hombre apuesto o una mujer hermosa, no deben mirar con interés. Esta es mi preocupación y ansiedad por ustedes. Dios también dijo: 'No coman' por amor a Adán y Eva." (1997)

90. "Nuestra mente nos acompañará por toda la eternidad, mientras que nuestro cuerpo nos acompaña durante un período determinado de años. Nuestra mente regula nuestra vida, mientras que nuestro cuerpo regula nuestra rutina diaria... Cuando examinamos esto, podemos ver que el panorama de la mente es mucho más amplio que el del cuerpo." (4.10.1970)

91. "La religión es el área de entrenamiento donde aprendemos a controlar nuestro cuerpo y deseos físicos con la mente. Es el área de entrenamiento donde nos cultivamos a nosotros mismos, para llegar a ser personas originales de acuerdo al ideal de la creación. Nadie puede conquistar al cuerpo sin darle la bienvenida a Dios. Sólo con el poder de la verdad y el amor verdadero de Dios la

mente puede llegar a ser la pareja sujeto y tomar dominio del cuerpo como su pareja objeto, realizando así la unidad ideal con Dios. El resultado es la perfección humana, de la cual todas las religiones hablan." (27.8.1991)

92. "La vida inicia de un ser puro… Incluso el corazón de un joven, que puede oler la fragancia de la primavera en su pubertad, nace puro. La mente y el cuerpo nacen inocentes y sin manchas. Pero, si una persona tiene una forma de pensar egoísta y licenciosa ¿puede ser pura?" (1997)

93. "No deben mancillar su inocencia durante la adolescencia. Es el momento precioso donde pueden superar e indemnizar el resentimiento de Adán y Eva, que perdieron su inocencia durante su juventud. Deben preservar su inocencia, preciosa y pulcra. Deben tener la integridad y determinación de que: 'Aunque tenga que vivir solo por miles o cientos de miles de años, no dejaré que nadie pisoteé mi amor.'" (1997)

Reflexiones sobre las Palabras del Padre Verdadero

El Padre Verdadero nos enseña que la pureza es dominarse a uno mismo, al entrenar la mente y el cuerpo a resistirse a la tentación sexual. Él sabe de esto y luchó firmemente para ser victorioso en la unidad de mente y cuerpo. Con un corazón de padre, él nos advierte que evitemos las situaciones donde podamos ser tentados y nos alienta a fortalecer nuestra mente a través de la vida de fe. El Padre Verdadero dice que el poder del deseo sexual equivale al poder de nuestra voluntad de encontrarnos con Dios; por esta razón es un gran desafío.

Podemos mantener nuestra pureza si nos enfocamos en Dios ¿Qué significa eso? Mientras sigamos el camino de nuestra conciencia, aprendamos a vivir por el bien de los demás y cultivemos nuestra relación con Dios, ganaremos las herramientas y experiencias que nos prepara para el matrimonio. Con Dios en el centro de todo nuestro amor, podremos aspirar a convertirnos en la mejor persona para nuestro futuro cónyuge. Cuando nos dominemos al desarrollar la unión de mente y cuerpo, estaremos listos para ofrecer el regalo de nuestra sexualidad a nuestro futuro cónyuge y a Dios. Nuestros órganos sexuales serán el lugar donde se una el amor de Dios y el amor de la humanidad.

Cómo Hacerlo Real

La religión hace un gran énfasis en la importancia de la pureza. En la Biblia, Dios les dijo a Adán y Eva de no comer o tocar el fruto del Árbol de Conocimiento del Bien y el Mal, que el Padre Verdadero nos enseña que simbolizan los órganos sexuales. Él nos advierte sobre ser atraídos a alguien del sexo opuesto ¿pero no es así como Dios nos creó? Si bien somos atraídos a alguien con el deseo de ser más que amigos, lo que importa es lo que hacemos con ese deseo. Tener esos sentimientos no es un error en sí. Pero es mejor reconocerlos y dejarlos pasar, terminando nuestro dar y recibir con ellos. Podemos enfocarnos en algo más para que esos sentimientos no crezcan.

Para muchos, mantener la pureza sexual simplemente es abstenerse de tener relaciones sexuales antes del matrimonio ¿Pero es sólo eso? ¿Qué hay sobre otras formas de actividad sexual fuera del matrimonio, como el sexo oral y la pornografía? Estas son preguntas importantes.

Dios nos creó para experimentar completamente la alegría del sexo y espera que no nos conformemos con menos. La pureza es sobre abstenerse a todas las actividades sexuales fuera de la Bendición Matrimonial. Lo que vemos, pensamos, sentimos y hacemos impacta en nuestra integridad sexual. Imágenes y palabras provocativas pueden afectar nuestros pensamientos y sentimientos, y pueden llevarnos a comportamientos de los que podemos arrepentirnos.

La comunicación honesta nos permite tener una experiencia de responsabilidad y gracia. Cuando las personas, especialmente padres e hijos, tienen conversaciones abiertas sobre el ideal del sexo y estas son honestas, perdonándose los errores, la confianza se profundiza. Esto puede ayudar a reavivar la esperanza y crear una visión clara para la Bendición Matrimonial. Proverbios 29:18 nos aconseja planear un futuro maravilloso: "Donde no hay visión el pueblo perece; mas el que guarda la ley, es bienaventurado".

Vivir con pureza implica fijar objetivos para construir un buen carácter y crear formas saludables de afrontar los desafíos de la vida. Cuando nos deshacemos de los malos hábitos, debemos llenar ese vacío con otros buenos; de lo contrario, siempre volveremos a nuestras viejas costumbres. Hay muchas rutinas que podemos desarrollar para proteger y fortalecer nuestra pureza.

Los clubes y grupos juveniles pueden ser una forma saludable de explorar las amistades con el sexo opuesto, sin tener una relación exclusiva de novios. Conocer las características que nos gustan y nos atraen, sin caer en lo sexual, es una habilidad muy importante. Participar en deportes, pasatiempos y grupos pequeños nos dan las herramientas para invertir en nosotros, y a cambio, recibimos energía, inspiración y satisfacción. Estar en contacto con nuestros corazones mediante meditación, oración y lectura de las escrituras nos permitirá tomar las mejores decisiones y tener ventaja en todas las posibilidades de la vida. Recuerden, esto es una maratón, no un sprint. Crear nuevos hábitos en nuestras vidas requiere paciencia y consistencia.

Karate Kid

Muchos hemos visto la película Karate Kid, donde un adolescente, Daniel, es golpeado por una pandilla del dojo Cobra Kai y quiere aprender a defenderse. El sabio señor Miyagi se convierte en su maestro y ayuda a Daniel a crear una visión para su futuro, mientras lo entrena para un torneo de karate.

Es gracioso cuando el señor Miyagi comienza a entrenar a Daniel y lo hace encerar su coche y Daniel sigue sus instrucciones de "poner cera, quitar cera" una y otra vez. El entrenamiento continúa mientras el señor Miyagi le da tareas que aparentan no tener relación con el karate, como pulir el piso y pintar una cerca, donde repite movimientos específicos miles de veces.

Al principio, Daniel está confundido; pero con el tiempo aprende a confiar en el señor Miyagi y comprende que no solo está aprendiendo habilidades valiosas, sino también la autodisciplina y el valor del trabajo duro. Él comprende que, con prácticas constantes, las estrategias ofensivas y defensivas se vuelven naturales y automáticas. Mientras practica, él adquiere confianza de que puede ganar y que la visión del éxito es cada vez más sólida y prometedora.

¿Qué tiene que ver la historia de Karate Kid con una vida de pureza? Para prepararnos para los desafíos de vivir con pensamientos, sentimientos y comportamientos puros, debemos tener una visión de una sexualidad saludable, similar a la visión de Daniel de ganar el torneo. Así como Daniel practicó movimientos ofensivos y defensivos, debemos aprender y adquirir hábitos saludables que nos empoderen a tener una vida de pureza.

La Pureza no es un huevo

Existe un error común de creer que la pureza es como un huevo que, si se rompe, se mantendrá roto para siempre y no podrá restaurarse. Esta forma de ver la pureza ha dejado a muchos en desolación, sin ninguna esperanza de lograr el ideal. Descorazonados y avergonzados, se alejan de la preciosa Bendición Matrimonial que Dios preparó para sus vidas. El corazón de Dios es tan grande como para perdonar y brindar una forma de restaurar la pureza. Sin importar qué hay en nuestro pasado, todos somos dignos del amor de Dios.

Es importante considerar nuestra pureza como un jardín. Para cuidar las plantas, preparamos el suelo, el agua y las cuidamos diariamente, asegurándonos de que reciban los nutrientes apropiados. Si observamos que nuestras plantas se marchitan, sólo nos toma tiempo e inversión sanarlas para que puedan florecer y expresar su verdadera belleza de nuevo. Lo que fue destruido puede restaurarse.

Puntos a Considerar/Actividades

- Comparte buenos hábitos que puedas usar, para mantener la pureza en tus pensamientos, sentimientos y acciones.

- ¿Por qué la pureza sexual se considera un obsequio para tu cónyuge? ¿Por qué es un regalo para Dios?

- Vean *Karate Kid*. Discutan sobre las similitudes que vean entre el entrenamiento de Daniel y su entrenamiento para vivir en pureza.

¿Por qué nos Casamos?

Si les preguntan a diez amigos por qué piensan que las personas se casan, probablemente tengan diez respuestas diferentes. Uno puede decir que el matrimonio es por amor y seguridad. Otro puede creer que es para un mejor estilo de vida. Alguno puede decir que es para hacer felices a sus padres o porque no quiere estar solo. A veces, las personas que se divorcian dicen que se casaron por las razones equivocadas. Jackie Kennedy, la esposa del expresidente de Estados Unidos John F. Kennedy, dijo: "La primera vez te casas por amor, la segunda por dinero y la tercera por compañerismo." Con estas perspectivas diferentes, muchos jóvenes se preguntan por qué deberían casarse.

Palabras del Padre Verdadero

94. "Dios es la fuente del amor, la vida y el linaje. A este respecto ¿dónde se unen el amor, la vida y el linaje, del hombre y la mujer? Sería en el lugar secreto del hombre y la mujer, es decir: en sus órganos sexuales. Así, de todas las grandes empresas en la vida, la más grandiosa es el matrimonio." (30.12.1990)

95. "A través del matrimonio se crea un nuevo futuro: Se forman sociedades, se construyen las naciones, el mundo de la paz de Dios se realiza con familias casadas en el centro. Es en la familia donde el Reino de los Cielos de Dios se lleva a cabo." (2010)

96. "Por esto deberíamos celebrar la santidad del matrimonio. Es en la vida matrimonial que un hombre y una mujer se pueden

amar mutuamente ¿A quién se asemeja un matrimonio unido? Se asemeja a Dios. El hombre y la mujer tienen que asemejarse a Dios quien los ha creado a su imagen. Sólo entonces Dios morará en ellos." (8.2.1974)

97. "¿Por qué nos casamos? Para asemejarnos a Dios. Él tiene características duales, es un Ser unificado y en Él, ambas características están armonizadas. El hombre y la mujer fueron creados para ser similares a Sus características. Por consiguiente, el hombre y la mujer deben vivir y trabajar juntos en completa unidad y armonía, llegar a ser como la semilla, y regresar a la posición del carácter original de Dios. El matrimonio significa obtener la posición en la cual la pareja puede convertirse en una unidad total con Dios." (2.2.1998)

98. "La gente se casa para amar a Dios. Nosotros amamos a Dios porque debemos llegar a ser uno con Dios. Cuando llegamos a ser uno con Dios basados en el amor eterno del Dios absoluto, podemos realizar la vida eterna. Esto no es todo. El mundo creado por Dios a través del amor, de seguro le pertenece a Él, pero ese mundo puede llegar a ser mío a través del derecho de herencia. En el lugar donde nos encontramos con Dios, Él nos deja en herencia el derecho a la herencia del universo entero." (20.12.1985)

99. "¿Quién es el dueño de los órganos masculino y femenino? Es el Dios vertical ¿Dónde se unen el amor ideal de Dios y de la humanidad? En los órganos sexuales. Nos casamos para encontrarnos con Dios. Estas son palabras asombrosas y sorprendentes. Dios no está en algún otro lugar separado ¿Dónde se juntan y echan raíces las enseñanzas respecto a los tres Grandes Sujetos? Es en el amor. El amor de Dios y de los seres humanos se une a través de los órganos sexuales. El matrimonio es para que nosotros nos injertemos al amor vertical de Dios." (26.6.1990)

100. "El tiempo del matrimonio es el momento en que uno hereda

el amor de Dios. También es el momento en que heredamos la autoridad de la recreación. La alegría que Dios sintió después de crear a Adán y Eva aparece a través del matrimonio. Después de eso, comienza el dominio correcto." (26.1.1975)

101. "¿Qué es el matrimonio? A través del matrimonio, la mujer, que sólo está a medias, se completa mediante la realización del amor con un hombre. Lo mismo ocurre con el hombre, en el sentido de que se perfecciona a través del matrimonio, al convertirse en uno en el amor de una mujer. Por lo tanto, los órganos masculinos y femeninos son absolutamente necesarios. El órgano masculino fue hecho para la mujer y el órgano sexual femenino para el hombre. Sus órganos sexuales no fueron hechos para ellos mismos." (20.11.1994)

102. "¿Qué es el matrimonio? ¿Por qué es importante el matrimonio? El matrimonio es importante porque es el camino para encontrar el amor; es el camino para crear vida. Es el camino donde la vida de un hombre y una mujer se unen en uno solo. Es el lugar donde el linaje de un hombre se combina con el de una mujer. La historia emerge a través del matrimonio y a partir del matrimonio surgen las naciones y comienza un mundo ideal. Sin el matrimonio la existencia de los individuos, de las naciones y de un mundo ideal no tienen sentido. Esta es la fórmula. El hombre y la mujer deben ser uno solo de forma absoluta. Los padres y los hijos deben llegar a ser uno solo de forma absoluta con Dios, amar a Dios, vivir y morir con Dios. Y cuando mueran y vayan al mundo espiritual, el lugar al cual van, se llama llamado Cielo." (15.9.1996)

103. "El propósito del matrimonio es la perfección individual y el dominio sobre el universo. Cuando uno se perfecciona, toma el control del universo y abraza al mundo del futuro. Casarse es una declaración de que nos vamos a perfeccionar y así poseer a Dios para permanecer eternamente como contrapartes de Dios,

alguien quien le ayudó en la realización de Su ideal de la creación."
(18.4.1993)

104. El matrimonio es la unión del hombre y la mujer, quienes son
dos mitades que, a través de sus órganos sexuales, de este modo
alcanzan la perfección mutuamente. El hombre se perfecciona
a través del amor de la mujer. Él la perfecciona a ella y ella a él.
Esta perfección y unión de vida verdadera, ocurre centralizándose
en amor verdadero; en otras palabras, se unifican en el amor
verdadero." (1.1.1997)

105. "El matrimonio está diseñado para perfeccionar el ideal de los
órganos sexuales. Es para satisfacer ese ideal ¿Es esto incorrecto o
correcto? Esta conclusión puede parecer muy ruda o vulgar, pero
no lo es para nada. Suena así, expresado en palabras de la gente del
mundo secular, pero en el mundo original de Dios es algo santo,
sagrado ¿Dónde está el lugar más Santo deseado por Dios? Es el
lugar donde el amor puede morar para siempre." (24.7.1996)

Reflexiones sobre las Palabras del Padre Verdadero

¿Cuál era el deseo de Dios para Adán y Eva en su matrimonio? El Padre
Verdadero explica que Dios, como la fuente original de masculinidad y
feminidad, se dividió en hombre y mujer. El matrimonio de Adán y Eva
habría sido el matrimonio de Dios, para plantar la semilla de familias
celestiales en el mundo. El Padre Verdadero incluye esta gran perspectiva
en el matrimonio con este descubrimiento importante. Adán y Eva, y todos
los descendientes siguiendo su ejemplo, habrían heredado el amor de Dios
y habrían sido cocreadores mediante el matrimonio. ¡Qué magnífico es esto!

Hombres y mujeres son mitades incompletas que sólo pueden completarse
y perfeccionarse al intercambiar sus órganos sexuales en el matrimonio. Para
este fin, Dios creó algo que el hombre quiere y lo puso en la mujer, y Él creó
algo que la mujer quiere y lo puso en el hombre. El Padre Verdadero dice
que cuando esposo y esposa se enraízan en el amor verdadero por el bien del

otro, se vuelven dueños y pueden iniciar su viaje de abrazar el mundo del otro. Por último, la respuesta a la pregunta de por qué nos casamos es muy simple. Nos casamos para asemejarnos a Dios.

Cómo Hacerlo Real

¿Qué hace feliz a una persona casada? Un recién casado dijo: "Soy muy feliz de tener a alguien con quien compartir nuevas experiencias". Una esposa recuerda con cariño la forma en que su esposo la trata como una reina al abrirle todas las puertas. Martín Lutero, conocido por sus creencias en el amor conyugal, declaró: "No hay comunión o compañía más amorosa, amigable y encantadora que un buen matrimonio". Dada la alegría y satisfacción que sienten muchos matrimonios ¿por qué ahora hay menos jóvenes dispuestos a tener un compromiso eterno?

Históricamente, los acuerdos matrimoniales se crearon por varias razones, pero en general no tuvieron relación con Dios. Si eras parte de una familia de la realeza, los matrimonios se arreglaban para preservar la soberanía de una nación, expandir su territorio o evitar guerras. En las comunidades agrícolas, los padres querían que sus hijos adultos se casaran con alguien que los ayudara en la granja y que tuvieran muchos hijos para brindar mano de obra. En otras culturas, era común que un hombre tuviera varias esposas para tener mucha descendencia y preservar el linaje. Había sociedades donde a las mujeres se les prohibían muchas cosas, así que dependían del matrimonio para obtener prosperidad y seguridad. Muchas de estas situaciones aún existen, dependiendo de las leyes y costumbres de la región.

Los matrimonios modernos suelen empezar con la atracción física o un sentimiento de buena química. Estos matrimonios pueden no durar mucho porque se basan en cualidades condicionales y no tanto en el carácter maduro de ambos cónyuges y sus valores comunes. Con mucha algarabía y confesiones de amor eterno, la mitad de estos matrimonios terminan en divorcio. Por consiguiente, muchos jóvenes se desilusionan y eligen vivir juntos sin el compromiso del matrimonio. Desde la perspectiva del mundo, parece una medida más pragmática, como hacer una prueba de manejo antes de comprar el auto. Incluso hay personas que evitan toda relación romántica y prefieren una pantalla de computadora, a una persona real. En Japón, un estudio reveló que el 42% de personas entre 18 y 34 años nunca ha estado en una relación sexual y nunca lo ha deseado.[11] Las relaciones reales son demasiado complicadas y por eso hay personas que se sienten más satisfechas con el sexo ficticio.

Hoy tenemos un ataque constante a la institución del matrimonio debido a los muchos malentendidos sobre el propósito de los órganos sexuales. Vivimos en una sociedad donde las personas tienen una perspectiva distorsionada del sexo debido a las publicidades, el entretenimiento y las escuelas, donde se incentiva la experimentación sexual. En el mundo del sexo libre, hay muchas opciones aceptables y disponibles que prometen felicidad. Dichas actividades substituyen la intimidad real para favorecer la falsa excitación y subidas de corto plazo por ver pornografía u otras actividades sexuales egocéntricas. Ahora, las personas cuestionan el valor del matrimonio y la necesidad de comprometerse con una persona por el resto de sus vidas.

No sorprende que muchos de nosotros estemos confundidos sobre el matrimonio y la sexualidad. Los jóvenes carecen de modelos saludables que les muestren la importancia de mantener la pureza ¿Dónde pueden encontrar educación valiosa sobre el propósito de sus órganos sexuales y la santidad del matrimonio? ¿Quién prepara a las parejas comprometidas a matrimonios y familias centrados en Dios? El Padre Verdadero dijo que debemos crear un movimiento de Amor Puro para educar a todos, sobre la importancia de mantener la pureza en preparación para un matrimonio maravilloso. Esta es la misión de High Noon y otros programas educativos que se desarrollaron a través de las enseñanzas y actividades de los Padres Verdaderos.

Una Historia de Amor Verdadero

Una pareja mayor, Margaret y Don, los dos fueron hospitalizados por diferentes razones. Estuvieron en el mismo hospital, pero en pisos diferentes.

---

11. Victoriano Izquierdo, "How Porn & Technology Might Be Replacing Sex for Japanese Millennials," *Fight the New Drug*, April 17, 2019, https://fightthenewdrug. org/how-porn-sex-technology-is-contributing-to-japans-sexless-population/.

Por meses, su hija Pattie intentó que estuvieran juntos en la misma habitación. Finalmente, la perseverancia de la hija devota funcionó y la pareja, en sus últimos días en la tierra, quedó en la misma habitación. Fue allí donde la pareja pudo atravesar el espacio entre sus camas y tomarse de las manos, un hábito que habían disfrutado durante 59 años de matrimonio. Margaret y Don pasaron sus últimos días de esta forma, y luego fallecieron con un par de horas de diferencia. La hija recuerda que, en ese momento, sus padres hablaban sobre el futuro. El padre le dijo a la madre: "Cuando vayamos al Cielo, podremos caminar juntos, como si nos casáramos otra vez. ¡Otra luna de miel!".[12]

Puntos a Considerar/Actividades

- Antes de casarse ¿cuáles fueron tus razones para casarte? Sean específicos.

- ¿Cuáles son los beneficios de elegir casarse a una relación sin compromiso?

- ¿Qué harías para mejorar tu matrimonio o prepararte para un gran matrimonio en el futuro?

- ¿Cómo crees que se ve o se siente un matrimonio que se asemeja a Dios?

---

12. Megan Bailey, "7 Godly Love Stories that Inspire," *Beliefnet*, 2019, https://www.beliefnet.com/love-family/relationships/marriage/7-godly-love-stories-that-inspire.aspx.

Sección III:
Amor Conyugal

El Valor Sagrado del Sexo

¿Qué consideran sagrado? Quizás su familia considera que la cena es un momento sagrado, sin celulares o distracciones, simplemente un tiempo para conectarse y compartir comida deliciosa e historias personales. Quizás inician la comida con una oración e invitan a Dios a disfrutar ese momento juntos. Quizás "sagrado" no sea la primera pa labra que usarían para describir esta tradición, pero al ser un momento donde su familia se conecta de corazón e invita a Dios, sin dudas Él está presente. El Padre Verdadero enseña que el sexo también debe ser un momento especial y sagrado donde los cónyuges se unen de mente, cuerpo y corazón, e invitan a Dios a esta experiencia tan íntima. Su enseñanza sobre el valor sagrado del sexo no es común en la sociedad o en las iglesias pero mediante este conocimiento podemos dar alegría genuina a Dios y a nosotros mismos.

Palabras del Padre Verdadero

106. "Los genitales son sagrados ¿Es esto correcto o no? ¿Por qué me miran raro? ¿Por qué me están mirando como si quisieran decir: "el fundador de la Iglesia de Unificación está hablando de los órganos sexuales?" ¿Pueden los ministros religiosos hablar de los órganos sexuales? Todos ellos escupirían al oir esto ¿Hay algún hombre o mujer que escupa indignado por los órganos sexuales? ¿Escupen los hombres a los órganos femeninos y las mujeres a los masculinos? Los órganos sexuales son sagrados. ¡Los órganos sexuales son sagrados! ¡Sagrados, sagrados! Ellos son el lugar del Adán perfeccionado, sin pecado. Son un lugar sagrado, un palacio

sagrado. Son el mayor palacio. Los genitales son el palacio original de la vida y del amor." (5.6.1997)

107. "Su órgano de amor es más importante que su cerebro. El origen del amor verdadero no se encuentra en tu cerebro. El origen del linaje verdadero tampoco está en tu cerebro ¿Dónde está ese origen? Está en el órgano reproductor. Todo está en el órgano reproductor. Allí se encuentra la vida, el amor y el linaje. Este es el palacio original del amor, el más precioso palacio, no sólo en el cuerpo humano, sino también en el mundo y a lo largo de la historia. Sin él, la multiplicación de la humanidad sería imposible." (17.6.1990)

108. "En el Antiguo Testamento encontramos palabras tales como: "santo" y "santísimo". El lugar sagrado simboliza a la persona y el santísimo simboliza el hogar del amor, en el cual pueden amar. Cada persona posee su propio lugar sagrado y santísimo. En otras palabras, el santo es la casa donde pueden servir a Dios... El santísimo es el lugar donde se conectan con el Cielo. Aquí es donde crean una relación directa con Dios. Si se preguntan dónde está ese palacio, ese palacio está en su órgano reproductivo. Nadie puede tocarlo. Seguramente no hay dos sumos sacerdotes sirviendo el santísimo. Hay sólo uno. Hace tiempo, el único que poseía la llave del santísimo de Eva, era Adán, y la única que poseía la llave para el santísimo de Adán, era Eva." (20.6.1984)

109. "¿Dónde estaba el lugar donde Adán y Eva deberían encontrarse? Ellos deberían haberse encontrado en la línea vertical, en unidad, centrados en el amor ¿Dónde se fija el amor? Se fija en el centro, se establece de acuerdo al centro. Esto se refiere a los órganos sexuales del hombre y de la mujer. Acá es donde se establece el amor. Los órganos genitales del hombre y de la mujer son tan preciosos. De ese modo, hombres y mujeres deben tratarlos con respeto a

lo largo de sus vidas, como a Dios. Este es el lugar más sagrado."
(17.1.1989)

110. "Los órganos sexuales son el palacio del amor ¿Cuál es el estado
actual de este palacio de amor? Los órganos sexuales humanos son
lo más precioso en el mundo: son el palacio del amor, la vida y el
linaje. Ellos son lo más sagrado, lo más precioso en el mundo. La
vida, el amor y el linaje están conectados a ellos. Sin embargo, estos
órganos sagrados fueron mancillados por Satanás." (28.7.1991)

111. "Si un hombre apuesto y una mujer hermosa, creados como la
mejor obra de arte, pueden hacer el amor centrados en Dios, este
será el amor más elevado y transcendental y no un amor mundano.
Este amor es el más precioso, el amor más representativo y el amor
que brillará eternamente." (25.10.1969)

112. "Los órganos sexuales humanos son sagrados. Son el palacio de la
vida, donde se siembra la semilla de la vida; el palacio del amor,
donde florece la flor del amor y el palacio del linaje, donde crece
el fruto del linaje. Mediante este órgano sexual absoluto, se crea
el linaje, el amor y la vida absolutos; y donde se crea armonía,
unidad, liberación y el Sabbath absolutos." (10.4.2006)

Reflexiones sobre las Palabras del Padre Verdadero

Los ministros cristianos no suelen referirse al sexo en sus sermones, pero,
cuando lo hacen, suelen hablar de su mal uso. Esto es entendible, ya que
no comprenden en su totalidad el valor sagrado del sexo. No obstante,
con la revelación de los Padres Verdaderos sobre la importancia de los
órganos sexuales como el palacio más sagrado de Dios en la tierra, podemos
experimentar un amor que debería brillar para toda la eternidad.

Dios creó los órganos sexuales como Su mayor obra de arte, donde Él
puede manifestarse por completo cuando los cónyuges hacen el amor. Debido
a que el amor, la vida y el linaje están conectados con los órganos sexuales,
esta es la parte más sagrada de nuestro cuerpo. Sin ellos, la humanidad se

extinguiría pronto. El Padre Verdadero enseña que los cónyuges llegan a conocer a Dios y formar una relación con Él a través de sus órganos sexuales. Es por esto que debemos tratarlos con el mismo respeto que a Dios. A través de las relaciones sexuales perfeccionamos nuestro carácter y espíritu para ser los templos de Dios.

Cómo Hacerlo Real

¿Por qué deberíamos tratar al sexo como algo sagrado? Muchos jóvenes crecen creyendo que deberíamos hacer lo que queremos con nuestros cuerpos, mientras no lastimemos a los demás. Las películas, la televisión, las redes sociales, las charlas de vestidor y las clases de educación sexual en las escuelas validan e incentivan las actividades casuales y egocéntricas. En el mundo actual, el énfasis está en la libertad de elección, en la gratificación inmediata y en hacer lo que se siente correcto. Mientras tanto, se pierde la intimidad y aumentan los problemas sociales. Los embarazos no deseados, el tráfico humano, la prostitución y la adicción a la pornografía aumentan debido a que la sociedad acepta el sexo egocentrista.

Muchos problemas de la humanidad pueden remontarse a lo que la religión considera el pecado sexual. El Padre Verdadero enseña que Dios ha estado separado de todos Sus hijos, porque nuestros primeros antepasados no cuidaron sus órganos sexuales como algo sagrado. Si bien las oraciones y el estudio nos ayudan a acercarnos a Dios, no podemos conectarnos por completo con Él como individuos. Cuando recibimos la Bendición Matrimonial, desarrollamos intimidad y tenemos relaciones sexuales con nuestro cónyuge, llegamos a experimentar más profundamente el amor de Dios.

Dios estableció varias religiones en diferentes culturas para guiarnos en el camino de restaurar nuestra relación con Él. Aunque la mayoría no habla abiertamente del sexo, las religiones creen que el matrimonio es el sacramento sagrado entre un hombre y una mujer, y que el acto del amor es sagrado. El papel del sexo en el matrimonio se enfatiza en la mayoría de los textos religiosos principales.

Los católicos creen que una pareja casada forma "una íntima comunidad de vida y amor conyugal, fundada por el Creador y provista de leyes propias. Esta comunidad se establece con la alianza del matrimonio, es decir, con un consentimiento personal e irrevocable... Los dos se dan definitiva y totalmente el uno al otro. Ya no son dos, ahora forman una sola carne. La alianza contraída libremente por los esposos les impone la obligación de mantenerla unida e indisoluble... Lo que Dios unió, no lo separe el hombre." (Libreria Editrice Vaticana, *Catecismo de la Iglesia Católica, 2da Edición Washington DC USA Conferencia de Obispos Católicos, página 568 del año 2019*)

En el Corán, el profeta Mahoma estableció que Alá designó la relación entre cónyuges: "¡Oh, hombres! temed a vuestro Señor quien los creó de un solo ser, del cual creó a su pareja, y de los dos hizo descender a muchos hombres y mujeres; y temed a Al-lah, en cuyo nombre recurrís unos a otros, y temedle particularmente respetando los lazos del parentesco. En verdad, Al-lah os observa." (Corán 4:1)

El judaísmo y el cristianismo consideran el matrimonio y el amor sexual como el plan de Dios para la vida humana: "Por eso el hombre deja a su padre y a su madre, se une a su mujer y los dos se hacen uno solo". (Génesis 2:24)

"El Ruiseñor" de Hans Christian Andersen

Una Historia Sobre Valorar un Tesoro

En la Antigua China, había un Emperador cuyo reino era conocido por su belleza natural. Escritores, poetas y artistas solían visitarlo para inspirarse. Una de las cosas más valiosas era el canto de un ruiseñor, y cuando el Emperador escuchó esto ordenó su captura para poder escuchar el canto del ave. El ruiseñor fue capturado y entregado al Emperador como regalo de cumpleaños. Día y noche, él entretuvo con alegría al Emperador. El gobernante nunca había sentido tanto alivio y felicidad.

Un día, le dieron un ruiseñor hecho a mano, todo decorado de diamantes, rubíes y otras joyas, que dentro tenía una caja de música. El Emperador giró la manivela y salieron canciones hermosas. El ruiseñor real tenía un corazón leal y generoso, y cantaba con ternura, pero tenía un color gris y opaco, no brillante y hermoso. El Emperador eligió pasar todo el tiempo con el juguete mecánico, por lo que su querido amigo, al no ser útil, dejó el palacio y fue olvidado.

Los años pasaron y el Emperador estaba enfermo y a punto de morir. No había música que lo animara porque el ruiseñor de juguete se rompió y no tenía arreglo. Mientras yacía en su cama, recordaba cómo el ruiseñor real lo había consolado y ahora deseaba escuchar su música otra vez. Se sintió culpable por haberlo olvidado y comprendió que había despreciado su lealtad y amor. Entonces, una mañana, a punto de fallecer, escuchó las notas perfectas de su viejo amigo, que cantaba alegremente desde el otro lado de la ventana. Esta fue una reunión feliz que rejuveneció y sanó al Emperador.

Una imitación no pudo reemplazar al ruiseñor real. Del mismo modo, el sexo "falso" no puede reemplazar una auténtica intimidad sexual entre cónyuges. Dios creó nuestros órganos sexuales para asegurar que el amor conyugal dure para siempre. Pero, como el Emperador, a veces nos cuesta reconocer lo preciado de lo real. Cuando tenemos versiones baratas del sexo, como la pornografía o la masturbación, perdemos nuestra conexión con nuestro cónyuge y con Dios y, con el tiempo, quedamos en soledad como el Emperador al final de su vida.

El Padre Verdadero trajo una comprensión única y profunda del valor sagrado del sexo. Debido a su fundamento, las Parejas Bendecidas reciben educación para honrar sus órganos sexuales y crear matrimonios exitosos y, así, dar alegría a Dios.

Puntos a Considerar/Actividades

- ¿Cuál fue el impacto de perder lo sagrado del sexo en el mundo? ¿Ha impactado en tu vida personal?

- ¿Qué significa la palabra "sagrado" para ti en cuanto al matrimonio y el sexo? ¿Puedes dar ejemplos específicos?

- ¿Por qué las personas elegirían una imitación y no algo real?

El Intercambio de Regalos del Cielo

¿Han participado en un intercambio de regalos de Navidad? Hay muchas formas divertidas de intercambiar regalos. En el *Elefante Blanco*, se intercambian regalos varias veces y nunca están seguros de lo que tendrán al final. En el *Santa Secreto*, por otro lado, se les asigna una persona al azar y tienen que buscar el regalo perfecto para esta. El Cielo preparó el mejor intercambio de regalos para nosotros, un regalo que es similar a estos ejemplos. Como en el *Elefante Blanco*, es imposible saber a quién vamos a darle nuestro regalo; pero, como en el *Santa Secreto*, preparamos un regalo especial exclusivamente para una persona.

Palabras del Padre Verdadero

113. "La mujer quiere absolutamente lo del hombre y viceversa. Ustedes conocen el hecho de que el órgano femenino le pertenece definitivamente al hombre y que el órgano masculino le pertenece totalmente a la mujer. Usando el órgano sexual de su cónyuge, el hombre y la mujer llegan a conocer el amor. Solo a través de la experiencia de los dos, alcanzando perfecta unidad, es que podemos conocer el nivel más exaltado del amor. Nadie puede negar esos hechos. Todos deben reconocerlos. Una pareja ideal existirá en donde los dos alcanzan completa unidad. El amor absoluto existe en tal lugar. Dios vendrá y habitará en ese lugar de amor que es absolutamente incambiable." (10.12.1997)

114. "Si todos los hombres y mujeres aceptasen que sus órganos sexuales pertenecen a sus esposos, inclinaríamos nuestra cabeza

en señal de humildad al recibir el amor de nuestro cónyuge. El amor les llega sólo de sus parejas. No existe otro amor real excepto el amor que se da por el beneficio de los demás. Recuerden que podemos encontrar el amor absoluto en el lugar donde vivamos absolutamente por el beneficio de los demás." (15.9.1996)

115. "El tesoro del hombre no está en su posesión. Está en la posesión de su esposa y el tesoro de ella, lo tiene su esposo. En resumen, la propiedad ha sido intercambiada. La mujer no posee su órgano sexual. Ella necesita saber que eso le pertenece a su esposo; no es de ella. La misma verdad se aplica al hombre. Por lo tanto, uno no puede hacer lo que se le antoje con sus órganos sexuales. Las mujeres americanas piensan de sus órganos como su propiedad y por eso actúan irresponsablemente, y hacen lo que quieren con ellos. Eso también es cierto en los hombres. Ustedes son solamente los guardianes; o sea que, los guardianes se hacen pasar a sí mismos como propietarios." (22.3.1987)

116. "¿Cuál es el propósito del nacimiento de los seres humanos? Es con la finalidad de buscar el sendero del amor. De aquí que, los órganos sexuales de los hombres y mujeres no les pertenecen a ellos. El órgano que cuelga del cuerpo del hombre no le pertenece, sin embargo, él lo considera como de su posesión. La mujer no es dueña de su órgano femenino, es del hombre. El propietario del órgano masculino, es la mujer. Ustedes deben entender el asombroso hecho que, de esa manera, los órganos del amor y sus propietarios fueron intercambiados." (15.3.1986)

117. "El hombre existe para la mujer, su objeto compañero. Como Dios es el Rey de la sabiduría, para evitar que ellos peleen y se aparten, Él puso las partes más preciosas de cada uno en el cuerpo del otro, es decir, intercambió los propietarios. Esas partes preciosas son los órganos masculino y femenino. Es el lugar santísimo ¿No fue el lugar Santísimo construído para guardar el Arca de la

Alianza? Cualquiera que lo tocara era fulminado, como alcanzado por un rayo, y traía destrucción para su generación y las miles de generaciones futuras; el único dueño, el sumo sacerdote, es el esposo." (18.6.1989)

118. "Hoy están presentes presidentes de más de diez naciones; me gustaría pedirles a ellos que traten de dar difusión por los medios, de este mensaje. Pregunten si el hombre tiene un órgano sexual para él mismo o para la mujer. Aquellos quienes proclamen que les pertenece a sí mismos, son ladrones. Quienes piensan que poseen lo que tienen son ladrones, esto no es para reír. Esta es una declaración histórica. Si todos viven de acuerdo con esto, el mundo de paz se abrirá justo ante nosotros. Respecto a la voluntad de Dios, lo que interesa, lo más importante es lo que atañe al amor. Para comunicar a los seres humanos Su voluntad respecto al amor, Dios creó el más precioso órgano, esto es, el órgano sexual, ¡y el órgano sexual masculino pertenece a la mujer y el de la mujer, al hombre! ¡Amén! ¿No creen que esto es verdad? ¿Piensan que esto es erróneo?" (15.4.1996)

119. "A través de los órganos sexuales, el hombre y la mujer realizan el acto del amor. Sin embargo, Dios sabiamente intercambió estos órganos, uno para el otro, de tal manera que no puedan separarse incluso si quisieran, y aún cuando el hombre y la mujer se separen, uno necesita regresar al otro, no teniendo otro lugar a dónde ir, y además, ni un lugar dónde descansar. Solamente con nuestro cónyuge, puede uno armonizar y ser bienvenido en cualquier parte que vaya, en el Cielo y en la tierra." (25.10.1986)

120. "¿Quién posee los órganos masculino y femenino? La dueña del órgano sexual del esposo, es su esposa y el dueño del órgano sexual de la esposa, es el esposo. No sabíamos que el órgano sexual es propiedad de su cónyuge. Ésta es una verdad simple e innegable.

Aunque la historia progrese por miles de años. Esta verdad no cambiará." (15.9.1996)

121. "Todo hombre y toda mujer piensa que su órgano sexual le pertenece. Por eso es que el mundo está declinando. Todos están confundidos con relación a la propiedad privada del órgano sexual. Todos piensan que el amor es absoluto y eterno como un sueño, pero si ellos hubieran conocido que el propietario de ese amor eterno es el sexo opuesto, el mundo no habría llegado a ser así." (15.9.1996)

122. "De hecho, el pecado de Adán y Eva se originó por la violación de esta ley. Ellos pensaron erradamente que su órgano sexual les pertenecía. Por este problema, fueron expulsados y no pudieron ser reconocidos en ningún lugar del universo. En los reinos mineral, vegetal y animal, masculinidad y femineidad, al igual que los órganos sexuales, están reservados para el bien de su pareja de amor. Adán y Eva no supieron esto. Entonces ¿Por qué existen los órganos sexuales? Por y para el amor. Masculinos y femeninos existen para encontrar amor." (15.9.1996)

Reflexiones sobre las Palabras del Padre Verdadero

El Padre Verdadero nos enseña que Dios creó a un hombre para valorar lo que su esposa más cuida, su órgano sexual. Este tiene un poder natural de atracción para él y él lo cuida como si fuera suyo. Lo mismo ocurre con la esposa. El intercambio de posesión significa que ellos cuidan las necesidades del otro. La intención de Dios de intercambiar propiedad de sus órganos sexuales era asegurar que los cónyuges quedaran siempre unidos en profunda intimidad. Al cumplir los deseos del otro, ellos experimentan más felicidad que por sí mismos. Cuando las parejas se honran de esta manera y viven de acuerdo con esta verdad, crean matrimonios fieles y familias sanas que se vuelven el pilar de sus comunidades y un mundo de paz.

Cómo Hacerlo Real

Intercambio de Propiedad

Toda la creación de Dios surge basada en el principio de la atracción. Las partes que naturalmente van juntas inician una acción de dar y recibir, como el estambre y el pistilo de una flor. El pistilo se complementa con el estambre; hay un intercambio de energía. Cuando abren un tulipán de forma vertical a lo largo del tallo, verán la parte masculina de la flor, el estambre, que consiste de tubos largos con polen en las puntas. En el centro se encuentra un tubo más largo, el pistilo o la parte femenina de la flor, que suele ser pegajosa en la punta. En su base hay un bulto, el ovario de la flor y dentro hay como unos huevitos. Las abejas polinizan las flores al transferir polen del estambre al pistilo mientras recolectan néctar.

El estambre entrega el polen y el pistilo lo recibe. Ambos comparten un lazo basado en el intercambio de propiedad que permite a la flor producir semillas para la siguiente generación. Esto permite que la vida continúe.

En su niñez, el Padre Verdadero vivió en el campo, donde pasó mucho tiempo recorriendo y explorando el mundo natural. Él dijo que allí aprendió sobre el amor a través de los animales y las plantas. Él concluyó que todo en la creación de Dios existe por el bien de su compañero. Cuando las dos partes se unen mediante el intercambio de la propiedad, la energía de Dios se multiplica y brinda la fuerza necesaria para una nueva creación.

El matrimonio es el lugar donde el amor verdadero entre cónyuges comienza y dura eternamente. Es el lugar donde Dios puede entregar Su linaje. Dios nos diseñó para unirnos e intercambiar la propiedad de nuestros órganos sexuales, para preservar y expandir por siempre el amor verdadero con nuestro compañero eterno.

El Regalo de los Reyes Magos, de O. Henry

Esta es una historia sobre un esposo y una esposa que sacrifican lo más valioso por su cónyuge.

Della solo tiene $1,87 y al día siguiente es Navidad. Ella quiere comprar algo especial para su esposo y ese dinero no es suficiente. Ella tiene una idea, se quita el broche que usa para hacerse un moño en el cabello. Sus hermosos mechones de pelo caen hasta sus rodillas. Ella corre hacia la puerta y va a la tienda que compra cabello humano. Ahora con el cabello corto y $20 más en su cartera, Della se dirige a la joyería. Todo es demasiado caro, hasta que encuentra una correa de reloj dorada que quedaría perfecta con el reloj de Jim. Con sólo ochenta y siete centavos en su bolsillo, se dirige a casa e intenta esconder su cabello corto antes de que su esposo llegue a casa. Cuando él abre la puerta y ve a su esposa, su expresión es extraña y difícil de descifrar.

Della cree que se debe a su nuevo corte, por lo que ella le pide que no se sienta mal y le explica por qué lo hizo. Jim la abraza y saca de su bolsillo algo envuelto en papel. Ella quita la envoltura y dentro estaban las peinetas que había contemplado por meses en una vidriera. Ella le pregunta cómo pudo comprarlas. ¡Él le explica que había vendido su reloj! Ella le muestra la correa y ambos deciden dejar a un lado los regalos y disfrutarlos más adelante.

El título de esta historia proviene de una historia Bíblica sobre los reyes magos, los hombres que llevaron regalos a Jesús cuando era bebé. En el final de su historia, O. Henry compara a Della y Jim con los magos, diciendo que ellos son los más sabios: "Sacrificaron el uno por el otro, los más ricos tesoros que tenían en su casa". Es muy sabio cuando decidimos considerar el beneficio del otro por sobre el nuestro y así es como el amor crece.

El Intercambio de Regalos del Cielo

El paradigma revelador del Padre Verdadero sobre el amor conyugal es, en resumen, lo siguiente: tras la Bendición Matrimonial, cada pareja le otorga la propiedad de su órgano sexual a su cónyuge. Cuando un esposo recibe la propiedad del órgano sexual de su esposa, él honra su nuevo tesoro. Se le pide que deje a un lado su propia gratificación para complacer primero a su esposa. Lo mismo se aplica a la esposa. A ella se le pide que comprenda las necesidades de su esposo. Ambos se dedican a otorgarle felicidad al otro. Este intercambio de órganos sexuales entre cónyuges es el fundamento para una relación eterna de amor verdadero. El "Intercambio de Regalos del Cielo" es el plan de Dios para que los cónyuges hagan crecer su amor mutuo cada día y para siempre.

Puntos a Considerar/Actividades

- ¿Alguna vez te han dado la responsabilidad de cuidar algo muy valioso? ¿Qué hicieron para cuidarlo?

- ¿Cómo sería la relación en un matrimonio, si los cónyuges creyeran que sus órganos sexuales existen para complacer al otro?

- ¿Cómo te sientes cuando das a alguien un regalo que de verdad amas?

Dos se Convierten en Uno

Si probaran los ingredientes para hacer una torta de chocolate antes de mezclarlos, la manteca, la harina, el chocolate y el azúcar no serían deliciosos. Una vez horneada la torta, huele tan bien que desean comerla. Dios, como creador, también desea combinar todos los elementos para crear algo mucho mayor que la suma de sus partes. El mejor ejemplo de esto es Su plan de que hombre y mujer combinen su masculinidad y femineidad para crear un matrimonio próspero y una familia hermosa. Los solteros se preguntan por qué suelen sentir soledad y quienes están felizmente casados no pueden imaginarse viviendo sin su cónyuge por el resto de sus vidas ¿Por qué nos sentimos incompletos hasta unirnos con nuestro cónyuge?

Palabras de los Padres Verdaderos

123. "Las características duales del Dios incorpóreo se manifestaron separadamente en la forma de Adán y Eva. En el momento en que se unen en matrimonio el hombre y la mujer, es cuando las dos mitades incompletas llegan a completarse, cuando alcanzan la perfección y cuando abarcan los dos mundos. Solamente el poder del amor puede lograr esto. No sólo eso, sino que a través del matrimonio, ellos llegan a morar con Dios y Él con ellos, con el esposo y la esposa. Esto es lo que realmente significa el matrimonio. El matrimonio no ocurre por azar." Padre Verdadero (11.3.1994)

124. "A través del matrimonio y el encuentro de sus órganos reproductores, dos mitades se hacen un ser completo. El hombre

se completa a través del amor de la mujer y la mujer a través del amor del hombre. El hombre perfecciona a la mujer y la mujer al hombre. Se convierten en uno a través del amor verdadero. En ese lugar, dos vidas se unen como una sola, con el amor como su centro. Ese lugar es el crisol donde la sangre del hombre y la mujer se vuelven uno. De este lugar vienen los hijos y las hijas." Padre Verdadero (1.1.1997)

125. "En la Iglesia de Unificación llamamos al matrimonio la 'Bendición'. La vida de una persona casada es tal, que un hombre y una mujer que estuvieron solos en su camino para buscar amor, abandonan su camino y se paran como complementos el uno del otro, consolándose mutuamente cuando se sienten solos, compartiendo la alegría cuando sienten alegría, dándose fuerza durante las dificultades. De esta manera, uno llega a ser el pie derecho y el otro el pie izquierdo; uno llega a ser la mano derecha y el otro la mano izquierda. Juntos alaban a Dios, diciendo que están avanzando con el amor de Dios superpuesto al teatro de sus vidas." Padre Verdadero (28/10/1978)

126. "Para la humanidad, el amor es algo eterno y es uno, no dos. Cuando un hombre y una mujer llegan a unirse a través del amor, ellos tienen que envejecer juntos cien años en la Tierra y vivir juntos eternamente otra vez después de la muerte. A pesar que son dos cuerpos, ellos se hacen uno y giran convirtiéndose en un solo cuerpo. Cuando los dos cuerpos se unen, Dios viene para girar juntos y formar un fundamento de cuatro posiciones de amor. Este es el mundo ideal del amor. El amor falso no puede invadirlo y sólo el amor verdadero vive allí." Padre Verdadero (1997)

127. "A diferencia de la relación entre padres e hijos o entre hermanos, la relación conyugal no es absoluta desde el comienzo, y no está ligada por una relación de sangre. Dicha relación requiere una determinación revolucionaria, donde un hombre y una mujer, que

han crecido en diferentes entornos y circunstancias, se conocen y crean una nueva vida juntos. No obstante, la relación conyugal pasará a ser una relación más fuerte y absoluta que las relaciones de sangre, si la pareja se une en un solo corazón y cuerpo mediante el amor verdadero. En una relación conyugal se esconden tesoros eternos e inagotables. Si el lazo del matrimonio se realiza centrado en el Cielo, su relación será absoluta y eternamente inseparable." Padre Verdadero (2.12.2004)

128. "En el lugar donde un hombre verdadero, una mujer verdadera y Dios se unen completamente basados en el amor verdadero, podemos encontrar la clave para resolver todos nuestros problemas, incluyendo nuestra visión de la vida, del universo y de Dios. El amor verdadero de Dios invierte una y otra vez, da una y otra vez y olvida lo que ha dado." Madre Verdadera (11.5.1992)

129. "Cuando esposo y esposa viven juntos, ellos están más felices si experimentan los huracanes, las tormentas y los truenos como parte de los altos y bajos en la vida, y centrados en el amor persiguen el ideal mientras pasan por diversos sentimientos, en lugar de vivir cómodamente toda su vida." Padre Verdadero (19.7.1987)

130. "El matrimonio es la unión del hombre y la mujer, quienes son dos mitades que, a través de sus órganos sexuales, alcanzan la perfección mutuamente. El hombre se perfecciona a través del amor de la mujer. Él la perfecciona a ella y ella a él. Esta perfección y unión de vida verdadera, ocurre centralizado en el amor verdadero; en otras palabras, se unifican en el amor verdadero." Padre Verdadero (1.1.1997)

131. "¿Dónde puede ser encontrada la perfección humana? No hay modo de que un hombre se perfeccione a sí mismo. Tampoco la mujer puede hacerlo por sí misma. Esto es así, porque cada uno es la mitad del otro; por lo tanto, solamente pueden perfeccionarse a través de la completa unión en amor. En el proceso de alcanzar

la perfección ¿a quién necesitaría Adán absolutamente? Él necesita absolutamente la verticalidad de Dios. Para ser perfecto, Adán necesita tanto la conexión vertical como la horizontal. Sin ellas, él no puede generar el movimiento circular y esférico del amor. Por esta razón, lo que absolutamente él necesita horizontalmente es a Eva. De la misma manera, Eva necesita absolutamente a Adán." Padre Verdadero (1.6.1986)

132. "Sólo mediante la experiencia de dos personas que se hacen una, podemos conocer el mayor nivel del amor. Nadie puede negar estos hechos; todos deberían reconocerlo. Se formará la pareja ideal donde los cónyuges se hacen uno completamente. En ese lugar existe el amor absoluto. Ese lugar de amor, absolutamente incambiable, es la morada de Dios." Padre Verdadero (10.8.1997)

133. "Hombres y mujeres por separado son solamente la mitad de una entidad completa. Por lo tanto, las mujeres deben conquistar el mundo de los hombres y los hombres deben conquistar el mundo de las mujeres. De esta manera se perfeccionan. Ellos llegan a parecerse a Dios al unir a través del amor lo que fue separado desde Dios, el origen, en manifestaciones separadas de las características duales de Dios." Padre Verdadero (19.5.1994)

Reflexiones sobre las Palabras del Padre Verdadero

Quizás nos preguntemos si algún día podremos llegar a ser perfectos. Si es así ¿podemos alcanzar la perfección como individuos o es un sueño imposible? El Padre Verdadero enseñó que nuestro Creador manifestó Sus características duales en la forma de Adán y Eva para que ellos pudieran reunirse de forma sustancial en la tierra como pareja bendecida y crecer en unidad para formar la morada de Dios. Él explica que nosotros somos sólo una mitad, por lo que es imposible lograr la perfección como individuos. Una vez unidos con nuestro cónyuge, iniciamos un proceso eterno para perfeccionar nuestro amor como pareja y así, vivir juntos para siempre en el mundo espiritual

¿No sería maravilloso saber que cuando nos casamos, damos amor a Dios y al mundo?

Cómo Hacerlo Real

En química, aprendemos que hay reacciones químicas poderosas cuando mezclamos dos sustancias. Dos elementos diferentes pueden combinarse para crear una nueva sustancia con cualidades superiores. Por ejemplo, cuando combinan sodio con cloruro, obtienen sal de mesa.

Hombres y mujeres son incompletos hasta que sus dos vidas se unen. Cuando los cónyuges se otorgan ayuda, bienestar y fuerzas, se convierten en una fuerza mucho más poderosa que cuando eran individuos. Ellos pueden digerir incluso las situaciones más difíciles y tener vidas extraordinarias. Si bien tenemos diferentes tipos de conexiones con las personas, el matrimonio es el único lugar que Dios creó para que dos personas sin conexión previa, inicien una relación eterna. Al comienzo, puede tomar mucho trabajo mantener dicha relación; pero, tras años de inversión, no hay nada que pueda separarlos.

Dios diseñó el sexo como una dimensión hermosa y única donde los cónyuges se unen de forma absoluta, incambiable y eterna. La mejor parte es que ya no estamos solos en el universo, tampoco nuestro cónyuge. Ahora estamos conectados con nuestra alma gemela de una forma íntima y profunda.

Fundación del Ejército de Salvación

En 1865, William y Catherine Booth cofundaron el Ejército de Salvación en Gran Bretaña. Ellos compartían el ministerio y predicaban el Evangelio de formas heterodoxas a los vulnerables y sin recursos. Ellos eligieron servir a las personas con diferentes estilos de vidas, como prostitutas y ladrones que no eran bienvenidos en las iglesias tradicionales.

William y Catherine se amaban con devoción mientras criaban ocho hijos y desarrollaban el Ejército de Salvación. En esos tiempos, era inusual que una mujer compartiera responsabilidad con su esposo en el liderazgo de la Iglesia, pero ellos sentían que Dios necesitaba un matrimonio devoto que realizara Su plan. El Ejército de Salvación ha crecido de forma considerable y ahora está activo en 131 países mediante tiendas benéficas, centros de auxilio para personas sin hogar y brinda ayuda humanitaria cuando hay desastres naturales. Los Booth son un testamento del poder de un matrimonio centrado en Dios. Cuando dos se unen con Dios y viven por el bien de los demás, el resultado son tesoros eternos e inagotables.

La Boda Sagrada de los Padres Verdaderos

Incluso la misión del Mesías debía completarse como pareja. La Ceremonia de la Boda Sagrada de los Padres Verdaderos se realizó el 11 de abril de 1960. Durante la ceremonia, el Padre Verdadero le dijo a la Madre Verdadera:

"'Creo que ya eres consciente de que casarte conmigo no será como cualquier otro matrimonio. Nos estamos convirtiendo en marido y mujer para completar la misión que nos fue dada por Dios, para ser Padres Verdaderos y no para perseguir la felicidad de dos personas como hacen otros en este mundo. Dios quiere lograr el Reino de los Cielos en la tierra a través de una familia verdadera. Tú y yo viajaremos por un difícil camino para convertirnos en Padres Verdaderos que abrirán las puertas del Reino de los Cielos para otros. Es un camino que nadie más ha emprendido en la historia: ni siquiera yo sé lo que ello implica'. Ella respondió: 'Mi corazón ya está determinado. Por favor, no te preocupes...'" ... Estoy seguro de que su sufrimiento fue grande. Nos tomó siete años ajustarnos mutuamente. Me permitió comprender, una vez más, que la cosa más importante en una relación matrimonial es que las dos personas se conviertan en uno en materia de confianza. (*El Ciudadano Global que Ama la Paz*, pág. 166-167)

Los Padres Verdaderos compartieron un amor y una visión común que los inspiró a abrazar a todas las personas del mundo. Es maravilloso que nuestros Padres Celestiales nos crearan para no tener que vivir solos. Dios hizo completamente opuesto el mundo de los hombres y el mundo de las mujeres y al mismo tiempo, los hizo totalmente complementarios. Mediante el matrimonio, tenemos un compañero eterno con quien reír y llorar, mientras nos ayudamos en los buenos y malos momentos. Solo podemos imaginar las posibilidades cuando los cónyuges se unen de la forma en que

Dios lo planeó.

Puntos a Considerar/Actividades

- ¿Has trabajado con tu cónyuge en algún proyecto que les permitió lograr algo más grande que si lo hubieran hecho solos?

- ¿Cómo crees que se crea la unidad dentro de una pareja?

- Comparte formas de mejorar el trabajo en equipo con tu cónyuge. Si son solteros ¿qué habilidades puedes desarrollar, para ayudar a tu futuro matrimonío?

Fidelidad en el Matrimonio

Si caminan por el Puente de las Artes en París, verán miles de candados colocados allí por parejas enamoradas. En el fondo del río están las llaves tiradas desde el puente, por lo que es imposible abrir los candados. Esta hermosa tradición simboliza al amor eterno e inquebrantable, sellado por votos sagrados. Los candados y las llaves suelen simbolizar la fidelidad y un amor firme, desde la antigua China hasta la París actual, ¡y ahora en las preciosas palabras de los Padres Verdaderos!

Palabras de los Padres Verdaderos

134. "¿De quién es ese órgano femenino cóncavo? ¿Es la mujer o el hombre que lo necesita? ¿Lo necesita absolutamente la mujer o el hombre? Es el hombre. También, el del hombre es absolutamente necesario para ella. En términos de quien posee la llave para ellos, él tiene la de ella y ella tiene la de él. Así, solamente hay una persona que puede abrirlos. Como el amor verdadero es uno, solamente los hombres y las mujeres de verdad, pueden hacerse cargo de esa llave." Padre Verdadero (1.12.1990)

135. "Más preciosa que la vida misma es la ley celestial de fidelidad absoluta. El esposo y la esposa son los compañeros eternos dados el uno al otro por el Cielo. Al tener hijos, ellos se convierten en co-creadores del amor verdadero, la vida verdadera y el linaje verdadero, y en el origen de lo que es absoluto, único, incambiable y eterno." Padre Verdadero (23.2.2007)

136. "¿Para quién es absolutamente necesario el órgano sexual de un hombre? Existe para su esposa. Cada uno vive por el bien del otro. En el lugar donde el esposo y la esposa se hacen completamente uno, se crea la pareja ideal. En ese lugar, existe el amor absoluto. Ese lugar de amor, que es absolutamente incambiable, es la morada de Dios. La fidelidad en el matrimonio, que podemos llamar sexo absoluto, está centrada en Dios y el sexo libre está centrado en Satanás." Madre Verdadera (17.11.1997)

137. "Sólo su pareja puede estar eternamente en la posición de dueño de su amor. Una mujer es la que perfecciona al hombre. Sólo una mujer hace al hombre un dueño del amor, y sólo un hombre hace a una mujer una dueña del amor. Cualquier otro tipo de dueño es falso. Solo hay una llave, no dos: una pareja, para desbloquear el amor de una persona." Padre Verdadero (13.6.2004)

138. "El órgano sexual es el lugar donde dos personas se vuelven uno, como un solo cuerpo unificado de vida girando alrededor del amor como centro. Es el lugar donde la sangre del hombre y la sangre de la mujer se funden como en un horno. Ustedes deberían saber que este lugar es más preciado que sus hijos y más valioso que su esposo e incluso más precioso que Dios. Algunas personas me llamarán hereje porque digo cosas como estas... ¿A qué se asemeja ese lugar? Es un lugar más preciado que sus hijos, más preciado que su esposo y más preciado que sus padres. Sin ese valioso lugar, sus padres no tendrían valor, su pareja no tendría valor y sus hijos no tendrían valor. Debido a que es tan preciado, está guardado con una llave y un candado como el más cuantioso tesoro de la vida entera, y además está escondido a la vista de todos. La llave para el órgano del hombre la retiene la mujer y la llave del órgano de la mujer la guarda el hombre, y hay solamente una llave. Debe haber solamente una llave." Padre Verdadero (1.1.1997)

139. "Por naturaleza, los seres humanos no comparten con otras personas el amor reservado solamente para su cónyuge. La relación horizontal de amor entre el esposo y la esposa es diferente de la relación vertical de amor entre padres e hijos. Si el amor conyugal fuera compartido con los demás, se desnivelaría y los conduciría a la ruina, a la destrucción. Esto es debido a que, por virtud del principio de la Creación se hace necesario que el esposo y la esposa formen una unidad absoluta en amor. Los seres humanos tienen la responsabilidad de vivir absolutamente por el bien de sus cónyuges." Padre Verdadero (16.4.1996)

140. "Al amar a una mujer, centrado en el amor de Dios, un hombre debería estar en la posición de decir: "La amo completamente. Compartimos un amor que de principio a fin nunca cambiará". También la mujer debería mantener su cuerpo firmemente sellado para poder compartir tal amor. Debería mantenerlo sellado como la flor de la peonía, envuelta en numerosas capas. De esta manera, ellos deberían ver la armonía del Cielo y la Tierra en la primavera y comenzar una nueva vida armonizando con esto. Ellos deberían hacer esto bien." Padre Verdadero (25.10.1969)

Reflexiones sobre las Palabras de los Padres Verdaderos

La fidelidad en el matrimonio, es compartir lo más preciado con una sola persona, nuestro cónyuge eterno. La intimidad real es una relación directa de exclusividad y esa es una de las cosas que hace al matrimonio tan especial. El Padre Verdadero enseña que debería haber sólo una llave para su órgano sexual. En un mundo de sexo libre, donde hay muchas llaves, los ideales del amor y la familia se pierden. El hermoso diseño de Dios para crear familias ideales es la fidelidad en el matrimonio. Un esposo y una esposa son una pareja sagrada que el Cielo les otorga. El órgano sexual de un esposo le pertenece exclusivamente a su esposa y viceversa. Siempre debemos resistir al sexo libre para poder experimentar un amor verdadero resplandeciente.

Chun Hyang

Este es un cuento tradicional coreano que ocurre en el siglo XVIII. La cultura coreana, con una gran influencia de las pautas confucianas sobre la moralidad, ha elogiado el comportamiento virtuoso de las mujeres por miles de años. Así, se fue preparando una cultura celestial de pureza sexual para que naciera el mesías.

Los protagonistas de la historia son Mong Ryong Lee, el hijo del gobernador, y Chun Hyang Sung, la plebeya de quien se enamora y con quien se casa. Sabiendo que el gobernador desheredaría de inmediato a Mong Ryong si descubría que su hijo se casaba a sus espaldas, la joven pareja mantiene su matrimonio en secreto. Cuando el gobernador recibe un nuevo cargo, se muda con su familia a Seúl. Mong Ryong es obligado a abandonar a su fiel esposa y promete regresar por ella cuando apruebe el examen oficial.

El nuevo gobernador, Hakdo Byun, reemplaza al padre de Mong Ryong y, cuando conoce a Chun Hyang, desea tenerla. Cuando ella lo rechaza, diciendo que está casada y que siempre le será fiel a su amado esposo, el nuevo gobernador la castiga mediante flagelación. Mientras tanto, en Seúl, Mong Ryong se vuelve oficial y, después de tres años separado de su esposa secreta, se le asigna regresar a la ciudad de Naju. Allí descubre la horrible noticia de que su esposa está siendo golpeada en el cumpleaños del gobernador, como castigo por negar su lujuria. Mong Ryong arresta al gobernador codicioso y corrupto, y la feliz pareja se reencuentra.

Esta historia es una lección sobre la moralidad celestial. Quizás nunca tengamos que arriesgar nuestras vidas para defender nuestros votos matrimoniales, pero nuestro compromiso debería ser absoluto y firme como el de Chun Hyang.

141. "Abogamos por la pureza y las relaciones sexuales absolutas. Estamos promoviendo la campaña de amor puro y la campaña familia verdadera. La campaña de amor puro y familia verdadera se basan implícitamente en el amor verdadero. Sus ideales son la pureza sexual y la familia verdadera basada en el amor verdadero. Sin el amor verdadero no hay ni pureza sexual ni familia

verdadera. La pureza sexual de la cual hablamos viene del amor verdadero. También, una familia verdadera no puede establecerse sin integridad absoluta. Ustedes deben honrar las relaciones con la misma altura que lo hicieron Chun Hyang, una esposa casta que valientemente se mantuvo fiel a su esposo, Lee Mong Ryong, resistiendo los avances sexuales de un poderoso y corrupto funcionario de la corte. De esta manera podremos realizar la familia verdadera." Padre Verdadero (9.8.1997)

¿Qué es la Infidelidad?

En los Estados Unidos, el 50% de los matrimonios termina en divorcio y la mayor razón de estas separaciones es la infidelidad. De hecho, al menos uno de cuatro matrimonios experimenta un engaño. La infidelidad es una violación del contrato matrimonial que involucra la exclusividad emocional y sexual. El punto de inicio de muchas relaciones extramaritales es la falta de una necesidad emocional. Cuando un cónyuge busca a alguien más para satisfacer sus necesidades, desvaloriza a su pareja y pone en peligro la relación. Tener un amorío destruye la confianza y daña de forma severa el matrimonio. Muchas parejas se rinden después de esto, pero algunos matrimonios pueden sobrevivir cuando los cónyuges están dispuestos a resolver sus problemas y renovar sus votos de fidelidad.

Cómo Hacerlo Real

Practicando la Fidelidad

Los científicos sociales y expertos matrimonialistas no han podido reducir la inquietante cantidad de relaciones extramaritales ¿Qué está faltando? Para entender la solución definitiva, necesitamos conocer la intención de Dios con los órganos sexuales. El Padre Verdadero enseña que nuestro órgano sexual es lo más sagrado y precioso, y que Dios lo diseñó para compartir con una sola persona, nuestro cónyuge eterno. Eso es lo que significa una llave. Cuando un hombre y una mujer se casan y comparten sus órganos sexuales entre sí, pueden experimentar una intimidad y amor saludables que duran para siempre.

El Padre Verdadero enseña que la fidelidad en el matrimonio es sobre un esposo y una esposa honrando la promesa que se hicieron el día que recibieron la Bendición Matrimonial y cada día después de eso. Muchas parejas nuevas quieren hacer todo juntos. Cuando tienen experiencias emocionantes o desafiantes, quieren que su cónyuge sea el primero en saberlo. La fidelidad emocional, el anhelo de compartir nuestros buenos y malos momentos primero con nuestro cónyuge, todo eso es una parte importante de la vida matrimonial. Los cónyuges comparten las risas y las lágrimas. Cuando partimos juntos hacia los mares tormentosos de la vida, llegaremos a la orilla de la felicidad eterna.

¿Mantener la fidelidad garantiza un matrimonio exitoso? Por desgracia, no. La fidelidad por sí sola no asegura que ustedes y sus compañeros se mantengan íntimos. Una pareja puede mantener sus votos y su fidelidad, y puede parecer que hace lo correcto; pero sin intimidad sexual o emocional, nunca pueden crear una satisfacción eterna. Es importante recordar que el amor conyugal necesita una constante inversión y atención. Desde la perspectiva de Dios, la fidelidad en el matrimonio es la base más importante de las familias exitosas y un mundo armonioso. Dios dio a cada cónyuge una llave para compartir exclusivamente con su preciado compañero eterno.

Puntos a Considerar/Actividades

- ¿Por qué una pareja casada compartiría sus mejores o peores momentos primero con su cónyuge?

- ¿Qué puede hacer una pareja para practicar la fidelidad a diario?

- ¿Alguna vez pensaste en la Bendición Matrimonial como una píldora mágica para un matrimonio perfecto?

- ¿Cómo crees que los desafíos nos ayudan a crecer como pareja?

El Amor Verdadero es Ciego

En la película *Los 4 Fantásticos*, Alicia es una artista ciega que conoce a Ben poco después de que un accidente convirtiera su cuerpo en roca y su prometida lo abandonara. Alicia se enamora de Ben, que ahora se llama "La Mole". Ella lo ayuda a aceptarse y asumir su nuevo papel de superhéroe. Ben dice: "No sabes lo difícil que es caminar por ahí como si fueras un fenómeno de circo, con las personas mirándote y murmurando". Alicia responde: "Ser diferente no siempre es algo malo". La frase "cegado por el amor" suele considerarse algo negativo, cuando uno no puede ver a su pareja por lo que realmente es. Pero esta expresión también puede tener un significado positivo cuando se aplica a los cónyuges que eligen ver lo mejor del otro.

Palabras del Padre Verdadero

142. "Nuestro primer amor es verdaderamente valioso. En la perspectiva del primer amor, nuestro objeto o sujeto es misteriosamente hermoso. Una mujer puede pensar que tiene una nariz fea, tan fea que la escondería si pudiera. Pero, en el primer amor, su ser querido dice: 'No, aparta las manos. Quiero ver tu nariz. Es la nariz más hermosa que he visto'. ¡Y lo dice en serio! Para su esposo, esa nariz es la mejor nariz posible para ella. Los demás no estarán tan de acuerdo con eso, pero así es la percepción en el primer amor. Una mujer baja que desea ser alta podría intentar verse más alta cuando se casa. Pero un esposo de amor verdadero diría: '¡Desearía que fuera más pequeña así podría ponerla en mi bolsillo!'" (30.8.1987)

143. "El bebé inocente y puro ama a su madre sin importar su apariencia. Incluso si su madre es una jorobada con un solo ojo, el bebé desea estar con ella. De la misma manera, hombres y mujeres deberían amarse incondicionalmente; no intenten evaluarse. De la misma forma que ustedes amaron a sus padres cuando eran pequeños, puros y sin criticarlos, deberían amar a su cónyuge ¿Están seguros de que pueden hacerlo?" (20.6.1982)

144. "¿Piensan que Adán en el Jardín del Edén pensaba: 'Quizás otra mujer tiene una mejor actitud'? ¿Creen que Eva pensó: 'Otro hombre podría ser mejor que este'? Imaginen que a Dios se le ocurriera crear a Eva con un solo ojo. Cuando se encendiera el primer amor de Adán, Eva sería aún más hermosa por tener un solo ojo. El primer amor crea milagros." (20.6.1982)

145. "El amor verdadero es todopoderoso. No hay nada que no pueda hacer. Si alguien se imagina el ideal, el objeto ideal que se imagina aparecerá. Aún si el esposo no es guapo, si la esposa lo ama, el parecerá guapo para ella y no feo. El amor transforma la fealdad. Nosotros no conocemos bien nuestros propios rostros. Aunque nos miremos al espejo todos los días, no lo conocemos. Cuando nos miramos en una foto, decimos: "Oh, ¿así luzco?". Pero, cuando nos miramos al espejo, no pensamos de esa forma. De acuerdo a como estemos emocionalmente, a veces nos vemos feos y algunas veces atractivos. A veces nos vemos con los rostros redondos o largos. Pero, si miramos con los ojos del amor, nadie será mas guapo que nosotros. Cuando nuestros ojos están cerca de algo, ¿podemos verlo bien? Necesitamos cierta distancia para focalizarnos. Si estamos muy cerca, no lo podremos percibir." (16.12.1979)

146. "El esposo y la esposa enamorados no deberían crearse expectativas de cómo podría ser el rostro de su cónyuge. Si se imaginan la cara de su pareja siempre con la misma apariencia podría resultar muy aburrido. Cuando miran el rostro de su cónyuge con alegría, se

verá alegre; si lo miran con un corazón amoroso, lo verán hermoso. Ustedes deberían ver el semblante de su cónyuge siempre renovado, así como los movimientos del agua cuando fluye, una dinámica que siempre toma nuevas formas." (1997)

147. "Ustedes deberían tener la convicción de que se casarán por su pareja y para su bien, y no para su propio beneficio. No es correcto pensar que para el matrimonio conseguirán a una persona exitosa o hermosa. Si han entendido el principio que dicta, que los seres humanos deberían vivir por el bien de los demás y para este, en el tiempo del matrimonio también deberían pensar que se casarán por el bien de su pareja y para este. La visión original del matrimonio requiere que ustedes tengan la determinación de que, sin importar cuán fea sea su esposa, ustedes la amarán más que a una mujer hermosa." (1997)

148. "No importa cuán simple pueda ser la esposa de un hombre, si él realmente la ama, naturalmente irá a ella cuando lo llame. Con unidad fundada sobre el amor verdadero, cuando la esposa llame al esposo, él la seguirá; cuando el hermano mayor llame al menor, él le seguirá; cuando el menor llame al mayor, él le seguirá. Ninguno querrá separarse jamás del otro." (15.9.1996)

149. "El oro puro de 24 quilates tiene el mismo valor sin importar su origen, sea de Corea, de un lugar de belleza escénica, de un lugar submarino o de algún punto remoto en un desfiladero de cualquier lugar virgen, el cual no ha sido tocado por los seres humanos ¿Creen ustedes que su órgano sexual protestará con relación a su esposo, con quien están a punto de gozar y deleitarse en el amor, diciendo: "Oh, tú no me gustas porque tu cara es fea"? Una vez que ustedes están en una relación de amor, incluso una cara llena de espinillas parecerá hermosa." (4.2.1996)

Reflexiones sobre las Palabras del Padre Verdadero

La Bendición Matrimonial inicia un viaje eterno donde la pareja aprende a ver más allá de las imperfecciones del otro. Las parejas bendecidas pueden crecer al amarse incondicionalmente, sin criticar o comparar. En vez de juzgar a nuestro cónyuge, los vemos como hijos o hijas preciosos de Dios. Cuanto más miremos el rostro de nuestro esposo con amor y alegría, más hermoso será. El amor incondicional lo cambia todo; puede transformar a un cónyuge poco atractivo en un compañero encantador. Con la unidad centrada en el amor verdadero, vemos la naturaleza divina de nuestro cónyuge.

Esto no sólo es cierto en cómo vemos a nuestro cónyuge; también funciona en cómo nos vemos nosotros. Los jóvenes, en particular, son los más críticos de su apariencia. Si no nos gusta uno de nuestros rasgos, podemos practicar mirándonos en el espejo con amor y sin criticarnos. Esto nos permitirá confiar en quienes somos como hijos o hijas de Dios. En vez de enfocarnos en las debilidades, vemos las fortalezas. En vez de ver las imperfecciones, vemos la belleza interior. ¡El amor verdadero es ciego!

El Príncipe Rana

La siguiente es una historia de los Hermanos Grimm sobre aprender a amar:
Un día, una princesa caminaba por el jardín cuando se tropezó y cayó en un arbusto cerca de un pozo. Su joya más preciada, un collar de diamantes, se rompió y cayó en el agua turbia. Este había sido un regalo de sus padres, el Rey y la Reina, y su tristeza fue tal que rompió en llanto. De repente, una rana parlante apareció y le dijo que podía ayudarla. Ella se sorprendió de que la rana pudiera hablar; pero estaba tan desesperada por recuperar el collar que ignoró su sorpresa e imploró a la rana que recuperara el collar. La rana respondió: "Te escuché decir que darías todo por recuperar tu tesoro. Haré un trato contigo. No deseo dinero o ninguno de tus tesoros. Sólo quiero tu amistad. Buscaré el collar si prometes llevarme a vivir al palacio por tres días y ser mi amiga".

Ella aceptó este extraño pedido, por lo que la rana saltó al agua y le devolvió su collar. Ella le agradeció y comenzó a caminar hacia el palacio. La rana le gritó: "¡Prometiste llevarme contigo!". Rápidamente, ella se arrepintió de su promesa e intentó ignorarlo. Pero la rana parlante e irritante era tan persistente que ella tuvo que dejarlo entrar al palacio. El Rey y la Reina le hicieron muchas preguntas cuando vieron a la rana saltar por el comedor. La princesa explicó lo que había ocurrido. Sus padres le aconsejaron mantener su promesa y ser buena amiga de la criatura fea y viscosa.

La princesa pensaba que era más fácil decirlo que hacerlo. A ella no le gustaba esta compañía, pero había hecho una promesa y sus padres le dijeron que debía ser fiel a sus palabras. Mientras, la criatura tenía sus propios problemas, que la princesa desconocía. La rana era un príncipe apuesto y benevolente que había recibido una maldición. Él era muy consciente de su apariencia. La princesa era muy hermosa y él era un anfibio mojado que podía hablar con los humanos. Él necesitaba que ella fuera su amiga para deshacer la maldición. Esto parecía poco probable, por lo que estaba nervioso.

Durante tres días, la princesa incluyó a la rana en sus actividades mientras leía, tocaba el piano, caminaba por el jardín, comía y hablaba. Al principio, ella era cortante y no mostraba interés en el animal oloroso y viscoso. No obstante, a medida que interactuaban, ella notó que la rana era muy especial, y terminó disfrutando de su compañía. La princesa era humana y la rana un anfibio, pero esto creó un lazo interesante a pesar de sus diferencias. Mientras jugaban y hablaban, ella aprendió sobre lo que es vivir como rana, ¡y resultó ser fascinante! Ahora, la rana podía relajarse y disfrutar de la compañía de la princesa, ya que no se sentía incómodo a su alrededor.

Al final de los tres días, la princesa vio que se acababa el tiempo y que la rana debía regresar al pozo. Ella comenzó a llorar y le dijo que su amistad era muy importante para ella. La princesa le rogó a la rana que se quedara y que fuera su amigo para siempre. Ella cubrió su rostro con sus manos y lloró. De repente, algo mágico ocurrió. Cuando la princesa alzó la cabeza, ¡vio a un apuesto príncipe ante ella! La rana había desaparecido y había sido reemplazada por este amigable joven. El príncipe le agradeció y explicó que le habían puesto bajo un hechizo para condenarlo a vivir como rana hasta que fuera aceptado por un humano como amigo. Más adelante, ¡estos dos jóvenes afortunados disfrutaron una boda real y vivieron felices para siempre!

Cómo Hacerlo Real

En esta historia, la rana tiene que superar su miedo al rechazo y la princesa tiene que ver más allá de su apariencia fea y viscosa para ver la buena persona que es en el fondo. A medida que se conocen mejor, se vuelven mejores amigos. Tanto la rana como la princesa comienzan su relación con ciertos obstáculos que logran superar, al pasar tiempo juntos y tener curiosidad por el otro.

Un matrimonio puede empezar así, pero es más común que una pareja recién casada esté tan enamorada que le parezca maravilloso todo lo de su cónyuge. Incluso los hábitos más molestos pueden ser lindos al comienzo. A medida que pasa el tiempo, los cónyuges suelen quitarse los lentes color de rosa y ven los errores del otro con mucha claridad. Las medias sucias en el piso, la tapa del inodoro levantada y otros hábitos son menos tolerables. Lo que antes era inofensivo ahora se vuelve dolorosamente molesto.

Mientras las parejas envejecen, el cabello gris y otros cambios físicos pueden volver a una persona crítica o consciente de sí misma. Pero cuando los cónyuges viven bajo el lema: "El amor es ciego", ellos se vuelven aún más atractivos para el otro y se aman aún más.

Dios pretendía que nunca nos quitáramos esos lentes color de rosa. El amor tiene que crecer, mejorar y nunca desaparecer. La relación de una pareja puede fortalecerse mientras enfrentan nuevos desafíos con el amor verdadero como su compañero constante. Hay colinas y valles en cada matrimonio; pero, cuando una pareja se mira con los ojos del amor, pueden soportar todo. En las palabras del apóstol Pablo:

"El amor es comprensivo y servicial; el amor nada sabe de envidias, de jactancias, ni de orgullos. No es grosero, no es egoísta, no pierde los estribos, no es rencoroso. Lejos de alegrarse de la injusticia, encuentra su gozo en la verdad. Disculpa sin límites, confía sin límites, espera sin límites, soporta sin límites." (1 Corintios 13:4-7)

Puntos a Considerar/Actividades

- ¿Qué crees que ve Dios cuando te mira?

- Lea este capítulo con otros y túrnense para compartir lo que ven en la persona a su lado.

- ¿Alguna vez te has sentido como la princesa o la rana de la historia? Describe tu experiencia.

Hacer del Amor un Verbo, no un Sustantivo

En coreano y otros idiomas, la palabra "amor" es muy importante para expresar sus sentimientos hacia otra persona. En inglés, la usamos para describir diferentes experiencias. Hablamos de cómo amamos el helado y la buena comida, ir al cine y caminar por la playa. Usamos la misma palabra para describir lo que sentimos por nuestros amigos y familia. Luego hay un tipo de amor especial reservado para nuestro cónyuge; pero, incluso en el matrimonio, la palabra "amor" puede tener varios significados. Cuando decimos "Te amo" a nuestro cónyuge, puede significar mucho más cuando lo expresamos mediante una acción y servicio genuinos.

Palabras del Padre Verdadero

150. "Podemos aprender a hacer el amor conyugal no solo de la naturaleza, sino también de las experiencias de otras personas o lugares. Lo importante es que debemos usar lo aprendido por el bien de nuestro cónyuge. Mediante este esfuerzo de dos personas uniéndose, esposo y esposa pueden adquirir el estado más elevado del amor, impregnar la vida más excelsa, proteger el linaje verdadero y mantener una conciencia correcta. El primer propósito de 'transformar su vida conyugal en una obra de arte' es proteger el linaje. Mediante la Bendición Matrimonial, su linaje fue restaurado del linaje de Satanás al linaje de Dios. Lo importante del siguiente paso es cómo mantener y proteger el linaje restaurado." (1.1.2009)

151. "Si una mujer amada por Dios vive en el corazón de un hombre y el hombre que es amado por Dios vive en el corazón de la mujer, y ellos se aprecian mutuamente, Dios se regocijará en esto, incluso todas las cosas serán felices junto a ellos. Su abrazo alegre será de gran importancia para llevar alegría al Cielo y a la Tierra. El abrazo de un hombre y una mujer enamorados es un punto donde el universo se unifica. Esa es la imagen cristalizada de lo que Dios tenía en su ideal cuando los creó." (1985)

152. "La melodía que a Dios le gusta más, es la risa del esposo y la esposa felices en su mutuo amor. Cuando tal pareja vive una vida con un corazón que puede abrazar al mundo y puede acoplar el universo entero, esa risa brotará naturalmente. La hermosa apariencia de esa pareja ante Dios, será como la de una flor. Esto no es solo un ideal o abstracción. Yo estoy hablando acerca del mundo original." (1985)

153. "Una conversación entre un esposo y una esposa que se aman es más hermosa que cualquier poema o pintura en el mundo. Además, ¡Qué hermosas y espléndidas son las palabras que los enamorados se dicen: 'Solo tú y yo'!" (1995)

154. "A los ojos de la esposa el esposo tiene que lucir como el mejor y ser el número uno. También, a los ojos del esposo, su esposa tiene que resplandecer de igual manera… La esposa debería seguir y servir bien a su esposo. Tales cosas no deberían solamente aparecer en la literatura o en una escena del cine; más bien, deberían vivir así en cada instante de su vida. Como la "mejor" historia y la "mejor" cultura han sido puestas de cabeza, he estado creando una nueva historia para crear tal mundo y vivir de tal manera." (1.5.1969)

155. "El amor comienza con inversión. El amor verdadero comienza con la acción de dar. Este es un principio universal. Debido a que el universo se mueve acorde a esta ley y sus normas tienen este

contenido, si actúan sólo para recibir, traicionarán al universo."
(29.8.1991)

156. "Los órganos masculino y femenino son los polos positivo y
negativo, que pueden poseer el amor de Dios. Ellos son los puntos
de carga de una batería. Sin ellos, no podríamos ser cargados con
el amor de Dios. Como seres humanos llenamos de nuevo nuestro
amor a través de ese órgano; lo podemos hacer diariamente."
(20.7.1985)

Reflexiones sobre las Palabras del Padre Verdadero

El Padre Verdadero incentiva a los cónyuges a aprender todo lo posible sobre el
arte de las relaciones sexuales y las diferencias entre hombres y mujeres. Nuestros
maestros pueden ser la naturaleza, las personas, los libros y otros recursos. Ya
que no toda la información sobre el sexo es sana, es importante seguir la guía de
fuentes confiables que enseñen un enfoque informado de un acto sexual feliz.
La clave es usar todo lo aprendido para complacer a nuestro cónyuge.

El amor comienza dando. Esto nos permitirá crear un matrimonio y una
familia celestiales, protegiendo nuestro linaje. El Cielo se regocija cuando los
amados hijos e hijas de Dios viven en el corazón del otro y se atesoran. Los
cónyuges siempre quieren estar con su esposo o esposa para verse radiantes
ante los demás y ser los mejores. Cuando semejante pareja tiene el corazón de
abrazar al mundo, sus risas y susurros románticos crean un sonido que Dios
disfruta.

Cómo Hacerlo Real

Hay muchos recursos sobre las diferencias entre hombres y mujeres que
pueden ayudar a las parejas a identificar las formas especiales e infinitas de
amarse. Las iniciativas de enriquecimiento del matrimonio, como *Retiro*

Energizante[13] y *El Curso Matrimonial,*[14] brindan a los cónyuges oportunidades de abordar temas sobre la intimidad sexual y la resolución de conflictos. Ya que cada mujer y hombre es una expresión única de Dios, es importante que todos seamos estudiantes eternos de nuestro cónyuge ¿Cómo podemos ser expertos en amar a nuestro cónyuge?

Cuando las parejas se cuidan y hacen cosas consideradas para el otro, se sienten empoderadas y amadas. Tomarse el tiempo de ayudar, estar presentes y mostrar admiración e interés por el otro, fomenta sentimientos de afecto y seguridad, en especial cuando la vida es desafiante. Ambos cónyuges pueden sufrir estrés y ansiedad debido a causas biológicas y ambientales; la esposa o el esposo puede necesitar más cuidado, paciencia y apoyo cuando esto sucede. Si la pareja ha desarrollado un lazo profundo de corazón, entiende los cambios de humor del otro y puede ofrecer lo que el otro necesita. Al invertir tiempo y esfuerzo en entender y apreciar a nuestro cónyuge, empezamos a comprender sus esperanzas, sueños, miedos, gustos, disgustos y pasiones. Todo esto nos ayuda a crear una ruta, un "mapa del amor" hacia el corazón de nuestro cónyuge. Podemos crear el hábito de expresar nuestro afecto de formas que nuestro cónyuge aprecie y así obtendremos un doctorado en amarlo como hijo o hija única de Dios.

Llegar a Reunirse

Reconocer las diferencias y aprender cómo satisfacer las necesidades del otro, es una parte importante de un matrimonio exitoso. No sólo se trata de comprometerse, aunque así lo parezca al principio. El diseño de Dios es que la masculinidad y la femineidad se unan en éxtasis y formen algo mayor que sólo la suma de las dos partes.

Hay momentos en cada matrimonio, en los que un cónyuge quiere hacer el amor, pero el otro no ¿Cómo expresa amor una pareja con diferentes deseos

---

13. Pueden encontrar más información en nuestra página: "es.highnoon.org"

14. *El Curso Matrimonial* brinda material para que las parejas mejoren su comunicación y mantengan viva la llama en su matrimonio.

sexuales? El 13 de julio de 2004, Dae Mo Nim[15] habló de la vida sexual a las mujeres que habían recibido la Bendición Matrimonial, en el seminario de 40 días recibido en el Centro de Entrenamiento del Cielo y de la Tierra Cheongpyeong, en Corea del Sur:

"Dios explica sobre el acto del amor: 'Diviértanse todo lo que quieran' y 'Cuanto más hagan el amor, mayor será la alegría y belleza generada'. Cuando un hombre y una mujer dan y reciben un amor hermoso, se crea un lazo inseparable entre los dos. El acto sexual crea un lazo emocional. No es que hacen el amor debido al lazo emocional que se forma. Tienen que pensarlo al revés. No deben decir: 'No siento amor ¿cómo puedo amar a mi esposo?' Tienen que nutrir un corazón amoroso mientras hacen el amor. Así, un hombre y una mujer pueden unirse en corazón y cuerpo mientras nutren sus corazones. Entonces, la familia es feliz. Cuando actúan de esa manera, ni la esposa, ni el esposo se sentirán descontentos".[16]

Dae Mo Nim enseña que: cuanto más hagamos el amor con nuestro cónyuge, más alegría y belleza se genera. Es por eso que ella nos incentiva a juguetear y coquetear lo más que podamos. No deberíamos esperar a sentir amor, para hacer el amor con nuestro cónyuge. Podemos nutrir un corazón amoroso mientras hacemos el amor, para crear un lazo de corazón inseparable.

Cuando somos sensibles al ritmo y ciclo natural de nuestro cónyuge, podemos captar las señales de cuando está estresado, cansado o triste. En estos momentos, podemos centrarnos en sus necesidades y seguir invirtiendo con compasión. Podemos ayudar con las tareas del hogar, ofrecer un masaje o darle espacio. Cuando una pareja tiene sexo sobre el fundamento de amor real y cuidado genuinos, el acto sexual crea el lazo emocional más profundo entre esposo y esposa. Así es como hacer el amor es un verbo.

Los Padres Verdaderos suelen hablar de los beneficios de vivir por el bien de los demás. Esto es especialmente cierto en el matrimonio. Los cónyuges necesitan aprender a vivir por la plena felicidad del otro.

---

15. Dae Mo Nim es el título dado a la madre de la Madre Verdadera, Soon-Ae Hong (1913 - 1989).

16. Masuda, Yoshihiko. *Amor Verdadero, Sexo y Salud: Guía de las Palabras de los Padres Verdaderos*. Gapyeong: CheongShim GTS University Press, 2009. 117

Cielo, Infierno y Palillos

En la antigua China, los adultos contaban esta fábula Zen a los niños, para enseñarles a siempre servir primero a los demás en la mesa. La fábula incentivaba a los niños a tomar comida de los platos comunales y ponerla en los platos de sus mayores como señal de respeto.

Había una vez un templo situado en una ladera remota. Allí vivía un par de monjes, uno anciano y otro joven. Un día, el monje joven le preguntó a su maestro: "¿Cuáles son las diferencias entre el Cielo y el Infierno?"

"No hay diferencias materiales", respondió el viejo monje con serenidad.

"¿Ninguna diferencia?", preguntó confundido el joven monje.

"Sí. Tanto el Cielo como el Infierno se ven igual. Ambos tienen un comedor con un gran caldero caliente en el centro, donde se están hirviendo unos sabrosos fideos que tienen un aroma apetecible", dijo el viejo monje. "El tamaño de la sartén y el número de personas sentadas alrededor del caldero, es la misma en ambos lugares. Pero, curiosamente, cada comensal tiene un par de palillos de un metro y debe usarlos para comer los fideos. Para comer los fideos, hay que sostener los palillos apropiadamente desde los extremos; no se permite hacer trampa".

"En el caso del Infierno, las personas siempre están hambrientas porque, no importa cuánto lo intenten, no pueden llevar los fideos a sus bocas", dijo el viejo monje.

"¿Pero no sucede lo mismo con las personas en el Cielo?", preguntó el joven.

"No. Ellos pueden comer porque alimentan a la persona sentada frente a ellos.

Como ves, esa es la diferencia entre el Cielo y el Infierno", explicó el viejo monje.

Los chinos no piensan dos veces cuando sirven a otros durante las comidas sociales, a veces para sorpresa de los invitados que no son chinos. Es algo natural para ellos. Este era el plan de Dios para el matrimonio. En los matrimonios radiantes, los cónyuges se sirven con alegría y espontaneidad. Cuando una pareja vive por el otro con amor, servir no es un acto forzado, sino una expresión genuina de su amor.

Puntos a Considerar/Actividades

- ¿Qué sientes del énfasis del Padre Verdadero sobre la importancia del sexo en el matrimonio?

- ¿Por qué piensan que Dios hizo a los hombres y a las mujeres tan diferentes?

- ¿Pueden pensar en una ocasión donde sirvieron a alguien, aunque no querían y luego agradecieron por haberlo hecho?

- ¿Cuáles son algunos actos de bondad que los cónyuges pueden darse mutuamente?

El Mundo Espiritual y el Amor Conyugal

¿Se han preguntado cómo será la vida en el mundo espiritual cuando asciendan?[17] ¿Reconocerán a sus seres amados? ¿Podrán estar junto con su cónyuge? ¿Qué harán juntos? ¿Cómo harán el amor? Sin dudas, el sexo en el ámbito espiritual tiene que ser de otro mundo. Estas eran preguntas que el Padre Verdadero tenía cuando era joven. Él buscó respuestas mediante oración profunda y exploró el mundo espiritual para descubrir las verdades ocultas.

Palabras del Padre Verdadero

157. "Al ir al Reino Celestial, ustedes van a través de una ceremonia de boda y vestidos con ropas ceremoniales, ustedes entran, se paran delante de Dios y le saludan con amor. El esposo y la esposa tienen una relación de amor en frente de Dios. Cuando hacen el amor, Dios mismo se regocija. Al mismo tiempo, les envuelve desde la posición vertical. No sólo los sentimientos de la pareja horizontal, sino las de todo el universo fluyen y los embriagan. De este modo, entran en un mundo inimaginable, que es como un caleidoscopio. Cuando se aman, sucede algo asombroso: dos corrientes invisibles de energía se juntan y se unen por completo como una sola y se

---

17. En la comunidad de la Iglesia de Unificación, la palabra 'ascensión' se utiliza en vez de la palabra 'muerte' para celebrar el paso de esta vida terrenal, a la vida eterna en el mundo espiritual.

asimilan en el mundo de la luz. Esta forma de vida se produce con el amor verdadero." (23.9.1998)

158. "Las parejas que fueron Bendecidas en matrimonio en la tierra estarán juntas incluso cuando vayan al mundo espiritual, que es un mundo eterno. No importa cuántas parejas y niños haya en este mundo caído, ellos estarán dispersos y separados en el mundo espiritual. Estarán separados y no sabrán a dónde fueron los demás. Sin una conexión recíproca, ni siquiera pueden encontrarse. Todos ellos están separados en el mundo espiritual, según el estado de su espiritualidad. Pero como ya se los he dicho, si están unidos con el amor en el centro a través de la Bendición, toda la familia podrá vivir junta en el mundo espiritual." (15.10.1993)

159. "Nacimos por causa del amor, vivimos nuestras vidas por el amor y vamos al mundo del más allá por amor. La muerte no es algo para temer. La muerte, como el matrimonio, es un cambio de estado. Es simplemente una mudanza. Es dejar el reino del amor humano limitado, el reino del que hasta ese momento no teníamos escape y expandirnos al mundo ilimitado que trasciende el tiempo y el espacio. Es un salto hacia el reino del amor ilimitado." (5.6.1988)

160. "Si alguien le pregunta a una pareja de casados: ¿cuánto tiempo estarán enamorados? y uno de ellos responde que sólo durante su juventud ¿cómo se sentiría su pareja, bien o mal? ¿Hasta cuándo quieren estar enamorados? Eternamente, pero primero que todo hasta la muerte y luego querrán amar eternamente. La eternidad es algo que representa el todo en el futuro. Decir que amaremos hasta la muerte es decir que él o ella amarán con todo lo que tienen hasta la muerte ¿No es eso cierto? 'Eternamente' significa el todo y 'hasta la muerte' significa tratar de amar el todo. Sólo entonces su pareja será feliz." (22.12.1970)

161. "¿Cuál es la parte más estimulante y sensible de un hombre? ¿Es la lengua? Aunque el órgano del sabor, la lengua, pueda ser muy

sensible, no puede ser tan sensible como el órgano sexual. Una vez que han saboreado algo, la lengua está satisfecha y quisieran comer de eso al día siguiente; pero en el caso de los órganos sexuales, si tienen un cónyuge que satisfaga su órgano sexual, con sólo pensar en ella o en él, tendrían satisfacción. Así es cómo el mundo será para ustedes. Pueden saborear algo solamente cuando lo han comido, pero pueden sentir el amor de su pareja con sólo pensar en él o en ella. Lo que puede darles placer y satisfacción que trasciende grandes distancias e infinito espacio y hacer que quieran amar incluso después de morir, y hasta en la siguiente vida, es el amor de su amado esposo o esposa y no otro amor." (13.8.1997)

162. ¿Creen que Dios no ve cuando ustedes llevan a cabo el acto de amor? Todo permanece abierto, todo está abierto para que el universo observe; es algo muy errado no darse cuenta de esto. Sus ancestros están observando. Incluso desde el mundo espiritual, ellos pueden ver todo, como si estuviera sucediendo ante sus ojos, como en la palma de sus manos. Por lo tanto, está muy mal pensar que hacer el amor es vergonzoso.» (15.10.1993)

163. "¿Qué es lo más precioso para nosotros? Los órganos sexuales son más preciosos que nuestras naciones o nuestras familias ideales. Sin ellos nuestras familias, razas, y naciones no se pueden establecer. La vida eterna nunca aparecería si ellos no se unieran. Es decir, el reino de la vida a través de la cual podemos trascender el dominio del mundo físico en el mundo espiritual, el mundo sin límites, nunca podría llegar a existir. No existiría el Reino de Dios en el Cielo y en la Tierra." (1.1.1999)

164. "Cuando uno de los cónyuges está a punto de ir al mundo espiritual, es bueno que tengan un momento y un lugar completamente privado. Recordando su relación de amor, el esposo o esposa podría limpiar con una toalla húmeda el órgano sexual de su cónyuge moribundo, siendo este el palacio del amor, la vida

y el linaje. Después, podría besar por última vez el órgano sexual de su cónyuge moribundo. Luego, podría dejar que su cónyuge moribundo toque su órgano sexual para confirmar su amor absoluto, único, incambiable y eterno como cónyuges. Esto no es algo que deban hacer absolutamente, pero es conveniente enviar al cónyuge moribundo al mundo espiritual de esta forma, si esta manera fuese posible." (7.12.2000)

Reflexiones sobre las Palabras del Padre Verdadero

La mayoría de los votos matrimoniales establecen que los cónyuges se amarán "hasta que la muerte los separe". El Padre Verdadero explica que Dios pretendía que las parejas bendecidas vivieran juntas para siempre. El Padre Verdadero habla de la muerte como una ascensión a la tercera y última fase de nuestras vidas: el mundo espiritual eterno. Cuando las parejas bendecidas se unen centrados en el amor, toda la familia vivirá junta en el mundo espiritual. Por tal razón, la muerte no debería dar miedo. De hecho, la pareja puede anhelar un amor que seguirá creciendo para siempre.

El Padre Verdadero enseña que el mundo espiritual es el mundo donde el amor entre cónyuges es ilimitado y eterno. No hay necesidad de escondernos aun cuando hacemos el amor. Cuando las personas ven o escuchan a una pareja hacer el amor en el mundo espiritual, quedan asombradas por la belleza y la pureza de la escena. No hay vergüenza; esto da la mayor alegría a Dios y a quienes admiran tal escena. Las personas naturalmente creen que ese amor durará por siempre, ¡y así es!

Cómo Hacerlo Real

Dios ha estado trabajando sin descanso para revelar la verdad sobre los órganos sexuales y el amor conyugal, incluida la vida del matrimonio después de la muerte. Dos mil años atrás, Jesús habló de la relación entre el mundo físico y el mundo espiritual. Él lo resumió bien cuando dijo: "Les aseguro que todo lo que ustedes aten en la tierra quedará atado en el cielo y todo lo que desaten en la tierra quedará desatado en el cielo". Emanuel Swedenborg

(1688-1772), científico, místico famoso y teólogo cristiano, mejor conocido por su libro *Del Cielo y del Infierno* (1758), describió sus visitas al mundo espiritual, donde descubrió una correlación entre nuestra experiencia del amor conyugal en la tierra y en el mundo después de la muerte.

En la actualidad, el Padre Verdadero y su discípulo, el Dr. Sang Hun Lee (1913-1997), autor de *La Realidad del Mundo Espiritual y la Vida en la Tierra*,[18] confirmaron que las parejas que reciben la Bendición Matrimonial en la tierra permanecen juntas en el mundo espiritual y siguen nutriendo su amor eternamente.

Es difícil creer en la vida después de la muerte porque no podemos verla, por lo que confiamos en las experiencias del Dr. Lee y Swedenborg, que tuvieron la oportunidad de visitar el mundo espiritual. Todos queremos estar en un ámbito de amor ilimitado y donde ese amor no tenga fin. ¡Podemos confiar en esto porque nuestros amados Padres Celestiales nunca nos darían un deseo tan ansiado que no podamos obtener!

¿Las Parejas Bendecidas Disfrutan el Sexo en el Mundo Espiritual?

Tras su ascensión, el Dr. Sang Hun Lee habla a través de la Señora Y. S. Kim, que lo ayudó a escribir sus experiencias en el más allá. El Padre Verdadero dijo que la expresión del mundo espiritual del Dr. Lee era "en gran parte correcta" y con la aprobación del Padre Verdadero, el libro del Dr. Lee se estudia como parte de los *Hoon Dok Hwe*. Esto es lo que dijo el Dr. Lee sobre el amor conyugal en el mundo espiritual:

"El amor conyugal es el amor establecido sexualmente por hombres y mujeres. En la Tierra, dos cuerpos se encuentran, se aman y experimentan emociones. Pero en el Cielo, el amor entre un hombre y una mujer, que no tienen cuerpo físico, es algo que no podrían entender en la Tierra. Aquí en el Cielo, el amor físico que se realiza entre dos personas de cierto nivel cercano a Dios, es como una pintura. Debido a que cuando se aman sus cuerpos se hacen completamente uno, se experimenta el amor totalmente, tanto física

---

18. Lee, Sang Hun. *La Realidad del Mundo Espiritual y la Vida en la Tierra*. Uruguay: Federación de Familias para la Paz y la Unificación Mundial, 1998.

como espiritualmente. Esto es como crear existencia a partir de un estado de ausencia de ego, es un sentimiento como de entrar en contacto con un mundo mágico. Además pueden observar con sus propios ojos la escena de ambos amándose. Una pareja en la Tierra hace el amor principalmente en el cuarto matrimonial o por lo menos en una cama. En el mundo de los seres espirituales claramente no es así. No es un amor que se hace ocultamente en el cuarto matrimonial. Aquí se aman en medio de un amplio campo totalmente florido, en una tierra hermosa, sobre una ola rompiente. También hacen el amor en una montaña envuelta en el canto de los pájaros y en medio de un bosque. Incluso quienes los observan se contagian en la belleza de la escena".

Cuando el Dr. Lee habla de los "cuerpos" en el mundo espiritual, se refiere a nuestros cuerpos espirituales, que el Padre Verdadero enseña que son un reflejo de nuestros cuerpos físicos. El amor que damos en la tierra se guarda en nuestros cuerpos espirituales, y eso es lo que nos llevamos cuando llegamos a la fase final en el mundo eterno. Por tal razón, los Padres Verdaderos enfatizan la importancia de que las parejas bendecidas se amen profundamente antes de morir. Si nos unimos centrados en el amor, toda nuestra familia morará junta en el mundo espiritual.

Puntos a Considerar/Actividades

- ¿Cuál es la mejor forma de prepararse para la vida eterna como Parejas Bendecidas en el mundo espiritual mientras siguen en la tierra?

- ¿Cómo los hace sentir la descripción del Dr. Lee del amor conyugal en el mundo espiritual?

- Considera ver la película *Más allá de los Sueños*, que ilustra la experiencia de un matrimonio en el mundo espiritual.

Sección IV:
Sexo Absoluto

¿Qué es el Sexo Absoluto?

Existe una gran confusión en el mundo de hoy sobre el sexo. Parece ser que no existe un estándar claro. Las personas buscan felicidad siguiendo sus deseos naturales pero muchas veces terminan decepcionadas y lastimadas. Es difícil entender qué está bien e incluso más difícil defender algo que no se entiende completamente. Padre Verdadero acuñó la expresión única de "Sexo Absoluto" para darnos claridad sobre el ideal absoluto de Dios para la relación sexual entre esposo y esposa. Este término puede ser un poco confuso al inicio. Las palabras absoluto y sexo no suelen estar juntas, y alguien puede pensar que se trata de salvajes fantasías sexuales o de quitarse todas las restricciones. Pero es lo opuesto a lo que Padre Verdadero hace referencia. ¿Qué viene a su mente cuando escuchan la palabra "Absoluto" y se la vincula al sexo?

Palabras del Padre Verdadero

165. "El objetivo final del Reino de Dios es la perfección de las familias verdaderas. Dentro de las verdaderas familias, debe existir el ideal de una verdadera nación y mundo. El término sexo absoluto surge aquí como la tradición del amor verdadero que puede influir en un mundo y una nación verdaderos. El sexo absoluto se refiere al sexo absoluto, único, inmutable y eterno. Puedes volverte uno, enamorado de tu pareja en reciprocidad, a quien estás vinculado centrado en el amor, un atributo de Dios, sólo a través de las relaciones sexuales." (9.3.1997)

166. "El "sexo absoluto" es importante ¿Qué significa eso? La gente

podía sentir desde la médula de sus huesos que Dios para ellos es un Padre de padres; sin embargo, vivían sin saber que Él estaba sufriendo. A lo largo de los siglos pasados no podían ni siquiera imaginar esto. Esto es un error. Entonces, cuán grande es nuestra responsabilidad una vez que llegamos a conocer este hecho. El Cielo y la Tierra deben unirse; Dios debe ser capaz de cumplir su papel de Maestro y Padre. Tal estándar debe ser alcanzado. Este estándar establecido por el Cielo comienza desde el sexo absoluto." (7.3.2007)

167. "Me gustaría que aprecien el valor central del órgano sexual. Cuando es absoluto, único, incambiable y eterno, lo pueden usar como su fundamento para llegar a Dios. Tienen que darse cuenta de que este órgano debe llegar a ser el fundamento del amor, la vida, el linaje y la conciencia. También deben entender que el Reino de Dios en la Tierra y en el Cielo empezará sobre este fundamento." (15.9.1996)

168. "¿Cuál es una característica clave del reino del Sábado Cósmico[19] de los Padres del Cielo y la Tierra? [Sexo absoluto] "Sexo absoluto" es nuestro propio término profesional patentado de ahora en adelante. Las personas que son reconocidas oficialmente por el cielo y la tierra y que viven en el cielo y en la tierra pertenecen todas al reino de los Padres del Cielo y la Tierra, es decir, el reino del Sábado Cósmico de los Padres del Cielo y la Tierra. El primer y absoluto requisito previo para entrar en este reino es la ética sexual absoluta, y nadie está fuera de este reino ... Sin embargo, los seres humanos, como señores de toda la creación, han considerado el más precioso de todos los dones del Cielo como uno que debería usarse para ellos mismos. Lo han interpretado como les ha gustado, lo han aprovechado y lo han abusado. Esto ha resultado en la creación de todo tipo de falsedades. Dado que conocemos este

---

19. El Sábado Cósmico es el ideal de la creación de Dios establecido en el nivel cósmico, que representa el cielo y la tierra.

hecho, es urgente que la historia se mueva por completo en la dirección de poner en orden los fundamentos." (2.1.2009)

169. "Necesitamos el linaje verdadero que surge del Sexo Absoluto, el amor verdadero y la vida verdadera. El verdadero linaje se centra en el Sexo Absoluto, en el que el amor y la vida verdaderos se convierten en uno. Esta es la única manera de crear un verdadero linaje. Si no se crea un verdadero linaje, habrá una esfera de sexualidad desastrosa, es decir, un linaje desastroso." (2.1.2009)

170. "Los órganos sexuales deben ser liberados. Así, lo opuesto al sexo libre de hoy es el sexo absoluto. El absoluto, único, incambiable y eterno sexo. ¡Qué tan sublimes, elevados y preciosos son estos cuatro conceptos! Si los dos órganos permanecen separados así como lo están, no habrá desarrollo. Esa sería la raíz del amor verdadero. El amor verdadero comienza desde allí." (8.9.1996)

171. "Si Adán y Eva no hubieran caído al llegar a la adolescencia -en una edad alrededor de dieciséis o diecisiete años- sino que en su lugar se hubieran convertido en uno con el amor de Dios, entonces sus mentes y cuerpos no podrían haberse dividido de ninguna manera. Con la vida perfecta y el amor perfecto, Adán y Eva se habrían convertido en un hombre y una mujer verdaderos y vivirían en un mundo verdadero. Después de la Caída, Adán y Eva siempre recordaron el sentimiento de anticipación, esperando estar en esa posición. A lo largo de sus vidas, anhelaron encontrar esa posición original y pensar, vivir y amar como estaban destinados a hacerlo. Seguramente deseaban que sus hijos vivieran en ese mundo." (1997)

172. "Traten de imaginar cuán hermoso será el panorama de los cinco sentidos del ser humano moviéndose extasiados con el amor verdadero, y la armonía de los cinco sentidos moviéndose en dirección a Dios. Dios solo no puede experimentar el gozo de tal belleza. Uno llega a experimentar tal belleza cuando tiene

una pareja y esta también es la razón por la cual Dios creó a los seres humanos. Si existiera un hombre buen mozo y una mujer hermosa, absortos mutuamente con sus ojos intoxicados con amor verdadero, besarse en tales labios y jugar con la melodía de tal corazón ¿cómo se sentiría Dios? Si hay una Eva de amor verdadero, Él tendría el deseo de viajar por el mundo de su corazón. Dios tendría un deseo impulsivo de explorar cuán amplio y cuán profundo es el mundo del corazón de Eva, el ámbito de su corazón." (1997)

173. "Aunque todos sabemos que tenemos que preservar el Sexo Absoluto, si no rectificamos el uso indebido de las relaciones sexuales, las cosas terminarán inevitablemente en un fracaso. Por lo tanto, si queremos buscar y vivir en el mundo ideal, tenemos que acatar esta regla de hierro." (2.1.2009)

Reflexiones sobre las Palabras del Padre Verdadero

Padre Verdadero usaba el termino de Sexo Absoluto para describir el ideal de Dios, para una relación sexual en el matrimonio. Esposos y esposas quienes encarnan el sexo absoluto se atraen apasionadamente entre sí. Cada uno vive felizmente por el bien de su pareja. Padre Verdadero vincula este término con el sexo eterno, único e incambiable. Ver el sexo de esta manera enaltece la calidad del amor que se comparte con la pareja de vida. Cuando una pareja casada se compromete con los cinco sentidos en hacer el amor, pueden llegar a ser uno en corazón. Vivir en el reino del sexo absoluto invita a Dios en nuestro matrimonio y da paso a crear el fundamento para continuar con Su linaje verdadero.

El Reverendo Joong Hyun Pak, anterior Director Continental de la Federación de Familias para la Paz y Unificación Mundial en Norte América, dio un sermón en Belvedere en Tarrytown, New York, basado en las enseñanzas del Padre Verdadero sobre el sexo absoluto el 1 de febrero de 1997:

"Ahora nos damos cuenta de que el sexo absoluto está a favor del sexo, un sexo del que podamos estar orgullosos, sexo positivo, sexo puro, sexo monógamo y agradable, un sexo feliz. Debemos apreciar a los Padres Verdaderos, sin su revelación de este gran secreto, no podríamos haberlo encontrado, estábamos ciegos. Ahora podemos ver el propósito para el que fuimos creados. Muy liberador."

Cuando las parejas están experimentando sexo absoluto, satisfacen las necesidades y deseos del otro con alegría y pasión. Parejas absolutas tienen relaciones que resplandecen e irradian amor. El Cielo se crea donde sea que vayan. Adán y Eva pudieron haber disfrutado de esta calidad de amor conyugal, si tan solo hubieran superado la tentación del amor egoísta. Como el mundo nunca ha visto un ejemplo de matrimonio ideal, es muy difícil entender lo que el sexo absoluto significa o cómo se siente. Los Padres Verdaderos son los primeros en modelar a una pareja absoluta y enseñan como poder llegar a esa calidad de amor en nuestros matrimonios.

Avatar

Avatar, la película ganadora de Oscar en el 2009, ha tenido un éxito fenomenal. La tribu de los Na'vi quienes viven en Pandora una luna distante que se parece al planeta Tierra, son humanoides, con piel azul, altamente desarrollados, que viven en perfecta armonía con su ambiente natural. La película retrata escenarios interesantes como las montañas flotantes Aleluya y un arreglo de plantas hermosas que balancean el ecosistema. Algunos de los ejemplos son los árboles Puffball que recogen y almacenan gases tóxicos para proteger a la atmósfera, también hay un bosque bioluminiscente que es una parte fundamental para el ambiente natural. ¿Quién no quisiera vivir en un lugar así?

Pandora era altamente atractivo, pero como espectadores una vez que dejábamos las salas de cine nos dábamos cuenta de que era un sueño utópico inalcanzable. Muchas conversaciones se hicieron populares sobre la película, estas surgían de personas que experimentaban depresión y decepción de que el planeta Tierra no se parezca al extraordinario mundo de Pandora. El deseo de vivir en este lugar hermoso y saludable era tan fuerte que no podían parar de pensar en la película e imaginar esa vida.

Cómo Hacerlo Real

Pandora es un lugar de belleza y maravillas que se pueden comparar con el ideal del sexo absoluto. Cuando pensamos en el mundo del sexo absoluto, podemos sentir lo mismo que experimentan los fans de *Avatar*. La perfección en la intimidad parece lejos de nuestro alcance, incluso con nuestros mejores esfuerzos. El deseo de una relación eufórica de amor y conexión fue creado por Dios. Él quiere que esposos y esposas experimenten una vida llena de intimidad.

Cada situación de pareja tiene sus propios desafíos, así que la comparación con otros matrimonios no debería darse. Hay muchas razones por las que las parejas no se sienten tan cercanas como lo hacían en un principio, algunos incluso se han rendido. Es posible que nunca hayan sentido alguna química en la relación o incluso puede que ambos anhelan una intimidad sexual intoxicante pero no saben cómo empezar a reducir la distancia que existe entre ellos. ¿Qué pueden hacer?

Podemos empezar siendo honestos y reconocer que estamos relacionados con un ideal y debemos crear un plan para seguir adelante. Un viejo proverbio chino dice que un viaje de 1000 millas empieza con un solo paso. Muchas parejas han descubierto que tener conversaciones abiertas es un lugar muy bueno para empezar a encontrar nuevas cualidades de cada uno. Mostrar afección a través de contacto no sexual puede abrir lentamente el corazón para una afección más profunda. Mientras se toman medidas para cultivar confianza e intimidad en el matrimonio, la visión de los Padres Verdaderos del sexo absoluto empezara a sentirse más alcanzable.

Las parejas que hacen el arduo trabajo de invertir en su relación, comienzan una aventura para toda la vida. Puede que no alcancemos el reino del sexo absoluto de inmediato, pero el viaje será muy placentero y emocionante. Dios quiso que disfrutáramos del sexo absoluto a través de una intimidad gozosa y saludable con nuestro cónyuge, que crecerá para siempre en el ámbito espiritual.

Puntos a Considerar/Actividades

- Con tus propias palabras, describe lo que significa el sexo absoluto para ti.

- ¿Crees que es posible experimentar el sexo absoluto? ¿Cómo te hace sentir eso?

- Comparte algunos pasos que puedes tomar para experimentar el sexo absoluto en tu relación con tu cónyuge o prepararte para tal relación.

- Toma un tiempo para ver Avatar con tu familia o amigos.

Pureza Sexual Absoluta

¿Alguna vez te has preguntado cómo debió haber sido para Adán y Eva antes de la Caída? La Biblia dice que no tenían vergüenza a pesar de que estaban completamente desnudos. Difícil de imaginar ¿no? El mundo en el que vivimos hoy hace que sea difícil mantener nuestro corazón libre de lujuria o vergüenza cuando se trata de sexo. Hay imágenes provocativas en vallas publicitarias, internet y televisión por todas partes. El Padre Verdadero quiere devolver el mundo a la norma original de Dios. Pero, ¿cómo salvamos esta brecha? La única forma en que podemos contener nuestros pensamientos desbocados, es imponer restricciones en nuestras vidas para protegernos a nosotros mismos y a nuestros seres queridos. Estos límites, utilizados de manera eficaz, pueden mantenernos seguros y encaminados hacia nuestros objetivos.

Palabras del Padre Verdadero

174. "He estado enseñando que la creencia en el sexo absoluto es el mejor método para mantener su propia pureza. Esto significa que una vez que has formado un vínculo de amor con tu cónyuge, éste es eterno y es una relación de amor absoluto que nunca puede cambiar sin importar las circunstancias. Esto se debe a que un esposo y una esposa se unen centrándose en el amor de Dios, que es eterno y absoluto. Esto no es algo que se enfatiza sólo para los hombres y tampoco es aplicable sólo a las mujeres. Es el camino celestial que es el mismo para hombres y mujeres; ambos necesitan respetarlo absolutamente." (30.11.1997)

175. "La castidad y la pureza son las mayores virtudes. Son como una flor antes de abrirse. La dulzura se guarda dentro. Así, antes de disfrutar de las bendiciones divinas del matrimonio, debes ser como una flor cerrada, llevando la fragancia en lo más profundo de tu ser." (1975)

176. "Señoras y señores, el carácter absoluto del amor conyugal es la mayor bendición que el Cielo ha concedido a la humanidad. Sin adherirse al principio de la pureza sexual absoluta, el camino hacia la perfección del propio carácter y la madurez espiritual permanece cerrado." (21.11.2006)

177. "¿Cuál fue la única palabra, el único mandamiento que Dios dio a Adán y Eva, los primeros antepasados, al ser creados? Fue el mandamiento y la bendición de mantener una norma absoluta de pureza sexual hasta que Dios aprobara su matrimonio. Encontramos el fundamento de esto en el pasaje bíblico que indica que Adán y Eva ciertamente morirían el día que comieran del fruto de la ciencia del bien y del mal. Si se hubieran abstenido de comer y hubieran cumplido el mandamiento del Cielo, habrían perfeccionado su carácter, y como co-creadores, se habrían situado junto a Dios, el Creador, como sus iguales. Además, habrían tomado dominio sobre la creación y se habrían convertido en los señores del universo, disfrutando de la felicidad eterna e ideal. La bendición de Dios era que conservaran su pureza para que pudieran casarse como Sus hijos verdaderos, a través de Su Bendición Matrimonial, convertirse en un matrimonio verdadero, ser padres verdaderos y dar a luz a hijos verdaderos. Este conocimiento profundiza nuestra comprensión de este mandamiento. Está relacionado con el principio de lo absoluto en el amor conyugal, que es un principio de la creación de Dios. La verdad profunda del mandamiento de Dios ha permanecido oculta a lo largo de la historia: los seres humanos deben heredar y vivir según un modelo de pureza sexual absoluta que es intrínseco

al ideal de Dios para la creación. Esto es para que puedan perfeccionar su individualidad como hijos de Dios y establecerse como señores de la creación... Por lo tanto, si Adán y Eva, manteniendo una moralidad sexual absoluta, hubieran alcanzado la perfección individual, la perfección de su carácter de acuerdo con la voluntad de Dios y hubieran entablado relaciones conyugales a través de Su Bendición, habrían alcanzado la completa unidad con Él. Dios habría habitado en su unión. Además, sus hijos habrían estado vinculados a este orden sagrado de amor, disfrutando de una relación directa con Dios como su Padre. En otras palabras, el matrimonio de Adán y Eva perfeccionados, basado en su moralidad sexual absoluta, habría sido el matrimonio de Dios mismo. Mientras que Dios es siempre Dios, también Adán y Eva se habrían convertido en la encarnación de Dios. Se habrían convertido en el cuerpo de Dios. Dios se habría instalado dentro de sus mentes y corazones para convertirse en el Padre Verdadero de la humanidad tanto en el mundo espiritual como en el físico, sobre la base de una moral sexual absoluta." (21.11.2006)

178. "La primera etapa es mantener la pureza sexual absoluta antes de casarse. Después de nacer, pasamos por un proceso de crecimiento. Pasamos por la primera infancia y la niñez en un entorno muy seguro abrazados al amor y la protección de nuestros padres. A continuación, entramos en la adolescencia, que señala el comienzo de una vida nueva y dinámica en la que forjamos relaciones en un nivel totalmente nuevo con quienes nos rodean, así como con todas las cosas de la creación. Este es el momento en el que empezamos a recorrer el camino para convertirnos en un ser humano absoluto, tanto internamente, a través de la perfección de nuestro carácter, como externamente, al alcanzar la mayoría de edad. Sin embargo, en este momento hay un requisito absoluto que las personas deben cumplir, sin importar quiénes sean. Este es el requisito de mantener su pureza, que es el modelo de moralidad

sexual absoluta para los seres humanos. Dios se lo dio a Sus hijos como su responsabilidad y deber destinados a ser llevados a cabo para cumplir con el ideal de la creación. Este camino celestial es, pues, la vía para perfeccionar el modelo de lo absoluto en el amor conyugal." (21.11.2006)

179. "La segunda etapa es la perfección del amor entre marido y mujer. La ley celestial de la fidelidad absoluta es más preciosa que la vida. El marido y la mujer son compañeros eternos, que se han dado el uno al otro por el Cielo. Al tener hijos, se convierten en co-creadores del amor verdadero, la vida verdadera y el linaje verdadero, y el origen de lo que es absoluto, único, inmutable y eterno. Es un principio celestial que una sola persona nunca puede dar a luz a un hijo, ni siquiera en mil años. Si dos personas han conservado su pureza antes de casarse y están unidas en matrimonio por Dios, ¿cómo podrían extraviarse y desviarse del camino del Cielo? Las personas son diferentes a los animales; si comprenden el propósito de Dios al haberles creado como hijos suyos, se darán cuenta de que desviarse de la ley celestial supone una traición y un desafío inimaginable al Creador. Es un camino de autodestrucción en el que cavan su propia tumba." (21.11.2006)

180. "Adán y Eva, hasta su adolescencia antes de la Caída, habían crecido en absoluta pureza... Hoy, sin importar cuán puros sean algunos hombres y mujeres, no hay comparación con la pureza de Adán y Eva antes de la Caída del hombre. Aunque vivamos una vida pura, ya hemos recibido el linaje satánico y lo tenemos dentro de nosotros sin siquiera saberlo. No fue nuestra responsabilidad, pero sin embargo heredamos ese linaje satánico. Adán y Eva, sin embargo, no tenían ese linaje satánico desde el principio, por lo tanto ninguna pureza puede ser comparada con Adán y Eva, antes de su Caída. Dios fue tan severo, Su estándar era tan puro y elevado, que cuando Adán y Eva, que eran las personas más puras, cometieron un solo pecado, los echó del jardín." (21.2.1991)

Reflexiones sobre las Palabras del Padre Verdadero

Padre Verdadero exalta a la castidad y a la pureza como grandes virtudes que se pueden practicar antes de recibir la Bendición Matrimonial. Él enseña que primero el hombre y la mujer deben heredar y modelar estas virtudes, las cuales son intrínsecas en el ideal de la creación de Dios. Su intención era que Adán y Eva perfeccionen su carácter haciendo honor al mandamiento de guardar sus órganos sexuales para el matrimonio. Esta era la forma de llegar a la posición de co-creadores con Dios y convertirse en los gobernantes de la tierra, permitiéndole a Dios interactuar directamente con sus hijos y toda la creación.

¿Cuál es el estándar de pureza en el Jardín del Edén? Adán y Eva estaban creciendo desnudos sin pensamientos o sentimientos sexuales impuros hacia ellos. Ellos no tenían una influencia egoísta y eran puros absolutos. Después de que rompieran el mandamiento con el mal uso de sus órganos sexuales, cubrieron su desnudez con vergüenza y se escondieron de Dios.

La adolescencia es un tiempo crítico para preservar la pureza sexual y crear una relación vibrante y dinámica con Dios. El Padre Verdadero brindó a los jóvenes un práctico consejo de cómo crear esa relación, nutrirla y alcanzar la madurez, es necesario prepararse a uno mismo durante estos años de adolescencia: "La puerta del amor se abre solo cuando es el tiempo, debes esperar cuando se abra antes de entrar. Puedes abrirla con orgullo cuando seas un dueño del amor."[20] La necesidad de seguir este principio continúa después de la Bendición Matrimonial. La ley celestial de fidelidad absoluta es más importante que la vida misma. Lo absoluto en el amor conyugal es la mayor bendición que el Cielo le ha otorgado a la humanidad.

El Gran Cañón y las Cataratas del Niágara

¿En qué se parecen el Gran Cañón y las Cataratas del Niágara además de su única y asombrosa belleza? Ambos tienen barandillas y muchas señales de peligro, para prevenir a los turistas de caer en algún precipicio y morir.

20. Federación de Familias para la Paz y la Unificación Mundial. *Chon Song Guiong*. Seul: Editorial Sunghwa, 2006. 475.

El sistema de construcción de barandillas en los parques son las mejores medidas para protegernos. Desafortunadamente a veces fallan en prevenir trágicos accidentes.

En el Gran Cañón, el suelo del borde luce estable, pero es bastante delgado por la erosión. Lo que parece ser seguro no lo es. Existe el comportamiento riesgoso de caminar detrás de las barandillas o poner los pies en el borde y esto puede tener consecuencias fatales. Algunos se les ha caído la tapa de las cámaras, se apresuran a recuperarlas, pero caen del borde y mueren. A otros se les han caído sus gorros cerca del borde, temerarios se acercan y su vida se acaba. Las personas se toman fotos de formas peligrosas y eso aporta al aumento de muertes cada año.

La belleza tentadora de las Cataratas del Niágara es igual de peligrosa. Son 170 millones de litros de agua cayendo de las cataratas cada minuto, a una velocidad de 40 Km/h y en los rápidos puede llegar a 109 km/h más al borde. Los turistas aun así, se aventuran en estos lugares peligrosos, a pesar de que existen muchas cámaras de vigilancia y señales de advertencia. En 2011 una estudiante japonesa escaló las barandillas para obtener una mejor foto del impresionante lado canadiense de las cataratas. Mientras se montó en la baranda, ocupó sus dos manos para sostener la cámara y un paraguas, se resbaló, cayó en el río y eventualmente llego al borde de las cataratas. Esta fue sólo una de muchas muertes evitables.

Las Cataratas del Niágara y el Gran Cañón pueden ser tentadores al poder escalar más allá de las barandillas de seguridad, permitiendo experimentar lo desconocido sin restricciones. Es lo mismo con la tentación sexual, la cual puede superar el sentido común si no se es cauteloso. Es necesario construir barandillas propias. Últimamente, mantenerse a salvo es una responsabilidad muy seria y el éxito depende de las decisiones que se tomen.

Cómo Hacerlo Real

¿Qué es necesario para guiar el camino de la pureza sexual absoluta para poder entender el ideal de Dios? Debido a que el sexo es tan tentador, Dios dio a Adán y Eva un mandamiento, este tenía que actuar como una barandilla para prevenirlos de tener relaciones sexuales prematuras. Aunque Adán y

Eva eran más puros que cualquier hombre y mujer que haya vivido, ellos aún necesitaban la advertencia del mandamiento para poder salvaguardar sus corazones y proteger su linaje.

Podemos pensar que somos inmunes a la tentación, pero no lo somos. Las barandillas sirven para un propósito importante, ellas alinean un estándar de comportamiento que ayudan a nuestra conciencia cuando nos las topamos. Paramos, volvemos al camino y sobrepasamos el precipicio. Muchas personas se rehúsan a tener restricciones en sus vidas porque sienten que es infantil o innecesario. De todas formas, al tolerar pequeños inconvenientes, nunca se tendrá que experimentar grandes consecuencias o accidentes terribles.

Billy Graham fue un líder evangélico predominante del siglo XX, consejero de muchos presidentes de los Estados Unidos de América y venerado por millones de personas en el mundo. Preocupado por el creciente número de evangelistas quienes han estado involucrados en malas conductas sexuales, Graham ha liderado a su personal a lo que ahora se conoce como "La regla de Billy Graham", el cual alienta a los hombres a no salir solos con mujeres, a no ser que no fuera su esposa.

Los medios de comunicación tuvieron un día de campo sobre "La regla de Graham" cuando Mike Pence, vicepresidente de los Estados Unidos De América (2016-2021), dijo en "The Hill" una página web política, que él siempre ha usado esa regla para crear una "zona segura" en su matrimonio. Esta auto regulación parecía extrema para muchas personas y la ridiculizaban. Pero si se usa este tipo de salvavidas para proteger lo que es más importante en la vida ¿vale la pena intentarlo? Aunque una persona crea o no en la posición religiosa o política de estas dos figuras públicas, las barandillas que han usado sirvieron para proteger su matrimonio. Hay que recordar que nadie se arrepiente de tener barreras saludables en sus vidas, de lo que si se arrepiente es de arruinar su reputación, adquiriendo una adicción, engañar a sus cónyuges o lastimar a sus hijos.

El impulso sexual es muy poderoso y hermoso, pero puede llevar a comportamientos destructivos. Se puede tener una rutina de navegar la internet con los celulares en la cama. Si este hábito nos lleva a ver pornografía, deberíamos considerar dejar el celular fuera de la habitación en las noches.

Algunos límites creados pueden ser apropiados para toda nuestra vida. Otras pueden ser necesarias por cortos períodos de tiempo hasta que se pueda desarrollar autodisciplina para permitirnos vivir mejor. ¿Qué barandillas puedes establecer para asegurar tu éxito?

Padre Verdadero enfatiza que se debe vivir una vida de pureza absoluta para que se pueda disfrutar de una relación sexual hermosa con el cónyuge. Cuando tenemos un propósito claro para la vida, no queremos arriesgarlo yendo más allá de las barreras por un momento de excitación. Podemos sentirnos seguros y agradecidos por las restricciones que previenen que amenacemos nuestra futura felicidad por algo tan pequeño. A medida que desarrollamos una fuerte visión para nuestra sexualidad y nos esforzamos mucho en ello, eventualmente podremos experimentar el amor absoluto que Dios planeó originalmente.

Puntos a Considerar/Actividades

- Comparte una experiencia en donde una barandilla te salvó o a alguien que amas ¿Existió algún momento en que ignoraste una barandilla y te arrepentiste?

- ¿Qué hábitos puedes implementar en tu vida para proteger tu pureza o para establecer una zona segura en tu matrimonio?

- Comparte tu visión para tu presente o futura Bendición Matrimonial.

Ética Sexual Absoluta en la Familia

La presencia de Dios está a todo nuestro alrededor, cuando caminamos en un campo de lupinos azules y girasoles de amarillo brillante, navegando sobre un río en un día soleado o cuando vemos la mirada de un adorable bebé. Nada expresa más el amor de Dios como la familia que es unida y desborda de amor verdadero. La inocencia de los hijos y la belleza de la naturaleza nos recuerda la intención de Dios para un mundo perfecto. Sin embargo, sabemos que este mundo no se acerca a ninguna perfección, entonces ¿Cómo podemos crear una familia enraizada en la ética sexual absoluta que es libre de la influencia de este mundo caído?

Palabras del Padre Verdadero

181. "¿Dónde se erige el palacio del ideal absoluto de Dios? En la relación del marido y la mujer absolutamente ideales en una familia completamente unida sobre la base de una ética sexual absoluta." (28.12.2007)

182. "Sin asegurar el fundamento de la moral sexual absoluta dentro de una familia verdadera de individuos perfeccionados, es imposible que Dios se manifieste con dignidad como el Dios encarnado de carácter. Con el fin de que Dios, el ser absoluto, tenga dominio directo sobre nuestras vidas y pueda vivir y compartir la alegría con nosotros, quienes fuimos creados como Sus hijos y compañeros objeto, debemos asumir la forma de familias perfeccionadas basadas en el estándar de la ética sexual absoluta, como Dios dispuso. Sólo dentro de los límites de una familia que mantenga la

moralidad sexual es posible crear relaciones basadas en un modelo ideal de ética sexual para toda la vida, tal y como debió haber sido originalmente. Esta vida incluye el ámbito de las tres generaciones de abuelos, padres, hijos y nietos. Por favor, comprenda que la vida eterna de Dios y la vida eterna de una persona sólo son posibles sobre este fundamento." (21.11.2006)

183. "Se puede decir simplemente: 'El modelo de Dios para lo absoluto, la paz y el ideal, es la familia que preserva la moralidad sexual absoluta'. En el principio sólo había una familia de Dios, no dos. La familia se centra en la moralidad sexual absoluta; si no pasamos por la moralidad sexual absoluta, la familia no se producirá. La palabra 'absoluto' implica que unimos todo, hacemos un ajuste de cuentas global y alcanzamos la cima más alta. Sólo con este tema podemos unificar el mundo y resolver sus problemas. La moralidad sexual absoluta que propugna Dios es sólo una y no dos. Dos personas deben llegar a ser absolutamente una a través del amor puro. Nadie puede cumplir esto por sí mismo. El hombre y la mujer son dos seres, entonces ¿cómo pueden convertirse en un ser absoluto? Los órganos sexuales del hombre y de la mujer son la base de la familia absoluta, que es un modelo de absolutez, de paz y del ideal. No podemos dar una solución definitiva a las cuestiones fundamentales del universo sin referirnos a los órganos sexuales. Así de preciosos son. Todos ustedes -hombres y mujeres- los tienen." (7.3.2007)

184. "Hombres y mujeres deben mantener la pureza y no mancharse antes del matrimonio. Después de la castidad viene la pureza del linaje, la pureza del linaje de sangre. Cada persona que busca el amor debe mantener la pureza sexual y conocer acerca del linaje renovado, el linaje puro. Por eso hablamos de castidad, amor puro y linaje puro. Cuando un hombre y una mujer protegen estos tres, se hacen uno a través del matrimonio, viven continuamente por los demás, no cuentan sus buenas obras, no se dejan llevar de izquierda

a derecha y perseveran en el sacrificio, y mientras olvidan esos sacrificios, liberan al mundo por decenas de miles de años, incluso si los cuatro rincones de la tierra cambian de lugar, invirtiendo arriba y abajo y atrás y delante. Armonizarán todo y realizarán un mundo de paz." (24.2.2004)

185. "Ahora, por favor, vuelvan a sus hogares y declaren junto a sus cónyuges que sus órganos sexuales son absolutos, únicos, inmutables y eternos. Proclamen que sus órganos sexuales pertenecen realmente a su cónyuge y que el órgano de su pareja, que ha estado tan bien guardado hasta ahora, es de ustedes. Y les ruego que me prometan que vivirán una vida de gratitud y eterno servicio a su pareja. Así, en familias, Dios morará eternamente y con ellas empezará a crecer una gran familia mundial." (15.9.1996)

186. "Aquello que es absolutamente necesario para un hombre no es convexo. Él repele lo convexo. No hay felicidad allí. Aquello que es absolutamente convexo necesita lo que es absolutamente cóncavo. Cuando lo convexo absoluto se encuentra con lo cóncavo absoluto, Dios está allí y cuando no es así, Dios se va. El hecho de que esto no sea así, significa que el linaje de Satán aún permanece. Aunque el 98 por ciento pueda ser cumplido, si la sombra del linaje de Satán aún permanece, Dios no puede venir. Dios puede llegar y convertirse en el Señor de la familia solo cuando lo vertical y lo horizontal se encuentran en un ángulo de 90 grados basados en el sexo absoluto, matrimonio absoluto y amor absoluto." (29.8.2000)

Reflexiones sobre las Palabras del Padre Verdadero

El Padre Verdadero ha demostrado que Dios es un ser de absoluta verdad y amor, que desea ver Su reflejo perfecto en Sus hijos e hijas, a través de familias quienes viven en el reino de la ética sexual absoluta. Abrazando la pureza del sexo absoluto antes de la Bendición Matrimonial y practicando el sexo absoluto después es el vehículo por el cual nuestros órganos sexuales se convertirán en las puertas de entrada para que el sueño de Dios se realice. ¿No disfrutarían cada una de estas generaciones de familias de armoniosas relaciones de amor? Ellos modelan el ideal y son el fundamento para un mundo pacífico.

El Padre Verdadero guía a esposos y esposas a la afirmación de que sus órganos sexuales pertenecen a su cónyuge. Cuando cada pareja vive acorde al principio de sexo absoluto con gratitud y servicio a su cónyuge, pueden crear armonía en su familia y al linaje de pureza. Mientras más y más familias vivan de esta manera, pueden trabajar juntos y resolver los problemas del mundo.

Los Waltons

En el mundo de la televisión y las películas es muy difícil encontrar una producción que brinde modelos de tres generaciones centradas en Dios. Programas donde muestran a padres solteros sin tradiciones o valores han sido muy populares desde 1960, es una gran sorpresa que el programa de *Los Waltons* haya sido un gran éxito en los años 1970. Este era una serie de televisión sobre una familia en la parte rural de Virginia durante la Gran Depresión y la Segunda Guerra Mundial, cuando las familias estadounidenses empezaron a ver a *Los Waltons* en 1972, fue como respirar aire nuevo, al inicio no se esperaba que tengan éxito, porque aquellos que aún se aferraban a los valores de la familia tradicional parecían ser una minoría, después de un comienzo lento, el programa ganó popularidad ganando 13 premios Emmy y atrayendo a millones de televidentes leales.

¿Qué era lo que tanto les gustaba a los estadounidenses de Los Walton? En una era donde la tasa de divorcio empezaba a desbordar, la familia ficticia de Los Walton supo quedarse juntos en las buenas y en las malas. Esto fue parte de la popularidad del programa, con siete hijos, el dinero era escaso, pero siempre había suficiente risa y amor. Ambos padres y abuelos mostraban afecto en su matrimonio y tenían un amor apasionado, incluso cuando la abuela era anticuada y reservada, nunca impidió que el abuelo fuera todo un pillo a la hora de besarla en la mejilla. La generación más joven podría decir que aún existía la llama del amor en su matrimonio. Muchos televidentes manifestaban que cada episodio de la familia Los Walton los hacía sentir más animados y amados. Ralph Waite el actor que interpretó al personaje del padre, sorprendentemente aún recibe cartas de gratitud de sus fans que lo aprecian como una figura paterna, como un padre que hubieran querido tener. El creador de Los Walton, Earl Hammer, reflexionó sobre el porqué este show fue tan exitoso: «Pienso que la audiencia necesitaba la afirmación de valores y nosotros les brindamos eso, levantó su espíritu y el país necesitaba eso».

En *Los Walton,* Dios era una parte de cada historia y cada personaje tenía creencias tanto formales como informales. Esto también sucedió con la familia de Los Hamner, la abuela, madre y algunos hermanos eran miembros de la Iglesia Bautista y asistían regularmente, al padre no le gustaba la religión organizada, pero tenía una vida de fe fuerte. La familia entera se unía por los valores, lealtad, honestidad e integridad, que practicaban en sus relaciones tanto entre ellos como con la comunidad, muchos de los escenarios y conversaciones en los guiones de Earl Hamner eran basados en sus memorias de vida en la parte rural de Virginia con su propia familia.

Esta familia ficticia ha inspirado a muchos a creer y abrazar un modelo de familia centrado en Dios. Las enseñanzas del Padre Verdadero nos llevan a otro nivel, donde los valores de la familia están basados en la ética sexual absoluta.

Cómo Hacerlo Real

Puede parecer que la ética sexual absoluta es un ideal inalcanzable, dada la cultura en la que vivimos hoy. Sin embargo, las Palabras del Padre Verdadero nos invitan a creer que podemos hacerlo con la ayuda de Dios ¿Qué quiere decir el Padre Verdadero con la frase ética sexual absoluta y cómo se vería en nuestras familias? Los padres que están comprometidos con la fidelidad y disfrutan de una relación sexual sólo entre ellos, se comunican amorosa, abierta y regularmente con sus hijos en crecimiento, alimentando constantemente sus razones para valorar el sexo absoluto. Por ello, los niños aprenden desde muy pequeños a valorar sus órganos sexuales como sagrados y se comprometen a vivir con absoluta pureza sexual hasta recibir la

Bendición del Matrimonio.

Parejas casadas que practican el sexo absoluto pueden fácilmente recargarse a sí mismos, curar las diferencias y liberar estrés. Hacer el amor afirma su conexión especial, incluso si los problemas no desaparecen, la vida es menos abrumadora cuando el esposo y la esposa están unidos por amor. Como pareja casada, desarrollan su relación conyugal, haciendo el amor con fe y gratitud hacia el ideal de Dios, para que la Bendición Matrimonial crezca. Cuando el esposo y esposa están comprometidos el uno con el otro por completo, experimentando la alegría del sexo, prosperan en todas las áreas de la vida. Su seguridad emocional, salud y bienestar mejoran. Su estilo de vida manifiesta una pareja que son un modelo a seguir en la moralidad sexual, impactando a su familia y a su comunidad.

En estas familias, los hijos se sienten más estables y seguros, porque tienen a una madre y padre quienes abiertamente expresan su amor entre ellos. Crecen con un modelo saludable de amor conyugal, un fuerte contraste al romance de Hollywood. Sus padres no dependen de las escuelas para la educación sexual, en su lugar toman responsabilidad y tienen conversaciones abiertas y constantes sobre sexualidad. Estas conversaciones se convierten en memorias preciosas, inolvidables y ayudan a los hijos a establecer una visión clara para el matrimonio de ellos.

Cercanía y piedad filial crecen a medida que los hijos superan sus miedos al hablar con sus padres sobre sus errores y pueden recibir entendimiento y gracia. Es más probable que los niños confíen en los padres que comparten honestamente sus propios errores y cómo los superaron. Niños que han sido expuestos a pornografía o han descubierto la masturbación, ya sea por accidente o por curiosidad, pueden hablar con sus padres gracias a una base de confianza en la familia. Con amor incondicional y guía, los padres pueden ayudar a sus hijos a estar alineados con su conciencia y evitar hábitos peligrosos que pueden dañar su futura Bendición Matrimonial. Los Padres pueden escuchar sus confesiones sin juzgamiento o decepción, consecuentemente, los hijos sentirán empoderamiento que los llevará a invertir en sus esfuerzos para proteger su pureza sexual.

Los abuelos también tienen un interés de involucrarse en ayudar a sus nietos a desarrollar su integridad sexual y prepararse para la Bendición Matrimonial. Con amor y guía de ambos padres y abuelos, estos jóvenes hombres y mujeres se sentirán más apoyados y sabrán lo precioso y valioso que son sus órganos sexuales. Honrarán a su pureza sexual en ellos mismos y en otros.

Cada niño anhela con crecer en una familia con una madre y un padre que están comprometidos en estar juntos para siempre, quienes se aman el uno al otro y abrazan a sus hijos como el fruto de su amor. Los hijos no nacerían con este deseo si no fuera un sueño alcanzable. No se puede alterar el pasado, pero se puede cambiar el futuro creando familias enraizadas en la ética sexual absoluta.

Puntos a Considerar/Actividades

- ¿Cuáles son las conversaciones que te ha gustado tener con tus padres?

- Comparte alguna experiencia donde hayas roto algo o hayas cometido un error y tus padres te mostraron más gracia de la que esperabas ¿cómo te hizo sentir eso?

- Miren un episodio de Los Waltons con su familia

Ética Sexual Absoluta en el Mundo

La primera vez que Padre Verdadero uso las palabras "Sexo Absoluto" fue en 1996 en el discurso inaugural de la Federación De Familias Para La Paz Mundial (FFPM).[21] Este discurso "En Busca del Origen del Universo" fue publicado en periódicos de cada estado de los Estados Unidos y presentado en 185 naciones. Fue un llamado a los lideres mundiales, persuadiéndolos de abrazar y proclamar un nuevo movimiento de sexo absoluto, o sexo centrado en Dios en sus propios países.

Palabras del Padre Verdadero

187. "¿Qué esperaba Dios de Adán y Eva? Esperaba unirse con ellos a través del "sexo absoluto". Ustedes, líderes mundiales, reunidos aquí esta noche, por favor, aprendan esta verdad y llévenla a sus países natales. Si empiezan una campaña para afianzar el sexo absoluto en su país, su familia y nación irán directamente al Cielo. Donde hay sexo absoluto, emergerán naturalmente parejas absolutas. Palabras como sexo libre, homosexual y lesbiana simplemente desaparecerán." (15.9.1996)

188. "Qué propósito tiene la Federación de Familias para la Paz Mundial? Si la humanidad trascendiera completamente las categorías tradicionales de los estándares humanos virtuosos,

---

21. Reverendo Sun Myung Moon, "En Busca del Origen del Universo" Gira para establecer la Federación de Familias para la Paz Mundial en 185 Naciones; Gimnacio Olímpico de Esgrima, Seúl, Corea; 15 de setiembre de 1996. (Pyeong Hwa Gyeon, Libro 2 Discurso 3, página 215)

religiosos o normativos, y si absolutamente respetaran el valor de
los órganos sexuales hasta el punto de merecer la mas calurosa
aprobación de Dios ¿en qué tipo de mundo viviríamos?"
(15.9.1996)

189. "El Reverendo Moon ha vivido toda su vida superando un camino
de sufrimiento para iniciar este tipo de movimiento global.
Ahora ha llegado el momento de que yo haga sonar la trompeta
de la victoria y conmueva al mundo entero. Por lo tanto, estoy
agradecido a Dios. La familia es la piedra angular del camino hacia
la paz mundial. La familia también puede destruir ese camino. Fue
la familia de Adán la que destruyó los cimientos de la esperanza y la
felicidad humanas. Por lo tanto, cuando establecimos la Federación
de Familias para la Paz Mundial, el camino en dirección 180 grados
opuesto a la del mundo satánico será abierto y por ello no podemos
dejar de dar gracias a Dios. No hay libertad, felicidad o ideal sin
recorrer este camino. Deseo que puedan apreciar el valor central
en el órgano sexual. Cuando es absoluto, único, incambiable y
eterno, lo podrán usar como fundamento para conocer a Dios.
Deben darse cuenta de que este fundamento debe convertirse en
el fundamento del amor, la vida, el linaje y la conciencia. También
deben darse cuenta de que el Reino de Dios en la Tierra y en el
Cielo comenzará sobre este fundamento." (15.9.1996)

190. "Cuando vuelvan a sus hogares, por favor, libren una guerra contra
el mundo satánico. Donde sea que vallan, traten de propagar el
mensaje del Reverendo Moon, ya sea por la televisión u otros
medios informativos, no les causará ningún daño hacer eso ¿Qué
fuerza puede hacer que este mundo infernal cambie? Es imposible
que consigamos este cambio, a menos que la humanidad use
sus órganos sexuales de acuerdo a un estándar absoluto, único,
incambiable y eterno estándar centrado en el amor verdadero
de Dios que es absoluto, único, incambiable y eterno. Dios es el
dueño original de nuestros órganos sexuales. Marchemos juntos

por esta causa común. Seamos la vanguardia que haga realidad el amor verdadero de Dios. Esta es la auténtica misión de la Federación de Familias por la Paz Mundial. Ahora, por favor, vuelvan a sus hogares y confirmen con sus cónyuges que sus órganos sexuales son absolutos, únicos, incambiables y eternos. Proclamen que sus órganos sexuales pertenecen realmente a su cónyuge y que el órgano de su pareja, que ha estado tan bien guardado hasta ahora, es realmente de ustedes. Y les ruego que me prometan que vivirán una vida de gratitud y eterno servicio a su pareja. Dios morará eternamente en ese tipo de familias y con ellas empezará a crecer una gran familia mundial." (15.9.1996)

Reflexiones sobre las Palabras del Padre Verdadero

El Padre Verdadero se ha preocupado sobre la inmoralidad sexual ya que es la causa principal de la ruptura de la familia. En su discurso "En busca del Origen del Universo" ha direccionado a los líderes mundiales a promover la educación y práctica de la ética sexual absoluta en sus países. Cuando la nación falla en frenar la inmoralidad y no hace esfuerzos para promover estándares de comportamiento sexual, esto causa la ruina y ruptura de la familia, y eventualmente de todo el país.

El Padre Verdadero advierte a los líderes mundiales que la única forma en la que pueden alejar a sus países de la destrucción, es guiar a los ciudadanos a usar sus órganos sexuales en concordancia con el estándar eterno de amor verdadero de Dios. Familias centradas en Dios quienes honran sus órganos sexuales y viven de acuerdo con un estándar incambiable de sexualidad saludable contribuyen a naciones prósperas y a un mundo de paz.

Una Declaración Notable

Dr. Michael Balcomb, presidente de la FFPUM de la región de Europa y Medio Este, comparte su opinión de primera mano sobre el discurso del Padre Verdadero:

"La Federación de Familias fue oficialmente inaugurada el 1 de agosto de 1996. Padre Verdadero convocó a un grupo muy ilustrede personas a Washington D.C. participaron muchas personas influyentes y altamente calificadas, incluyendo a tres Expresidentes de los Estados Unidos. Cada uno estaba intrigado de lo que la Federación de Familias podría aportar para solucionar los problemas de la humanidad.

Cuando el Padre Verdadero se levantó para dar el discurso de cierre, pienso que muchas personas creyeron que él iba a hablar sobre la familia, como la primera institución o que la familia es la escuela del amor, o quizás hablaría sobre como personas de diferente fe podían trabajar juntas para hacer una sola familia humana. Yo estaba allí y eso era lo que esperaba, pero el Padre Verdadero dejó a un lado toda expectativa y para la sorpresa de todos, habló sobre los órganos sexuales.

El preguntó, "¿Cómo sería el mundo en el futuro, si este mundo valorara los órganos sexuales? ¿Ese mundo prosperaría o perecería?"

Una risa nerviosa surgió en la audiencia, y Padre dijo, "¡Esto no es una broma!, cuando Dios estaba creando a los seres humanos ¿en que parte invirtió más? ¿Cuál es el propósito de la Federación de Familias? Si la humanidad tuviera una armonía completa con los órganos sexuales ¿qué tipo de mundo sería? Cuando llegamos a un entendimiento claro, comprendemos que la posesión de nuestros órganos sexuales se apoya en el sexo opuesto, de esa manera el mundo no mantendría la condición en la que encuentra hoy en día".

Esa fue una declaración notable. Hay muchos eruditos y sabios, pero nunca habían pensado en esto, ninguno de ellos. Ese es el propósito fundamental de la Federación de Familias".

Cómo Hacerlo Real

En el famoso discurso del Dr. Martin Luther King, "Yo tengo un sueño", él imaginaba a un mundo de paz, sin racismo ni división. Similarmente, animamos al mundo a imaginar un mundo donde la ética sexual absoluta sea una norma. El Padre Verdadero, en el banquete de inauguración de la Federación de Familias, habló de manera audaz a las cabezas de estado sobre el importante rol del sexo en las naciones. El imploró a estos líderes que regresaran con su pueblo y lo educaran sobre el valor sagrado de los órganos sexuales. El Padre Verdadero desafió a los líderes, a imaginar un futuro mejor cuando preguntó: "¿Cómo sería el mundo en el futuro, si este mundo valorara los órganos sexuales?" Invitamos a que abran los corazones e imaginen esto con nosotros.

Los medios de comunicación, el gobierno y las escuelas están activos promoviendo una cultura de integridad sexual, enfatizando lo sagrado de los órganos sexuales. Todas las personas respetan a los hijos de Dios y no como objetos de auto indulgencia. El porno ya no es la principal corriente o es interesante, porque es visto a nivel mundial como un hábito destructivo. El tráfico humano es algo del pasado. los padres no se preocupan de que la inocencia de sus hijos se pierda. Los niños pueden jugar de manera segura en sus vecindarios y de manera online también, porque la industria de la pornografía y los depredadores sexuales desaparecieron.

Hay una reducción significativa en la delincuencia juvenil, así como de los problemas con las drogas, el alcohol y otras adicciones porque las familias centradas en Dios proveen un ambiente seguro y adecuado a los niños. Los tribunales de familia donde las parejas discutían la custodia de sus hijos ya no son necesarios. El número de familias con padres solteros disminuye y los hijos se sienten más seguros porque tienen hogares estables con una madre y un padre. Hollywood presenta historias que animan a las personas y son amigables con la familia. El sexo casual y el sexo explícito ya no es glorificado en películas o programas de televisión.

Las parejas son íntimamente felices y no tienen el deseo de buscar en otro lugar la satisfacción sexual. La integridad sexual, junto con los matrimonios duraderos, son la fuente más grande de orgullo. Las personas viven más tiempo porque el sexo es una actividad que promueve salud, cuando se comparte con una pareja de por vida en el matrimonio. Los medios de comunicación presentan a parejas casadas celebrando su aniversario de 50 e incluso de 80 años.

Somos capaces de imaginar este mundo, porque sabemos en nuestros corazones que así es, como está destinado a ser ¿Cómo podemos crear ese mundo? Cuando podemos controlar nuestros impulsos y actuar de acorde a nuestra mente original, la integridad se manifiesta en todas las relaciones, creando armonía y prosperidad en la familia, nación y mundo. Si fijamos nuestra mente y corazón, en esta clara imagen del ideal, cuando se trata del sexo, podemos casarnos sabiendo que compartiremos un amor puro y altruista con nuestro cónyuge, y poder erigir una familia que entiende y vive con integridad.

El Padre Verdadero valientemente proclamó este mensaje en todo el mundo. De la misma forma nosotros podemos ser claros y valientes cuando hablamos sobre la intención de Dios para el sexo. Un mundo en el cual todas las personas valoran los órganos sexuales, emergerá mientras desarrollamos auténticamente nuestra integridad sexual y de esa manera podemos ayudar a otros, a hacer lo mismo.

Puntos a Considerar/Actividades

- Imagina que eres uno de los líderes mundiales que escucha el trascendental discurso del Padre Verdadero ¿Qué habrías pensado al respecto y cómo esto impactaría al volver a tu nación?

- ¿Cómo pueden tu familia y comunidad trabajar juntos para contribuir a formar un mundo que valora los órganos sexuales?

- ¿Cómo puede la ética sexual absoluta ayudar al mundo, a llegar a la interdependencia, prosperidad mutua y valores universales?

Sección V:
La Caída

La Raíz

Imaginen que son adoptados y no conocen a sus padres biológicos. Incluso si sus padres adoptivos son amorosos y asombrosos, es muy probable que aún así, se pregunten de donde provienen y si tienen hermanas o hermanos. Les gustaría saber quiénes son sus padres y porque los dejaron. Entonces, un día descubren donde viven, van a su casa y golpean la puerta, reconocen que ellos fueron aquellos que se sentaban siempre atrás en los recitales o en sus juegos de béisbol y en la graduación. Cuando empiezas a presentarte, ellos te dicen que ya saben quien eres, han estado siguiendo todos tus pasos desde que eras bebé y te muestran un álbum de fotos. ¿Cómo te sentirías si tus padres biológicos te abrazan y te dicen que ellos siempre te han amado?

Palabras del Padre Verdadero

191. "Imagina un enorme árbol, que es realmente hermoso de contemplar. Aunque no puedas ver sus raíces, ellas están profundamente asentadas. La punta de su raíz es pequeña y se encuentra a muchos metros bajo la superficie ¿Puedes ver que la hoja más pequeña de la parte superior está conectada a esa raíz? Está tan alta en una dirección y tan profunda en la otra, que la conexión es difícil de ver. Sin embargo, sin una relación con la raíz, la hoja se muere con el tiempo. Del mismo modo, si los seres humanos decimos: 'No me importan mis raíces; están separadas de mí'. Entonces nosotros también empezaremos a morir. Las raíces subterráneas deben crecer y expandirse para que el resto, la parte visible, crezca y sea fuerte. El abono se pone en el suelo para

alimentar la parte del árbol que no podemos ver. El abono para el ser humano es el pensamiento y la oración. Estos dan alimento a nuestra raíz. Tenemos que dar constantemente más y más alimento a la raíz subterránea." (3.4.1988)

192. "En mi extenuante esfuerzo por encontrar la respuesta a los problemas fundamentales de la humanidad y al origen del universo, me di cuenta que eran los órganos sexuales. Una vez que noté que eran estos y pensé en todo el problema, encontré que la armonía del cielo y la tierra giraba alrededor de los órganos sexuales. Es verdaderamente un hecho asombroso." (7.1.1990)

193. "Dios es la motivación de nuestros corazones; es la primera fuente del ser humano y la raíz de nuestro ideal. Sin una causa, no puede aparecer ningún resultado. Así, el universo no puede existir sin Dios. La humanidad se mueve sobre la superficie de este planeta como huérfanos que han perdido a sus padres. Imagina cuán grande será el grito de júbilo de esos huérfanos, si les encontramos a sus padres perdidos. Ese gozo sería incomparablemente mayor que el gozo de un general que conquista el mundo y gana una fortuna material." (2.10.1969)

194. "El uso equivocado del amor es la causa de la Caída. Adán se unió con Eva en una relación sexual ilícita cuando ella ya se había unido con el arcángel, y a través esta relación ellos fueron esposo y esposa y formaron una familia no centrada en Dios sino en Satanás. De esta manera toda la humanidad, llega a heredar el linaje de "sangre" de Satanás en la posición de su descendencia. Consecuentemente, a pesar de que los hijos de Adán y Eva tenían que ser originalmente el primer y el segundo hijo, debido a la relación ilícita de amor entre Eva y el Arcángel, sus hijos cayeron dentro del dominio de Satanás". (1997)

195. "Adán y Eva, deberían haberse unido centrado en Dios, en cambio se unieron al arcángel, un sirviente de Dios; eso fue la

Caída humana. Los seres humanos que deberían haber heredado el linaje de Dios, en cambio heredaron el linaje del sirviente. Es por eso que, aunque la gente caída llame a Dios como "Padre", ellos en realidad no sienten que Dios sea su padre. Esto es porque, lo que ellos han heredado, son las características principales de la naturaleza caída, lo cual significa pensar en todo centrado en uno mismo, sin considerar si es acerca de Dios o de todo lo demás. De este modo, los seres humanos se convirtieron en seres contradictorios, formando tribus y naciones. Consecuentemente, estas tribus y naciones llegaron a estar divididos muy rápido. Así es como se desarrolló la esfera de la cultura satánica." (23.2.1977)

196. "¿Piensan que el pecado original aparece por comer el fruto del árbol del conocimiento del bien y del mal? La gente dice que el comer del fruto fue un pecado, pero ¿qué es el fruto que hace que mil, aún decenas de miles de generaciones de descendientes, se hagan todos pecadores? Fue una relación que involucró el linaje, la raíz del pecado está plantada en el linaje, este continúa eternamente por la ley de la herencia. Esto puede solamente ser posible, a través de una relación de amor. El amor inapropiado es la causa de la Caída humana." (18.5.1969)

197. "¿Dónde comenzó la Caída? ¿Cuál fue el pecado que ocurrió en la familia? ¿Fue el acto de comer del fruto del Árbol de la Ciencia del Bien y del Mal? La Caída que ocurrió en la familia no es otra cosa que involucre el acto de amor ¿Creen ustedes que ellos cayeron comiendo de sobre fruto? ¿El pecado original resulta de comer el fruto? Se dice sobre el hecho que los padres comieran del fruto fue el pecado, pero ¿cuál es ese fruto que hizo que los descendientes de miles de generaciones llegaran a ser pecadores? Esto tiene que ver con un relacionamiento de sangre. Si la raíz del pecado es plantada a través del linaje, esta perdura por siempre en virtud de la ley de la herencia. La única cosa que puede hacer que esto ocurra, es un mal uso del amor." (18.5.1969)

198. "Si estudian los contenidos de la Biblia no pueden negar el hecho de que, a través del amor ilícito, los antepasados humanos se conectaron ellos mismos con el diablo, Satanás, con una relación de padre e hijo. Los seres humanos son preciosos seres que se suponía, irían a heredar el linaje de Dios y nacer como Sus propios hijos e hijas directos, dentro de Su amor absoluto. Sin embargo, terminaron naciendo como hijos del linaje del diablo Satán. En Romanos 8:23 dice, '...pero nosotros, que tenemos los primeros frutos del Espíritu, nos lamentamos por dentro, esperando la adopción como hijos, la redención de nuestros cuerpos.' Un hijo adoptivo tiene un linaje que es diferente al de sus padres adoptivos. Esta es la realidad de los seres humanos." (1.3.1972)

199. "¿Cuál es el fruto del árbol del conocimiento del bien y del mal? Si tú haces mal uso del amor, tú heredas el fruto eterno del mal. Si el amor es usado apropiadamente, tú heredas el fruto eterno de la bondad ¿Es este fruto del árbol del conocimiento del bien y del mal, un fruto literal? ... Ese fruto se refiere a los órganos sexuales del hombre y de la mujer." (2.2.1992)

200. "Ahora están viviendo en una era de gracia, en la que, después de recibir la Bendición Matrimonial de los Padres Verdaderos, haber completado la conversión del linaje y llevar una vida alineada verticalmente con el Cielo, de forma que no se proyecte ninguna sombra, podrán entrar automáticamente en el Reino de los Cielos. Es decir, si establecen una verdadera familia en la tierra y llevan una vida celestial, una vez que mueran, su vida estará conectada con el Reino de Dios en el Cielo, y disfrutarán de la vida eterna." (14.10.2006)

201. "En el Edén, a Dios no le fue posible conducir la ceremonia de matrimonio de Adán y Eva. Ellos se casaron por su propio acuerdo y, en consecuencia, quedaron conectados al linaje de Satán, en vez del linaje de Dios. A través de la Ceremonia de Bendición

recibimos la credencial de ciudadanía que nos permite vivir en nuestra tierra natal, el Reino de los Cielos liberado donde no hay Caída y servir a Dios como nuestro Padre." (30.3.2006)

Reflexiones sobre las Palabras del Padre Verdadero

Padre Verdadero solía usar la palabra "raíz" muy seguido como una metáfora, especialmente en referencia con el linaje ¿Qué significa, cuando se dice que los órganos sexuales son la raíz del universo? Adán y Eva fueron creados como los hijos de Dios. Ellos debían heredar el linaje de Dios y dar a luz a hijos e hijas usando sus órganos sexuales acorde a Su diseño. Porque los órganos sexuales crean una relación de sangre, ellos son la raíz del linaje y eso significa que por medio de ellos, el amor de Dios puede expandirse para siempre.

Cuando Adán y Eva mal usaron sus órganos sexuales, la raíz original fue profanada. Consecuentemente miles de generaciones creadas para ser los hijos de Dios, en cambio, nacieron en el linaje de Satanás. Fuera del amor incondicional y el compromiso. Dios se determinó a revertir este trágico curso de la historia y proveer una forma de recuperar Su linaje perdido.

Estamos viviendo en la era de la gracia cuando podemos recibir la Bendición Matrimonial de los Padres Verdaderos y cambiar nuestro linaje de Satán, volviendo al de Dios. El Padre Verdadero nos dice que para poder retornar a Dios debemos cortar todos los lazos del mundo satánico e injertarnos en la raíz verdadera. La forma en la que el hombre y la mujer usan sus órganos sexuales determina a qué linaje ellos se perpetuarán. Esposos y esposas Bendecidas hacen un compromiso de preservar sus órganos sexuales exclusivamente para ellos y crean familias radiantes, quienes entiendesn y practican la intimidad celestial. Desde estas familias, el linaje de Dios empieza y se expande.

Cómo Hacerlo Real

Las raíces son el ancla del árbol, como los cimientos de una casa, siendo el apoyo de todo lo que está encima. Proveen un sistema en el cual los nutrientes pueden ser recolectados desde el suelo y transportados a las ramas y hojas. Las raíces de los árboles sorprenden e impresionan a los ingenieros quienes desearían poder construir dichos sistemas tan complejos y eficientes. Las raíces saben dónde encontrar la materia orgánica más rica y agua en los primeros 50 cm del suelo, pero el sistema de raíces del árbol puede extenderse más allá que eso. Un árbol puede tener cientos de miles de raíces, algunas tan delgadas como el cabello humano. La calidad de vida de un árbol depende de sus raíces.

Un Cerezo Antiguo y Saludable en Japón

Jindai Zakura (神代桜), este cerezo está en la ciudad de Yamanashi, Hokuto, tiene alrededor de 2000 años de edad. Este cerezo es el sakura (cerezo) más viejo en Japón y posiblemente del mundo, pero aún así florece cada primavera. En 2011 este árbol sobrevivió a un terrible terremoto. Siglos antes, pudo soportar incontables desafíos como guerras y hambrunas ¿Cuál es el secreto de su éxito? ¡El sistema de raíces! Un cerezo tiene un sistema intrínseco de grandes y permanentes raíces, con una red de pequeñas raíces que alimentan al árbol. Este sistema complejo bajo el suelo asegura una larga vida al cerezo. Cuando se lo cuida apropiadamente, un árbol puede sobrevivir para cumplir su propósito, floreciendo cada primavera.

La historia del cerezo es aquella que relata una vida exitosa que trae alegría a todos los que la contemplan. Cuando nos comprometemos a cuidar de las raíces, que nos conecta con nuestros ancestros, descendientes y con Dios, estamos invirtiendo no sólo en nuestra Bendición Matrimonial, sino también en el hermoso ideal de Dios para todo el universo. Nada puede hacer lo que los órganos sexuales pueden hacer, su función es irremplazable y única. Esa es la razón por la que el Padre Verdadero llama a los órganos sexuales la raíz del universo. Él dice que son el palacio del amor, la vida y el linaje. A través de las relaciones sexuales, esposo y esposa alimentan su amor entre ellos, en su largo viaje hacia la perfección.

Puntos a Considerar/Actividades

- ¿Alguna vez has buscado información sobre tus ancestros? Si lo has hecho ¿Qué pudiste encontrar?

- ¿Qué tipo de legado te gustaría dejar?

- ¿Cómo las Parejas Bendecidas pueden cuidar sus raíces?

Encrucijada

¿Se han preguntado alguna vez cómo sería su vida, si hubieran tomado una decisión diferente sobre algún aspecto importante? Cuando vemos atrás, en alguna de estas encrucijadas, nos damos cuenta de que en ese momento no podríamos haber imaginado a dónde nos llevaría esa decisión. A veces, consideramos cuidadosamente lo que podría pasar más adelante, pero en otras ocasiones tomamos la decisión que nos parece más fácil. El Padre Verdadero entiende el significado de nuestras decisiones, especialmente las que tienen que ver con el sexo. Sus palabras pueden causar conmoción al inicio pero cuando se entiende el corazón detrás de ellas, sentimos gratitud.

Palabras del Padre Verdadero

202. "Si ustedes usan su órgano sexual como un ciego que ha perdido la orientación, este sin duda les llevará, por ser su dueño al infierno. Por el contrario, si usan sus órganos sexuales de acuerdo al estándar del amor absoluto de Dios, serán llevados al Cielo. Es una conclusión contundente. Hoy nos enfrentamos a un serio problema en la juventud porque Adán y Eva, durante su juventud, plantaron la semilla del sexo libre en la sombra, a través de su caída en el Jardin del Edén. En los Últimos Días, el tiempo de cosecha, aparecerá el fenomeno a nivel mundial, del desenfrenado sexo libre entre los jóvenes." (15.9.1996)

203. "Ustedes tienen que saber que los órganos sexuales fueron el punto de división entre el Cielo y el infierno. Si los usan erróneamente, estarán confinados en el infierno; pero si los usan correctamente,

automáticamente alcanzarán el Cielo. Solamente hay un punto de inicio, no dos. Esto nos muestra la importancia del acto de amor. Cuando todos los hombres y mujeres regresen a su casa y digan: "Ahora ya sé la verdad. Vamos a ponerla en práctica de ahora en adelante. Es la base de la esperanza para nuestra familia," entonces, la liberación universal ocurrirá. La conclusión es que, en concordancia con la proclamación universal, debemos comprender su contenido y preservar la santidad de los órganos sexuales." (24.5.1996)

204. "¿Dónde comenzaron el Cielo y el infierno? ¿En las nubes? ¿Dónde? En los órganos sexuales. Esto tiene que ser serio. Los órganos sexuales pusieron de cabeza el Cielo y la Tierra ¿Puede esto ser negado? No hay manera de negar la lógica de la Caída Humana en el Principio Divino del Reverendo Moon. Pregunten a Dios, examinen todo. Sin recibir ninguna respuesta a todo esto, no se podrán oponer a lo que he ordenado sistemáticamente, incluyendo los contenidos y teorías que ustedes jamás imaginarían, ni aún en sus sueños." (1.8.1996).

205. "En el mundo Satánico de hoy, los órganos sexuales han arruinado todo. El sexo libre, la homosexualidad y las drogas, están dominando la sociedad al máximo. Las drogas hacen que pierdan sus sentidos; convierten a los seres humanos en animales. Hacen que ustedes tengan solamente pensamientos como de animales. El Reino de los Cielos, por otra parte, es diametralmente opuesto a esto. Sigue el concepto, no del sexo libre, sino los del amor absoluto, único, incambiable y eterno, que los conectan instantáneamente al Reino de los Cielos. Cuando tal fundamento se establezca en la tierra, esto será el Reino de Dios en la Tierra. Esta es una conclusión lógica e innegable. Ustedes deben ejercitar gran cuidado y preocupación por el fundamento del amor.» (26.5.1996)

206. "¿Qué es la Caída? ¿Cuál es el problema fundamental? Es que Adán y Eva consideraron que sus órganos sexuales les pertenecían a ellos mismos y actuaron libremente. Si hubieran alcanzado la completa madurez centrándose en Dios, lo de Adán habría pertenecido a Eva y lo de Eva a Adán, y a través de ellos se establecería el fundamento de amor absoluto con el Dios eterno. Pero, por el contrario, ellos fueron infieles y se apropiaron de los órganos sexuales. Por consiguiente, ese fundamento fue completamente destruido. Aquellos que viven para sí mismos, están confinados en el infierno y quienes viven para sus cónyuges irán al Cielo. Este es el punto crucial, la encrucijada. Los órganos sexuales son la frontera entre el Cielo y el infierno. Ustedes tienen que saber esto." (1.11.1996)

207. "A través de la historia, los órganos sexuales han sido considerados como los más malos, piensen en eso. Los puntos de inicio del Cielo y del infierno conducen a direcciones diametralmente opuestas. Hasta ahora, la humanidad era totalmente ignorante del hecho de que los órganos sexuales verdaderos, son el punto de inicio del Reino de los Cielos, y que los órganos sexuales falsos lo son del infierno. Tal es la importancia del órgano sexual. El mal uso de los genitales conduce al infierno y el uso correcto del amor conduce al Cielo. Es así de simple." (26.5.1996)

208. "¿Cuál es el fruto del bien y del mal? Se convierte en bueno, si ustedes entran en una relación con un hombre bueno: si se casan con un rey, ustedes darán a luz un príncipe, pero si se casan con el jefe de la mafia, darán luz a un futuro jefe de la mafia. Eso significa que el fruto del bien y del mal; es lo que puede producir el fruto del bien o del mal; es el órgano sexual femenino. Este órgano sexual no debe ser violado." (16.4.1997)

209. "Todo fluye verticalmente, confluyendo y dando fruto en los órganos sexuales. De esa manera todo está enlazado, sea malo o bueno. De aquí que, las personas que los usan bien se convierten

en personas buenas, y quienes los usan mal llegan a ser las peores personas." (11.11.1996)

210. "Nunca es Dios el que envía gente al infierno, cuando la gente se va al mundo espiritual, va al infierno por sí misma. Cuando la gente que vivió una vida mala se va a lugares de bondad, no puede respirar... ¿Quién manda a la gente al infierno? No es Dios. Ustedes se van al infierno por ustedes mismos." (25.2.1990)

211. "Por lo tanto, el Cielo no es un mundo que se encuentra en el espacio del otro lado de la galaxia, ni tampoco es un producto de la imaginación que existe sólo en el cerebro humano. Se refiere al reino sustancial, el cielo en la tierra, que sólo se puede crear cuando ustedes llevan vidas dirigidas por el amor verdadero. Cuando dejen este mundo físico sobre ese fundamento, ustedes automáticamente entrarán en el Reino de los Cielos en el mundo espiritual. Esto significa que sólo si ustedes han llevado una vida celestial en la tierra, pueden llevar tal vida también en el Cielo." (4.10,2006)

212. "Ustedes, los jóvenes, están de pie en la encrucijada del bien y del mal. Si dan un paso en falso, podrían caer en un pozo de muerte empinado y profundo. Aunque sea difícil, den el paso que los haga mantenerse firmes. Entonces podrán ser príncipes y princesas victoriosos que miran hacia la esperanza de un mañana brillante que se encuentra en el horizonte. Por lo tanto, tienen que vigilar cada paso. Tengan cuidado al caminar por el camino cubierto de nieve." (16.7.1972)

213. "Queridos invitados, ¿conocen la línea divisoria entre el Cielo y el infierno? ¿Está en el aire? ¿Está en el santuario de una iglesia? ¿Está en un gobierno nacional? No, la línea divisoria entre el cielo y el infierno se encuentra en sus órganos reproductores. Ahí fue donde ocurrió la mayor tragedia de la historia de la humanidad, que puso patas arriba el cielo y la tierra. Si utilizan su órgano reproductor de manera ciega e imprudente, seguramente irán al infierno. En

cambio, si lo utilizan de acuerdo con la norma del amor absoluto de Dios, irán al Cielo ¿Quién puede negar esto? Si lo dudan, les pido que lean cuidadosamente el Principio Divino, que contiene las leyes del Cielo que me fueron reveladas. Si eso no satisface sus dudas, por favor oren sinceramente al respecto. Estoy seguro de que Dios responderá sus plegarias." (26.10.2004)

Reflexiones sobre las Palabras del Padre Verdadero

El Padre Verdadero descubrió el poderoso rol de los órganos sexuales, dándose cuenta del sueño de Dios. Adán y Eva tenían la elección de obedecer al mandamiento de Dios de usar sus órganos sexuales en la forma que él lo quería. Su decisión fue desobedecer y eso los llevó a ellos y al resto de la humanidad en un camino muy doloroso. El camino que no tomaron debió haber sido un viaje hermoso y próspero hacia la realización del ideal de Dios. En la encrucijada, ellos desafiaron a los Padres Celestiales, arruinando todo. El error de un solo momento empezó la historia de sufrimiento que continúa hasta hoy en día.

La visión del Padre Verdadero sobre cómo el primer hombre y la primera mujer, se separaron de la idea de que Dios puede ayudarnos a tomar mejores decisiones con nuestra pureza. La inclinación hacia tomar la decisión equivocada está siempre con nosotros, pero ahora estamos mejor informados sobre las serias consecuencias de nuestras decisiones. El Padre Verdadero nos alienta a parar en las encrucijadas y mirar más allá a la distancia hacia el lugar donde Dios nos está guiando ¿Podemos ser firmes al enfrentar decisiones difíciles?

De la misma manera que nuestros ancestros originales, muchas veces nos encontramos en el camino, debiendo tomar decisiones sobre nuestra integridad sexual. El Padre Verdadero compara estos momentos con una encrucijada hacia el Cielo o el infierno porque él sabe que si vamos en una dirección podemos crear una vida hermosa y feliz, para nosotros y nuestra familia. Si vamos en la otra dirección, nuestra vida será difícil y causará mucho sufrimiento.

El Padre Verdadero quiere que evitemos las consecuencias naturales que provienen de nuestros errores, así que él nos da una advertencia dura. A pesar de las palabras fuertes, él claramente nos enseña que el infierno no es una circunstancia permanente, es una decisión que tomamos. Dios nunca se rendirá ante sus hijos. Como un Padre Celestial amoroso y que perdona, siempre proveerá un camino para que cada persona pueda alcanzar el Cielo ¿Podemos de la misma manera ser personas quienes proveen un camino para nosotros mismos y los que amamos, podamos alcanzar el Cielo?

Cómo Hacerlo Real

¿Han tenido problemas al enfrentar encrucijadas o se han sentido indecisos sobre la decisión que les llevará a un camino u otro? Dependiendo del camino que elijamos, nos permitirá terminar en un lugar mejor o en uno peor. Cuando tomamos repetidamente decisiones saludables establecemos buenos hábitos que nos llevan a una vida plena y feliz. Desafortunadamente lo opuesto también es una verdad, decisiones egoístas y no saludables nos pone en un camino conflictivo, llenos de problemas y arrepentimiento.

Una de las encrucijadas más difíciles que enfrentamos en la vida, es como decidimos usar nuestros órganos sexuales. La promesa de una gratificación instantánea puede ser fácil y tentadora, pero el placer que experimentamos es siempre muy breve, puede ser tentador ver pornografía en medio de la noche cuando estamos solos, pero eso nunca nos podrá llenar. Mal usar nuestra energía sexual lentamente erocionará nuestra disciplina, una cualidad que es necesaria para ser un cónyuge y unos padres amorosos. Cuando una adicción seria se desarrolla, puede llevar a lastimar el corazón y crear una tragedia, para el individuo y para todos los que ama. Nuestra habilidad para experimentar verdadera intimidad puede desvanecerse, mientras esos hábitos se perpetúan.

Cuando tomamos la decisión de aplazar la gratificación inmediata, estamos invirtiendo en nuestra felicidad presente y a largo plazo. Cuando reservamos nuestra energía sexual exclusivamente para nuestro cónyuge, se convierte en un lazo poderoso. En el matrimonio cuando ambas partes viven por el bien del otro, hay comodidad, conexión y empoderamiento. Esta pareja cumple sus altas aspiraciones para el amor. Ellos lideran una vida feliz y productiva, que es una inspiración para otros.

El camino que lleva a un estilo de vida el cual Dios diseñó para nosotros, es sin duda, un camino difícil. Es probable que nos enfrentemos a muchas encrucijadas en nuestra vida. Volver al camino correcto después de cometer algún error, empieza con la honestidad y buscando ayuda. Los Padres Celestiales tienen un gran corazón y siempre nos brindarán una forma de volver a la vida a la que estamos destinados a vivir. Con gracia y mucho esfuerzo lo que se rompe, puede ser enmendado.

Dividiendo el Átomo

Dios creó los átomos como el bloque de construcción básico esencial para todo en el universo. La cabeza del alfiler está hecha de millones y millones de átomos y en cada uno de ellos existen partículas más pequeñas. En los años 1940, científicos descubrieron el proceso para poder liberar la poderosa energía que se encontraba en las partículas subatómicas, dividiendo los núcleos del átomo. Lo que era considerado un descubrimiento milagroso, terminó en consecuencias catastróficas.

La bomba atómica que golpeó a Hiroshima en la mañana del 6 de Agosto de 1945, pesaba más de 4.000 kilos y fue lanzada con un paracaídas desde un avión Estadounidense. Cuando la bomba explotó 600 metros sobre el suelo, creó una devastación repentina y rápida con el calor, luz, ondas de choque y radiación nuclear.

Casi todas las estructuras en un radio de 1,6 kilómetros fueron arrasadas, pero el costo de vidas humanas fue la más trágica consecuencia. Fue estimado que esta bomba mató a 80.000 personas de manera inmediata sólo en Hiroshima. Las explosiones de las bombas, las tormentas de fuego y el envenenamiento agudo por radiación acabaron con la vida de 200.000 personas en Hiroshima y Nagasaki. Un gran número de civiles continuaron muriendo por años, debido a los efectos de las quemaduras, radicación, enfermedades y otras lesiones.

La energía nuclear ha causado devastación extrema, pero también tiene el potencial de producir increíbles beneficios. La bomba de Hiroshima tenía 15 kilotones que podrían abastecer de energía a Los Ángeles por una semana,[22] cuando se compara con otras fuentes de energías, la energía nuclear es mejor para el ambiente y su eficiencia es invencible. Puede liberar un millón de veces más energía que los combustibles fósiles. ¡Un submarino de propulsión nuclear puede viajar bajo el agua durante todo un año sin parar! ¡Imagina eso!

El Camino que Elegimos

La energía nuclear y los órganos sexuales tienen algo en común. Ellos tienen el potencial de contribuir a un mundo próspero o pueden traer devastación, esto depende enteramente de como decidimos usarlos. Las consecuencias del mal uso del sexo son más sutiles que las tormentas de fuego provocadas por explosiones nucleares, pero aún así son parte del día a día de la sociedad.

Este mundo está lleno de ejemplos de la fuerza destructiva del sexo cuando es mal usado. Ni una sola semana pasa sin noticias sobre un escándalo de un político, líder religioso o celebridad quienes, con sus indiscreciones han destruido sus relaciones, reputaciones y carreras. Cuando el sexo se vacía de respeto y compromiso, lleva a una pérdida de intimidad. Sin el entendimiento de la visión de Dios para el sexo, no podemos tomar acción efectiva contra estos grandes problemas sociales, como el tráfico humano y la pornografía. Estos problemas complicados inevitablemente llegan a la familia e influencian la forma en el que vemos al sexo.

Las encrucijadas en nuestras vidas siempre son momentos de desafío, pero también una gran oportunidad. Las decisiones que tomamos sobre el sexo tienen un gran y profundo impacto en nuestras vidas. Anhelamos el gozo de una relación sexualmente plena, con amor verdadero que dure para siempre. Cuando nos encontramos en un punto de retorno, podemos avanzar hacia la vida excepcional que imaginamos. Al igual que la energía nuclear, el sexo es una fuerza increíblemente poderosa que debe usarse de acuerdo con su verdadero propósito, si queremos experimentar los abundantes frutos que

---

22. Nikolas Martelaro, "Turning Nuclear Weapons into Nuclear Power," (course work, Stanford University, March 23, 2017), http://large.stanford.edu/courses/2017/ph241/martelaro2/.

se supone que debe brindar. La elección correcta en la encrucijada puede ser impopular o menos transitada, pero marcará la diferencia. Como dice Robert Frost:

"Dos caminos se bifurcaban en un bosque y yo,
Yo tomé el menos transitado,
Y eso hizo toda la diferencia"

Puntos a Considerar/Actividades

- Comparte un momento de tu vida, cuando estuviste en una importante encrucijada, donde tus decisiones pudieron llevarte a diferentes resultados.

- ¿Qué te ayudó a tomar esa decisión? ¿Pediste a alguien un consejo? sí lo hiciste ¿Cuál fue el consejo?

- ¿Qué piensas sobre la analogía del Padre Verdadero de que la mayor encrucijada de la vida, es el cómo usar los órganos sexuales?

La Odisea

La Odisea de Homero es un clásico griego, parcialmente inspirado por un tema eterno que es la tentación. Es tan relevante para nosotros ahora, como lo era para los antiguos griegos. Otro escritor griego famoso, Esopo, escribió fábulas, como esta sobre la tentación.

Un día un apicultor dejó un recipiente de miel en una mesa de picnic fuera de su casa. El dulce olor de la miel atrajo a una familia de moscas. Las abejas que hicieron esa miel se percataron de las moscas y les advirtieron: "Tengan cuidado, no es seguro, no vayan hacia allá o se quedaran atrapadas", las abejas se juntaron alrededor del recipiente formando una pared previniendo que las moscas se queden atrapadas en la miel. Las moscas traspasaron y comieron vorazmente, sin darse cuenta de que sus alas y piernas se quedaron atrapadas en la pesada y pegajosa miel. Sin poder volar o caminar fuera del recipiente, toda la familia de moscas se ahogó en la deliciosa pero peligrosa miel.

Dios nos da advertencias para ayudarnos a evitar situaciones donde podemos quedarnos atrapados, inconscientes del peligro inminente. Las enseñanzas del Padre Verdadero sobre la tentación sexual revelan la importancia de ser educado sobre estas tentadoras y peligrosas presencias en nuestra sociedad.

Palabras del Padre Verdadero

214. "Cuando un hombre entra en un estado espiritual de profunda oración, siempre aparece una mujer para tentarlo. Algo así ocurre inevitablemente, perturbando el sendero religioso ¿Por qué es así? Es porque la historia original fue formada por el amor ilícito.

Es admirable el hecho de que la enseñanza, afirmando que Adán y Eva cayeron distantes de Dios al comer el fruto del árbol del conocimiento del bien y del mal, ha permanecido intacta a lo largo de 2000 años." (17.2.1971)

215. "El sexo libre desenfrenado en este mundo, es una trampa que Satanás ha hecho para que la gente caiga y para evitar que se acerquen a Dios. Una vez capturados, mueren y son controlados por Satanás, convirtiéndose en su presa. En las sociedades occidentales de hoy, en los Estados Unidos en particular, debido al predominio del sexo libre, es cada vez más y más difícil formar familias ideales, y el número de personas que fracasan en formar familias está aumentando diariamente, de tal manera que, en un tiempo no muy lejano, la mayoría de la población no tendrá familia ninguna." (1993)

216. "Los órganos sexuales del hombre y la mujer son como una trampa de una serpiente venenosa. Ellos son como una trampa de una serpiente venenosa ¿Qué significa que la serpiente tentó a Eva? Es una referencia al órgano reproductivo ¿Acaso no hay muchas mujeres cuyos órganos femeninos son más mortales que los de una víbora? Los hombres también ¿ellos no usan acaso su órgano reproductivo con forma de serpiente, para tentar y seducir a las mujeres? Si por error muerden el anzuelo, estarán en serios problemas. Por esta razón puede perecer una nación; incluso el mundo puede perecer. De hecho, puede bloquear su camino al Cielo y a la vida eterna." (16.2.1992)

217. "A través de la Caída, Satanás inyectó diabólicamente el egocentrismo en la relación mente-cuerpo. Plantó este hongo venenoso en el corazón humano. Aunque el abrazo del egocentrismo puede conducir a una bella apariencia, a la fama mundana y a la comodidad terrenal, es una trampa. Entrar en ella

es una imprudencia, pues se convierte en una adicción y conduce a un sufrimiento oculto del que es difícil escapar." (26.10.2004)

218. "¿Creen que soy un hombre diferente por ser quien soy? No soy inmune a la tentación. Soy aún más receptivo a todo tipo de sensaciones. Si no supiera cómo controlarme, reaccionaría aún más fuertemente que ustedes a tales estímulos. Entonces, ¿creen que mis luchas son más fáciles que las suyas o más difíciles? Tuve que luchar cien veces más duro, para controlar esas sensaciones y obtener la victoria para Dios y la humanidad." (1.6.1983)

219. "El diablo destruye completamente los órganos sexuales de la mujer y luego los utiliza para destruir al hombre... Una vez que el hombre es incendiado por la lujuria, puede hacer cosas escandalosas arrojando su dignidad y honor." (28.12.2007)

220. "Mediante el mal uso de tus órganos sexuales podrías destruir a tu familia o a la nación. El enemigo más temible del mundo es el linaje, el órgano sexual, si lo utilizan indebidamente. El Reino de Dios podría ser destruido. Nuestros cinco sentidos no deben ser utilizados indebidamente-manipulados por el deseo sexual. Debe haber una unidad absoluta entre la mente y el cuerpo." (18.12.2001)

221. "Satanás, bajo un disfraz, los tentará diciendo que va a hacer de ustedes lo que deseen ser. A los miembros varones se les puede aparecer una chica bellísima y tratar de tentarlos. En el nivel terrenal no puedes evitar ser tentado por tal belleza ¿Qué harán? Contéstenme. Serán seducidos si están distraídos y no pueden comprometerse a velar con seguridad por sí mismos. Si es así, se derrumbarán en las manos de Satanás ¿Qué harán? Cuando se enfrenten a algo, piensen en las cosas, bajo la luz del Principio Divino." (13.2.1974)

222. "Si llega ese tipo de tentación, por muy hermosa que sea esa chica,

deben arrodillarse ante Dios y preguntarle qué hacer y Él les guiará ¿Entienden? Esto significa que tienen que rezar. Cada vez que venga una tentación, deben rezar, rezar para tomar una decisión. Por ejemplo, las mujeres, algunas de ustedes pueden pensar: "Bueno, tengo más de 30 años ¿cuándo podré casarme? Y llega, sin duda, un hombre guapo que les tienta. Parece un rey y parece que está capacitado para todo ¿Qué vas a hacer? Esto no es para reírse. Puedes caer en la tentación. En ese momento debes arrodillarte ante Dios en oración, pregunta en tu oración. Lo que Dios va a hacer de ti y lo que yo voy a hacer de ti, es que te conviertas en la persona que puede vencer a Satanás, vencer el camino terrenal ¿Se dan cuenta de eso?" (13.2.1974)

Reflexiones sobre las Palabras del Padre Verdadero

La explicación del Padre Verdadero sobre la Caída ofrece una visión valiosa hacia el peligro de la tentación sexual en nuestras vidas. Él describe los pensamientos y acciones del primer hombre y la primera mujer que terminaron en el mal uso de sus órganos sexuales. Aunque ellos eran inocentes y completamente puros, Adán y Eva fueron susceptibles al engaño, y a completas mentiras, dejándolos vulnerables a la tentación sexual. Aprendemos como Lucifer, un astuto ángel motivado por sus pensamientos egoístas, convenció a Eva a ignorar la palabra de Dios y enfocarse en sus propios deseos. El mensaje de Padre Verdadero es una apelación a ser proactivos, pacientes y prepararnos para no convertirnos en víctimas de la tentación.

Cuando nos embarcamos en un camino religioso, siempre aparecerá un amor egoísta que servirá de trampa para que caigamos en ella, si no somos cuidadosos. Siempre nos llevará a sufrir y es difícil escapar. El Padre Verdadero usa una serpiente venenosa como una metáfora para describir a los órganos sexuales y nos advierte que Satanás puede disfrazarse en la forma de una hermosa mujer o un hombre bien guapo, quienes hacen falsas promesas. Él describe en su propia experiencia, como encontró todo tipo de tentaciones, pero eventualmente obtuvo la victoria para Dios y la humanidad. Cuando oramos y preguntamos a Dios por ayuda, con una mente abierta y un corazón humilde él nos guiará. Podemos preguntar a Dios ¿en qué tipo de persona quieres que me convierta?

Cómo Hacerlo Real

Literatura, poesía y música han provisto de infinitas variaciones en el tema de la tentación sexual y sus trágicas consecuencias ¿Por qué este tema es tan popular? Audiencias y lectores se conmueven con historias que son reales para ellos. Muchos de nosotros conocemos a personas que han sido explotadas sexualmente. Víctimas de explotación sexual, experimentan un miedo paralizante y vergüenza, que puede ensombrecerles para el resto de sus vidas.

Tentaciones sexuales que nos influencian a tomar malas decisiones son muy comunes. Una colegiala que se obsesiona con alguien mayor, quien parece ser más sabio y atractivo que los chicos de su misma edad. Ella empieza a pasar mucho tiempo con él, lo cual puede fácilmente resultar en consecuencias imprevistas y negativas. Un esposo empieza a pasar mucho tiempo fuera de la oficina con una colega que es atractiva para él, es otra situación que puede terminar en consecuencias negativas. Como Adán y Eva, tendemos a justificar nuestras acciones y a esconderlas de las personas que nos aman. La atracción sexual es una fuerza poderosa e implacable que puede dañar si no se la usa correctamente.

El siglo XXI ha traído una nueva forma de tentación sexual a una escala sin precedentes. La pornografía en internet está influyendo en las actitudes de las personas hacia el sexo, de una manera nunca antes vista ¿Qué la convierte en un fenómeno así? La pornografía actual es accesible, agresiva, asequible, anónima y adictiva. Estas cinco As de la pornografía en internet, están alimentando la mayor amenaza a la integridad sexual que el mundo haya visto jamás. En generaciones anteriores, la pornografía suave estaba disponible principalmente a través de libros, revistas y películas. Si una persona quería ver pornografía, tenía que salir a buscarla. Para la mayoría de los posibles consumidores, simplemente no era accesible o no valía la pena correr el riesgo. Al entrar en la era de la red mundial y encontrarnos en una situación en donde todo, desde trajes de baño deshonrosos, hasta los videos más viles y gráficos, está fácilmente al alcance, no sólo en el hogar sino también en nuestro bolsillo. Miles de millones de imágenes lascivas están disponibles en la web sin costo alguno. El acceso a la pornografía en internet no requiere un contacto cara a cara con el proveedor y ofrece un bajo riesgo de detección. Su naturaleza anónima crea la percepción de ser inmune a las consecuencias.

El Padre Verdadero enfatiza la seriedad que debemos tomar al respecto de la tentación sexual. El corazón de Dios es uno de compasión y gracia, pero el camino para regresar después de cometer estos errores puede ser difícil. Podemos fácilmente desanimarnos e irnos con sentimientos de vergüenza, seguido de recompensas a corto plazo en el ámbito sexual. Hace falta un gran coraje y disciplina para poder reconocer nuestros problemas y cambiar nuestro comportamiento. Lo más sabio es evitar a toda costa este camino doloroso desde el inicio.

La Odisea

La seducción siempre es engañosa, pero no es siempre sutil. En el antiguo cuento de Homero, *La Odisea*, Odiseo se enfrenta a una forma de tentación muy obvia y descarada.

El protagonista, Odiseo, intenta volver a casa con su familia. Encuentra muchos obstáculos puestos por dioses celosos que quieren evitar su regreso. Una de las pruebas más fascinantes a las que se enfrenta Odiseo, es cuando su barco pasa por una isla peligrosamente rocosa donde viven las infames y hechizantes sirenas. Se trata de criaturas empeñadas en la destrucción, con cuerpos de pájaros emplumados y grandes cabezas de mujer. El atractivo seductor de las canciones de las sirenas es mortal, ya que los marineros, hechizados por su música, conducen sus barcos hacia las rocas y se estrellan. La isla está llena de cadáveres.

"¡Odiseo famoso, gloria de los aqueos, ven aquí! Acércate y detén la marcha de tu nave para que escuches nuestra bella voz. Nadie ha pasado por aquí en su nave sin escuchar la suave voz que fluye de nuestra boca, sino que se marchan tras

recrearse en ella y aprender muchas cosas. "[23]

Cuando su barco se acerca a la Isla, Odiseo astutamente hizo que los tripulantes taparan sus orejas con cera para que no puedan escuchar. Luego les dice a los marineros que lo amarren al mástil sin cera para bloquear el canto y les ordena que lo mantengan atado mientras navegan por la isla. Él sabe que si lo desatan, se arrojaría al mar y se ahogaría. Su barco navega con éxito más allá de la isla rocosa y el héroe se enfrenta a aventuras más emocionantes.

Es importante entender que la seducción puede tener varias formas. Nuestras tentaciones pueden ser más sutiles que la que Odiseo enfrentó. De todas formas, la pérdida de control que experimentamos puede ser la misma. Puede que no estemos en un barco que está destinado a zozobrar en las rocas, pero podemos ser confrontados con un peligro real que puede hacer naufragar nuestras vidas y también las de personas que nos aman. Es por esta razón que necesitamos que otros nos ayuden, como Odiseo que tenía a sus marineros que lo apoyaron. Dios quiere que estemos alerta así podemos ver el peligro que está más adelante. Si estamos decididos a zarpar hacia está costa lejana de una feliz y emocionante bendición matrimonial, tendremos que navegar alrededor de las peligrosas rocas que encontraremos en el camino.

Puntos a Considerar/Actividades

- ¿Cómo te sientes cuando cedes a la tentación? ¿Cómo te sientes cuando superas una tentación?

- ¿Qué puedes hacer para protegerte de tentaciones sexuales? ¿Con quién puedes hablar cuando se enfrentan a una tentación muy grande?

---

23. Homero, *La Odisea*. Traductor José Manuel Pabón. Madrid: Gredos, 2008, 277.

Inmoralidad y Juventud

Durante el siglo pasado, las actitudes sobre el sexo han cambiado drásticamente. Muchas actividades sexuales que son aceptadas hoy en día, eran un crimen hace un siglo atrás. En ese entonces, era un escándalo que una mujer muestre sus tobillos en público y las personas podían ser arrestadas por tener sexo sin estar casados. La evidencia más grande de este cambio, es la postura mayormente aceptada con la industria multibillonaria de la pornografía. Hoy en promedio, los adolescentes pueden ver más desnudos en una tarde que sus abuelos en toda su vida ¿Cómo podemos proteger a los jóvenes de esta cultura pornificada?

Palabras del Padre Verdadero

223. " Hoy nos enfrentamos a un serio problema en la juventud porque Adán y Eva, durante su juventud, plantaron la semilla del sexo libre en la sombra, a través de su Caída en el Jardín del Edén. En los Últimos Días, el tiempo de cosecha, aparecerá el fenómeno a nivel mundial de desenfrenado sexo libre entre los jóvenes. Satán sabía que el Señor de la Segunda Llegada vendría en los Últimos Días, con la estrategia de salvar a la humanidad que está en la esfera de la Caída y elevarla a la esfera del amor absoluto centrado en el amor verdadero de Dios. Satán, quien es el arcángel, no encuentra otro estándar de amor que no sea el sexo libre que él introdujo en el Jardín del Edén. Por lo tanto, vemos que el mundo entero está siendo desnudado y empujado hacia la dirección de la muerte debido al sexo libre." (15.9.1996)

224. "Durante el tiempo en que los niños están creciendo, no conocen el amor. En estos días, los niños ven a través de la televisión y a través de los padres, sobre el amor antes de que realmente maduren y sientan por sí mismos. En el caso de Adán y Eva, no tenían nada que ver. No sabían sobre el amor sexual... A través del crecimiento y desarrollo natural, habrían madurado y aprendido a conocer el amor. Entonces Dios podría haberlos bendecido en matrimonio. Sólo debían crecer naturalmente y cuando llegaran al punto en que se conocieran, Dios quería bendecirlos. Es diferente al estado actual de los niños. Saben las cosas antes de madurar realmente." (1965)

225. "Los Padres Verdaderos terminaron todos los preparativos para remover el linaje satánico. La Caída se produjo porque no había ninguna protección. Hemos completado la educación del amor puro en algunas escuelas secundarias. No obstante, se está destruyendo la pureza de los estudiantes. La influencia del internet es terrible ¿Cómo podemos remediar esta situación? Madres y padres de todo el mundo tienen que proteger a sus hijos, porque los padres representan la posición de Dios... Durante su adolescencia, Adán y Eva deberían haberse preparado para encontrar su pareja. Ellos cayeron durante sus años de adolescencia, cuando habían llegado a la cima de la etapa de crecimiento, a pesar de su promesa. Dios no podía intervenir directamente de acuerdo al Principio; por eso, para eliminar el riesgo de caer bajo la soberanía de Satanás, Él les dio la advertencia: 'No coman'." (25.4.1999)

226. "Además, en todas las naciones, ha habido un colapso en la moralidad sexual entre los jóvenes, debido al mal uso de sus preciados y especiales órganos sexuales. Dado que reconocemos claramente que esos jóvenes se casarán y que las nuevas relaciones entre hombres y mujeres resultantes deben ser los requisitos previos absolutos para sentar las bases ideales del futuro de una nación, y la vida o muerte de su historia, sabemos muy bien que el tema de

la ética sexual de los jóvenes es el más importante que debemos abordar. Las personas que no han pensado ni oído hablar de este tema hasta ahora podrían preguntarse ¿por qué necesitamos el concepto de sexo absoluto? Lo necesitamos absolutamente ¿lo entienden?... Ahora nos damos cuenta de que la ética del sexo absoluto, es absolutamente necesaria. Cuando ellos son pervertidos, la destrucción llega a una nación." (2.1.2009)

227. "La historia humana comenzó con el error de Adán y Eva, al dejar el camino celestial de Dios y amarse como deseaban cuando aún eran un niño y una niña de dieciséis años. Podemos decir que la corrupción de los jóvenes de hoy, es el resultado de esta causa. Esto es lo mismo que cosechar cuando llega el otoño. El hecho de que la generación joven actúe como quiera y caigan, es la cosecha de las semillas equivocadas que sembraron sus antepasados. La Iglesia de la Unificación ha aparecido para limpiar y demoler por completo estos problemas." (1998)

228. "Me gustaría transmitirles hoy una enseñanza verdaderamente preciosa. Las personas, en particular los jóvenes, deben comprender correctamente el valor de los órganos del amor y tratarlos con esmero. Los órganos del amor en su estado original son el centro y origen del amor, la vida y el linaje. El fruto completo del amor, así como la concepción de una nueva vida, sólo es posible por medio de los órganos del amor. Sin utilizar los órganos del amor, el linaje de los padres no se puede transmitir a la siguiente generación. Por esta razón, los órganos del amor son las partes más importantes del cuerpo humano. Desafortunadamente, en la sociedad caída moderna, los órganos del amor se usan indebidamente en demasiados casos. La tendencia mundial es que los entornos sociales y culturales que se manifiestan particularmente a través de películas, música, periodismo e internet, están engañando a las personas sobre el uso indebido de sus órganos del amor. Los jóvenes son fácilmente arrastrados por las olas de sexo libre que

están arruinando países y las familias se están separando. Ésta es una trágica realidad. Es hora de que los líderes religiosos y otros líderes de conciencia alcen alto sus voces en apoyo de lo que es correcto." (10.7.2003)

Reflexiones sobre las Palabras del Padre Verdadero

El Señor de la Segunda Venida aparece en los últimos días para salvar a la humanidad, el arma principal de Satanás para controlar a los hijos de Dios es emplear la misma estrategia que usó en Adán y Eva, tentándolos a sumergirse en un sexo "libre" sin principios. Hoy la pornografía de internet y las redes sociales tientan a los jóvenes al mal uso de sus órganos sexuales, alimentando a una pandemia global de inmoralidad entre los jóvenes. Es por este ambiente sin reglas que los niños aprenden sobre el amor antes de estar listos. El Padre Verdadero apresura a los padres en todo el mundo a pararse en la posición de Dios protegiendo a sus hijos y ayudarlos a mantener su pureza, en preparación para la Bendición Matrimonial. Una base para el mundo del bien surge cuando la juventud empiece a vivir en la ética del sexo absoluto.

Cómo Hacerlo Real

Los Padres Verdaderos enseñan que Dios creó a la familia para ser la escuela del amor, donde los miembros de la familia pueden aprender sobre relaciones saludables de amor entre ellos mismos. De todas formas, la realidad actual es que la mayoría de los niños aprenden sobre el sexo de otras fuentes. El quiebre de los valores de la familia tradicional y las normas sexuales que el mundo ha sido testigo durante la última parte del siglo XX se ha acelerado. Las familias se están destruyendo y los jóvenes se están aislando más y más.

La tecnología ha creado un mundo de imitación a través de la pornografía en internet que atrae a los espectadores a una realidad falsa. Los píxeles en una pantalla pueden parecer mucho más estimulantes que las relaciones reales. A los jóvenes se les presenta una visión distorsionada del sexo y adquieren expectativas poco realistas que nunca podrán cumplirse en la vida real. Esto puede llevarlos más profundamente a su propio mundo de fantasía mientras buscan satisfacer su necesidad real de conexión e intimidad. Los niños que adquieren el hábito de la pornografía durante sus años de formación, pueden deformar su modelo sexual. Se condicionan a mirar a las personas como objetos de placer más que como individuos preciosos que tienen un valor único e increíble y, cuya pureza debe ser honrada y respetada. Aún más preocupante es que los jóvenes pueden aprender a asociar la violencia con el abuso con el acto sagrado del amor. En la cultura actual de las relaciones sexuales, los jóvenes pasan de una pareja insatisfactoria a la siguiente, con tanta facilidad como si estuvieran haciendo clic en sitios pornográficos. Esto disminuye su capacidad para desarrollar relaciones auténticas y les hace perder la esperanza de un matrimonio feliz y satisfactorio.

Los Padres Verdaderos enseñan que la raíz de la inmoralidad tiene una causa espiritual que empezó con nuestros primeros ancestros que mal usaron sus órganos sexuales en el Jardín del Edén. Desde ese entonces, la historia ha sido manchada con historias de líderes e imperios que se despojaron de la grandeza por este problema. A pesar de estas fallas morales, las sociedades han buscado siempre proteger a sus hijos. Sin embargo, la cultura de hoy en día ha llegado a un nuevo fondo, en el cual los niños y jóvenes desde 7 años fácilmente pueden encontrar las imágenes y videos pornográficos más viles.

Los Padres Verdaderos han venido para revertir el error de Adán y Eva, modelando y enseñando la ética del sexo absoluto. Ellos han tomado el camino menos transitado e iniciaron un movimiento de amor puro, para poder direccionar esta tendencia destructiva de inmoralidad entre los jóvenes y promover el estándar de Dios del amor en la Bendición Matrimonial. Cuando empezamos a crear familias y comunidades saludables, los jóvenes pudieron recuperar la esperanza para su futuro.

Se Necesita un Pueblo

La mayoría de nosotros hemos escuchado la frase: "Se necesita un pueblo para criar a un niño." Rene Messora, cineasta y madre de un recién nacido, pasó algún tiempo con la gente de Kraho en Brasil. Un día, estaba con una madre Kraho, cuando de repente la madre tomó al bebé de Rene y comenzó a amamantarlo. Esta tribu cree que todos los miembros de la comunidad deben ayudar a criar a los niños. Incluso es común ver a un niño de tres años cuidando a un niño de un año. A los niños se les enseña a ser conscientes de su entorno natural y social, por lo que disfrutan de una relación cercana tanto con la naturaleza como con las personas. Las mujeres se ayudan a dar a luz a los bebés entre ellas y comparten la responsabilidad de disciplinar a todos los niños. Cuando los ancianos señalan un cambio necesario en el comportamiento de un niño, lo hacen con voz severa y sin gritos. Messora señaló en su artículo que los niños Kraho son los más felices que jamás haya conocido.[24]

Otras culturas expresan mensajes similares que guían su estilo de vida en comunidad y enfoques de crianza en los hijos. Un proverbio Suajili dice "Una sola mano no alimenta a un hijo" y otro dicho Sudanés dice "Un hijo es el hijo de todos" animamos a los miembros de la comunidad a estar más comprometidos en un acercamiento colectivo, para criar a sus hijos. En otras palabras, con la interdependencia y apoyo mutuo podemos sobrevivir y prosperar.

La juventud de hoy necesita un pueblo como el de los Kraho en Brasil. Si todos cuidamos de los niños de los demás, podemos superar el entorno peligroso del que se alimentan nuestros jóvenes en nuestros vecindarios, escuelas y comunidades. Un estudio del Grupo Barna que se publicó en The Porn Phenomenon (El fenómeno del porno) afirma que el 72% de los jóvenes de 13 a 24 años buscan pornografía al menos una o dos veces al mes y la mayoría informó que su primera exposición no fue intencional.[25] Dado que la pornografía en internet está en todas partes, no se trata de si su hijo verá pornografía alguna vez, sino de cuándo. Los padres deben

---

24. Rene Messora, "A child raised by many mothers: What we can learn about parenthood from an indigenous group in Brazil," *The Washington Post*, September 6, 2019, https://www.washingtonpost.com/ lifestyle/2019/09/06/child-raised-by-many-mothers-what-we-can-learn-how-othercultures-raise-their-children/.

25. Debby Herbenick et al. "Sexual Behavior in the United States: Results from a National Probability Sample of Men and Women Ages 14-94." The Journal of Sexual Medicine 7, no. s5 (2010): 255-65, doi: 10.1111/j.1743-6109.2010.02012.x.

prepararse para cuando sus hijos vean pornografía y aprender a responderles sin avergonzarlos.

¿Cómo pueden los padres apoyar el interés natural de sus hijos en el sexo, mientras van creciendo en este mundo hipersexualizado? Hay un ejemplo de una mamá en donde su hijo se encontró con un contenido sugestivo en la televisión.

"Recuerdo la mirada en sus ojos como si fuera ayer. Mi dulce hijo estaba navegando por los canales y se detuvo cuando vio a una estrella femenina de rock apenas vestida. Esta mujer se acercó a la pantalla con lo que yo llamo "mirada de pornografía" en sus ojos. Atrás quedaron los días preescolares de la inocencia; mi hijo había despertado al encanto del cuerpo femenino. El día que mi hijo encontró ese video en la televisión, conté hasta 10 antes de responder. Sentí que era mejor reconocer el despertar sexual que estaba sucediendo que alentar una vida de vergüenza, ignorando su interés. `Oye, amigo', dije en voz baja ¿qué piensas de ella? Pensó detenidamente y luego dijo la cosa más profunda: `Creo que quiere ser hermosa, pero está muy confundida'. Apagué la televisión. Luego, le pregunté, qué otros grandes pensamientos estaba pensando. Por lo tanto, comenzó una conversación en curso que ha durado hasta sus años de adulto joven".[26]

La tarea de revertir la dirección inmoral del mundo actual puede parecer imposible, pero cuando un grupo suficiente de nosotros nos involucremos, podremos llegar a un punto de inflexión y cambiar el rumbo de la marea. Podemos resolver el problema de la inmoralidad entre nuestros jóvenes, modelando un estilo de vida de honestidad e integridad sexual, e iniciando conversaciones saludables sobre el sexo. Cuando trabajamos con otros en nuestro barrio, podremos comenzar a contrarrestar la información errónea de las escuelas, el gobierno y los medios de comunicación. Los Padres Verdaderos nos están pidiendo que nos involucremos en el movimiento, para crear una nueva cultura en la que los jóvenes adopten un estilo de vida de pureza en preparación para la Bendición del Matrimonio.

---

26. Dannah Gresh, "Healthy Sexuality: Sending the Right Message to Your Kids," *Focus on the Family*, June 27, 2017, https://www.focusonthefamily.com/parenting/healthysexuality-sending-the-right-message-to-your-kids/.

Puntos a Considerar/Actividades

- ¿Cómo podemos trabajar juntos, como comunidad para proteger a nuestros hijos y ayudarlos a tener un entendimiento sano del sexo?

- Comparte algunos ejemplos de mensajes inmorales en nuestra cultura, a los cuales están expuestos nuestros jóvenes día a día.

- ¿Qué les dirías a tus hijos, si ellos confiesan haber visto pornografía?

Inmoralidad en la Familia y el Mundo

La revolución sexual tomó a los Estado Unidos como una tormenta en los años 1960, los estadounidenses seguidos de personas de otras naciones occidentales y eventualmente la mayoría del mundo, se dieron el permiso de ser "liberados" de todas las restricciones sexuales. Este fue el inicio de una cultura sexualizada que existe hasta hoy, Las cosas que fueron creadas para ser prohibidas y evitadas fueron aceptadas y llevadas a una escala global. Prometió libertad, pero en su lugar esclavizó a los hombres y mujeres, con comportamientos destructivos. El estilo de vida del sexo libre robó a las personas de la conexión plena y profunda que uno sólo puede experimentar, en una relación exclusiva de esposo y esposa.

Palabras de los Padres Verdaderos

229. "La corrupción de los adolescentes y la desintegración familiar son los malos frutos que crecieron a partir de las semillas que plantaron los primeros antepasados humanos. Cuando Adán y Eva cayeron, ellos colocaron a la familia al revés. Los frutos de la Caída se han manifestado en todo el mundo; por eso, ahora es un momento de gran sufrimiento. La familia es la raíz que toca los problemas de todas las sociedades, las naciones y el mundo entero. La gente no sabe qué camino tomar. Es un momento en que los abuelos no pueden cumplir con el papel de abuelos, los padres no pueden cumplir con el papel de padres, los esposos y las esposas no pueden cumplir con el papel de esposos y esposas y los hijos no pueden

cumplir con el papel de hijos. El individualismo egoísta se insertó, bloqueando el camino de Dios, el mundo, la nación y la sociedad." Padre Verdadero (8.4.1997)

230. "La gente dice que hoy es la era de la globalización ¿Cuál es el centro de esta era, como lo describen ellos? Por lo general, hablan de ello en términos económicos, académicos, deportivos, etc. y no entienden cómo la globalización debe centrarse en la familia. Los problemas del mundo no tienen su origen principal en la economía o la política, sino en la familia. Las familias se están desmoronando, especialmente en los países desarrollados. El sexo libre destruyó muchísimas familias. La gente tiene que entender que el movimiento auténtico para la globalización, tiene que basarse en la familia. En otras palabras, la gente tiene que conocer las enseñanzas de los Padres Verdaderos sobre la familia ideal." Padre Verdadero (5.5.1996)

231. "La gente lucha por un amor eterno e inmutable entre un esposo y una esposa, pero aún así no pueden lograrlo, es la separación original de Adán y Eva de Dios, la Caída, que fue causada por el falso amor y el adulterio. Es la razón por la que el pecado original se hereda a través de generaciones y la razón por la que nosotros, en lo que la Biblia llama los últimos días, somos testigos de una inmoralidad a gran escala y de la desintegración familiar. Lo que más le desagrada a Dios es cuando una persona va en contra de la ley del amor y se vuelve inmoral... Estos fenómenos son más espantosos que el hambre, la guerra o cualquier enfermedad ¿Por qué es eso? Estos problemas no son sólo nuestros problemas de hoy, son los problemas que destruirán la esperanza de la humanidad en las generaciones futuras. La inmoralidad de hoy tiene consecuencias directas para nuestros descendientes... La inmoralidad, la promiscuidad sexual y el divorcio son errores graves que violan la ley celestial." Madre Verdadera (23.8.1995)

232. "Entre todas las violaciones, la que más le duele a Dios es el sexo

libre. Un mundo de sexo libre es absolutamente contrario a la Voluntad de Dios. El amor tiene que venir de la estimulación de una emoción pura e inmaculada. Sin embargo, el sexo libre está totalmente desprovisto de la pureza o la verdadera emoción ¿Cuántos de nosotros hemos sido tocados por la crueldad de la infidelidad y el divorcio? ¿Dónde está Dios en una aventura de una noche? ¿Qué hay de los niños que son víctimas de abusos sexuales por parte de un padre o pariente? ¿Merece la pena el sexo libre, si un niño resulta destruido?" Madre Verdadera (28.7.1993)

233. "La literatura, el cine y los medios de comunicación han estado destacando y avivando las llamas del sexo libre. Ahora, los líderes de todas las esferas de la vida, incluídos políticos, empresarios, escritores, periodistas y líderes religiosos, deben unirse para liberar a la cultura de esta obsesión por el sexo libre. Esta enfermedad paraliza a personas, familias y naciones." Padre Verdadero (26.10.2004)

234. "Miren el mundo en el cual estamos viviendo actualmente. Las personas están atrapadas, en la trampa del egoísmo extremo, clamando por ganancia material. Han perdido todo sentido de los valores y el deseo de auto gratificación, los ha arrastrado a las profundidades de la degeneración. El mundo está lleno de alcohólicos. Como si las drogas y el sexo libre no fueran suficientes, están los que incluso cometen incesto, un acto que ni siquiera se observa en el mundo animal, personas que viven con sus cabezas bien erguidas a pesar de haber cometido semejante aberración. Este mundo se ha convertido en un mundo en el cual las bestias con caras humanas deambulan libremente, incluso después de violar mujeres: reinas, abuelas, madres, esposas e hijas. El intercambiar esposas y esposos entre parejas se ha vuelto una actividad desenfrenada. Tales circunstancias representan, sin ninguna duda, el pináculo de la destrucción de la moralidad y el último de los actos caídos. Este mundo se ha convertido en un infierno en la tierra, en la

que ni siquiera podemos soñar con el mundo perfeccionado que incorpora el ideal que Dios previó en la creación." Padre Verdadero (10.4.2006)

235. "Nuestras vidas dan testimonio de la verdad del proverbio: 'Cosecharás lo que siembres' ¿Qué semilla sembraron Adán y Eva en el jardín del Edén? Plantaron la semilla del sexo libre a través de una relación sexual ilícita. Por eso está escrito que después de caer escondieron sus partes bajas. Era cierto que en los Últimos Días, la época de la cosecha, el sexo libre desenfrenado entre los jóvenes se manifestaría en todo el mundo. A través de la promiscuidad, Satanás está llevando a cabo su última campaña para disuadir a cualquiera de regresar a Dios. El objetivo de Satanás es destruir a los seres humanos y perpetuar el infierno en la tierra." Padre Verdadero (26.10.2004)

Reflexiones sobre las Palabras de los Padres Verdaderos

Todos, sin duda, hemos batallado con la pregunta de por qué el mundo se ha convertido en un infierno, lleno de todo tipo de terribles problemas relacionados con el mal uso del sexo. El Padre Verdadero tiene una visión única que explica las causas de este problema. Él nos explica que en el inicio, Adán y Eva compartieron una relación sexual ilícita y plantaron la semilla del sexo libre. El Padre Verdadero contrasta el sexo libre con el sexo absoluto. El sexo libre es vacío de intimidad y persuade a las personas a caer en la trampa del extremo egoísmo. Las familias se rompen y son destruidas.

La creciente tendencia de la literatura, el cine y los medios de comunicación que glorifica esta visión del sexo, preocupa a muchos de nosotros. Entre todas las violaciones, los Padres Verdaderos han explicado que la que más le duele a Dios, es el mal uso del sexo. El sexo absoluto es la forma en que Dios construye familias Bendecidas sanas, amorosas y radiantes, que son la piedra angular de un mundo pacífico. Podemos apoyar esta cosmovisión e inspirar a otros si nos mantenemos unidos frente a nuestras dificultades. Los políticos, empresarios, escritores, periodistas y líderes religiosos deben trabajar juntos para deshacerse de esta cultura y su obsesión malsana con el sexo libre, para ser parte de la creación del mundo que Dios imaginó. La reforma política y económica por sí sola nunca resolverá el problema de la inmoralidad. El mundo necesita verdaderos valores familiares y los verdaderos valores familiares comienzan conmigo.

Cómo Hacerlo Real

El reavivamiento de los verdaderos valores familiares, es el objetivo principal del ministerio de los Padres Verdaderos. El diseño original de Dios era multiplicar la bondad y el amor verdadero a través de la institución de la familia. Los Padres Verdaderos llamaron a la familia "una escuela de amor" porque está destinada a ser el lugar más natural y saludable para criar a un niño. para que se convierta en una persona capaz de dar y recibir amor verdadero. Si bien los avances tecnológicos y médicos mejoran nuestra eficiencia y esperanza de vida, no se han logrado avances comparables en las áreas del bienestar y la felicidad humana. En realidad, tenemos una crisis moral en expansión, con más padres solteros y menos matrimonios.

Los intentos de detener la ola de rupturas familiares no han sido suficientes para cambiar la cultura de manera fundamental. Las actitudes públicas hacia el valor del matrimonio y los valores familiares tradicionales siguen siendo ambivalentes. La convivencia, las familias monoparentales y el divorcio son ampliamente aceptados y se han convertido en la norma, a pesar de la creciente evidencia de su impacto negativo en los niños. Las instituciones religiosas, de las que se espera puedan brindar orientación sobre estos asuntos, están divididas sobre cómo revivir a la vacilante familia y algunos se preguntan si incluso necesitan un resurgimiento. A través de todos los altibajos de la vida, las familias proporcionan un conjunto permanente de relaciones para cuidarnos y ayudarnos a crecer.

La enseñanza central de los Padres Verdaderos sobre la familia es que es esencialmente una escuela de amor. Es la escuela primaria de desarrollo moral y ético, y la fuente de nuestros valores más profundamente arraigados ¿Cuál es el diseño de Dios para la familia? Aprendemos que la familia ideal es donde Dios habita como compañero. Las Familias Bendecidas participan en la obra de Dios al establecer el Reino de Dios, incluso cuando estamos superando nuestras propias deficiencias para convertirnos en familias de amor verdadero. Cuando una familia se entrega a Dios y vive por el bien de los demás, Dios le da su amor a la familia, aliviando sus pesares y transformando sus relaciones.

Cuando contemplamos la vida de hoy en día, con todos estos problemas, especialmente los que ya existen en las familias, no podemos evitar pensar que Dios quiere hacer algo para ayudarnos a limpiar nuestros actos y resolver nuestros problemas. Mientras estos desafíos parecen insuperables, podemos adquirir esperanza de los esfuerzos notables de las personas conscientes alrededor del mundo, quienes encuentran soluciones donde otros piensan que no las había.

Limpieza

Es de conocimiento general que el océano está lleno de basura, desde botellas hasta micro plástico. Muchos de los animales y plantas que viven en el mar están muriendo por esto. De acuerdo con el Programa de las Naciones Unidas para el Medio Ambiente (PNUMA), 13 millones de toneladas de plástico se disponen en el océano cada año y no solo eso, las playas están siendo destruídas por la basura ¿Hay alguna esperanza para limpiar esto?

Una pila de basura de 1,5 metros de altura en una playa en Mumbai no impidieron que Afroz Shah, abogado y ambientalista, aceptara el desafío de resolver este problema. Esto se conoció como "El proyecto de limpieza de playas más grande del mundo", según las Naciones Unidas. En 2015, con la ayuda de un vecino, comenzó a limpiar la playa de basura. En poco tiempo, se le unieron 1.000 voluntarios de todos los ámbitos, ricos y pobres, todos preocupados por salvar la playa. Una vez que la playa fue limpiada de basura, plantaron 50 palmeras cocoteras e instalaron baños. El objetivo del Sr. Shah es plantar 5.000 palmeras cocoteras y restaurar la pristina laguna de palmeras cocoteras a su condición original.

Este es un ejemplo de lo que puede hacer una persona, para transformar un basurero en un paraíso. Nos recuerda una historia sobre una niña en la playa que recogía estrellas de mar varadas y las arrojaba de nuevo al agua. Su abuelo, que la había estado observando en silencio, finalmente comentó:

"Jovencita, ¿no te das cuenta de que hay kilómetros de playa por delante con tantas estrellas de mar? No puedes empezar a ponerlas todas en el océano. No hará ninguna diferencia." Ella respondió sabiamente después de colocar suavemente una en el mar: "¡he hecho diferencia para esa!"

Los desafíos ambientales que enfrentamos hoy parecen insuperables, pero cuando las personas con visión asumen la tarea, hay esperanza. Del mismo modo, cuando miramos los problemas de la inmoralidad sexual, parece imposible revertir esta tendencia histórica y crear una sociedad moral. La visión parece estar enterrada debajo del dolor, el sufrimiento y los errores; es demasiado profundo y ancho. Nos gustaría marcar la diferencia, pero luego pensamos que una persona realmente no puede cambiar las cosas. Padre Verdadero reconoció este desafío y su solución fue crear un movimiento de amor puro basado en la ética del sexo absoluto.

El Padre Verdadero dejó boquiabiertos a la gente cuando pronunció su discurso fundacional en 1996. Instruyó a los jefes de estado para que regresaran a sus países y enseñaran sobre el sexo absoluto, en un esfuerzo total por derrotar la pandemia mundial de inmoralidad. Debido a su clara comprensión y valentía, hay esperanza. Es posible que no podamos cambiar el mundo entero por nosotros mismos, pero al menos podemos cambiar una pequeña parte de él. Como la niña que creía que sus esfuerzos estaban marcando la diferencia, podemos tener fe en que nuestras acciones contribuirán a limpiar el desorden. A medida que cada uno de nosotros modele un estilo de vida de amor puro, crearemos un efecto dominó que se extenderá por toda nuestra comunidad y más allá, construyendo el mundo que Dios originalmente quiso.

Puntos a Considerar/Actividades

- ¿Tienes ideas de cómo tu familia o futura familia pueden intencionalmente ser una escuela del amor?

- Comparte sobre alguna persona que te inspire o grupo de personas que están creando un cambio positivo.

- La siguiente vez que vayas a la playa o a un parque, lleva bolsas para todos en el grupo y recojan la basura que encuentren.

Sección VI:
Restauración

Aprendiendo de Nuestros Padres Sobre el Sexo

Cuando estaban creciendo, ¿qué les enseñaron sus padres sobre sexo? Muchos de nosotros tenemos recuerdos no muy agradables sobre conversaciones con nuestros padres al respecto. La sexualidad ha estado envuelta en vergüenza de inicio a fin en la historia humana, teniendo como resultado que la mayoría de los padres evitan hablar con sus hijos sobre sexo. Padres e hijos normalmente se sienten avergonzados y tímidos sobre el tema, pero si consideramos lo precioso que es el sexo, entonces esta es la educación más importante que los padres pueden dar a sus hijos.

Los Padres Verdaderos establecieron una tradición sagrada cuando educaron a parejas bendecidas en preparación para sus vidas como esposos y esposas. El Reverendo Joong Hyun Pak comparte sobre la educación sobre la intimidad que el Padre Verdadero proporcionó a las primeras parejas bendecidas en la Iglesia de la Unificación. "Participé en la Ceremonia de Bendición Matrimonial de 430 parejas.[27] En ese momento, yo era líder de una iglesia de campaña en Corea del Sur. El Padre Verdadero vino con la Madre Verdadera a mi región. El Padre Verdadero llamó a todas las parejas bendecidas de la Ceremonia de Bendición 430 para que se reunieran.

---

27. La Ceremonia de Bendición Matrimonial es típicamente celebrada una vez al año y es oficiada por los Padres Verdaderos, donde atienden miles de parejas que toman sus votos en matrimonio.

Estábamos en medio de nuestro período de separación de 40 días.[28] El Padre Verdadero se sentó con nosotros y nos enseñó sobre las relaciones sexuales entre marido y mujer. Honestamente, en ese momento, aprecié mucho al Padre Verdadero. Sentí que él era verdaderamente mi padre. padre, generando un sentimiento de cercanía con él. Me dio el secreto más profundo de la vida humana. Eso significaba que él era realmente mi padre. Incluso mis padres físicos no me enseñaron eso, pero el Padre Verdadero lo hizo. Recuerdo haber apreciado profundamente al Padre Verdadero con lágrimas en los ojos".[29]

Palabras del Padre Verdadero

236. "Yo soy el que enseña que los hombres deben convertirse en los dueños que protegen de cerca sus órganos sexuales y que las mujeres también deben proteger sus órganos sexuales cuidadosamente para siempre. Las personas que asumen la responsabilidad de hacer que el hombre y la mujer se protejan, son los padres, que representan a los Padres Verdaderos. Ser Padres Verdaderos es muy simple. Ellos son los que tienen el poder de reunir hombres y mujeres licenciosos para que nunca sean infieles de nuevo, sino que permanezcan absolutamente castos." (28.8.1995)

237. "En la relación conyugal, un hombre y una mujer son diferentes en el tiempo requerido. La mujer es de dos a cinco veces más lenta que el hombre. Algunas mujeres son más de cinco veces más lentas que los hombres. Por lo tanto, a pesar de tener una relación sexual conyugal, algunas mujeres terminan su vida sin conocer el verdadero sabor del amor conyugal. Eso es una falla del hombre. Si el acto sexual conyugal no es satisfactorio, sus

---

28. Este período sagrado de separación es considerado una ofrenda de gratitud y apreciación a Dios. Durante este tiempo, las parejas se preparan para consumar el matrimonio

29. Joong Hyun Pak, "Absolute Sex—Exploring Its Meaning" (sermon, Belvedere Estate, Tarrytown, NY, February 1, 1997), tparents.org, http://www.tparents.org/UNews/Unws9702/jpak9702.htm.

vibraciones negativas continuarán durante todo el día o todo el mes. La satisfacción sexual es absolutamente necesaria para la salud de una mujer... Necesitamos educar a todos sobre esto. Un padre tiene que educar a su hijo y una madre tiene que educar a su hija. Causará problemas si las hijas se casan sin saberlo ¿Lo entienden? Por lo tanto, estoy educando bien a todos aquí. Debes consultar y preguntar a las mujeres que te rodean: "¿Cómo lo haces?" Y si quieres que tu esposo extienda el tiempo de hacer el amor porque aún no puedes sentir el clímax sexual, debes pedirle que haga los juegos previos por más tiempo ¿Lo entienden? Esta es una charla importante." (21.12.1993).

238. "Algunos todavía pueden pensar que, como fundador de la Iglesia de Unificación, no debería referirme a los órganos sexuales en público. Por lo general, los ministros cristianos no mencionan a los órganos sexuales en un sermón. Dios creó los órganos sexuales humanos para que fueran un lugar sagrado, no en lo que se han convertido desde la caída de Adán ¿Lo entienden? Se supone que es un palacio sagrado. En el plan original de Dios, el órgano sexual es un palacio del amor. Esta es la verdad." (5.6.1997)

239. "Nosotros somos maltratados y nos llaman los sinvergüenzas de la Iglesia de la Unificación, porque su fundador enseña tales cosas ¿o no? A mí no me importa si nos llaman sinvergüenzas ¿No es mejor ganar una medalla de oro real, en vez de una falsa? Los órganos sexuales masculino y femenino son regalos, heredados del Creador y de los antepasados, de manera incambiable y conectados como eran antes. Son regalos preciosos con los que incluso el mismo Dios, no interfiere y nuestros antepasados no pueden violar. Aquellos que los profanen se convertirán en la carne y en la sangre del mal, destruyendo el palacio principal del amor, el centro de las grandes leyes del Cielo. Los órganos sexuales son el palacio principal de la vida y sobre ese fundamento dan nacimiento, centrándose en el amor eterno verdadero, como esencia pura. Ellos

también son la fuente de un linaje nuevo ¿Para qué fueron creados los órganos sexuales? Ciertamente no para una persona u otra. Fueron dados a ti, para el gran Camino del Cielo y de la Tierra, para el gran gobierno providencial del Cielo y de la Tierra ¿Cómo surgirá el mundo ideal sobre la Tierra en el futuro? Si el camino de rectitud para el uso de los órganos sexuales no fuera revelado, el mundo se arruinaría. Nosotros, los seres humanos, nunca podremos establecer el mundo de paz." (3.10.1989)

Reflexiones sobre las Palabras del Padre Verdadero

Algunas personas sienten que es inapropiado para un líder religioso, el hablar sobre el sexo en público, pero el Padre Verdadero vio la importancia de su misión. Él nos recuerda que nuestros órganos sexuales son un regalo preciado de Dios. Ellos son el palacio original del amor, vida y linaje, creados no sólo para el placer del individuo, sino para juntar a esposo y esposa en una intimidad profunda. Ya que Dios creó a los órganos sexuales masculinos y femeninos como sagrados, las parejas deben permanecer siempre fieles.

El Padre Verdadero enseña que la familia es el lugar que Dios destinó para que los hijos aprendieran sobre el valor divino de los órganos sexuales. Antes de la consumación del matrimonio, ellos pueden recibir educación de sus padres sobre cómo complacer a su cónyuge. Si las parejas casadas no están teniendo relaciones sexuales satisfactorias, el matrimonio sufrirá. Aprender a tener una buena comunicación sobre lo que les gusta o disgusta en el dormitorio, puede ayudar a profundizar la satisfacción y conexión en la pareja. Sólo si todos entienden y practican la sexualidad Celestial, el mundo pacífico del ideal de Dios vendrá.

Cómo Hacerlo Real

Escuela del Amor

El Padre Verdadero llama a la familia como la escuela del amor, porque es donde los miembros de la familia aprenden todos los tipos de amor. Cuando son jóvenes, ellos reciben amor de sus padres y pueden practicar amando a sus hermanos y hermanas.

La mayoría de los padres hablan con sus hijos sobre el sexo, pero es importante que los padres entiendan que ellos necesitan educar a sus hijos, sobre el precioso valor de los órganos sexuales. Dando una guía apropiada de acuerdo a sus edades, los padres pueden establecer una perspectiva saludable de la sexualidad en su hijos y protegerlos de cometer serios errores y adquirir hábitos destructivos que pueden perjudicar su futuro.

La "Escuela del Amor" fue iniciada por High Noon en respuesta a la necesidad de educación familiar sobre el sexo. Su objetivo es capacitar a los padres para que tengan conversaciones abiertas con sus hijos sobre la sexualidad celestial desde una edad temprana. Hay un plan de estudios en internet, disponible para ayudar a los padres a enseñar que el órgano sexual es un lugar sagrado donde sus hijos experimentarán el amor exclusivamente con su futuro esposo o esposa y crearán su propia familia en el futuro. Se anima a los padres a estudiar y discutir las lecciones junto con sus hijos. Estas lecciones instruyen amorosamente sobre los peligros de la pornografía y las relaciones sexuales prematrimoniales. Los padres que no saben cómo hablar sobre sexualidad, pueden encontrar apoyo para facilitar estas conversaciones.

Los hijos descubren que sus deseos sexuales son naturales y son dados por Dios. Ellos aprenden a manejar sus impulsos en el mundo sexualizado de hoy en día y crear hábitos positivos que los ayudarán a mantener un estándar de pureza. Mientras desarrollan un entendimiento maduro de la sexualidad celestial, esperarán con ansias un día poder experimentar este hermoso regalo que aguarda por ellos en su futuro matrimonio.

El sexo es una parte hermosa, excitante y estimulante del matrimonio. Crear una vida sexual próspera no es sólo importante para los matrimonios, sino también es un ejemplo inspirador para nuestros hijos. Cuando los hijos ven a sus padres felices y enamorados, ellos naturalmente querrán buscar la misma bendición para sus propias vidas. Mientras nos alineamos con la visión de los Padres Verdaderos para la familia como la escuela del amor, crearemos familias radiantes con relaciones verdaderas de padres e hijos, las cuales contribuirán al plan de Dios para un mundo ideal.

El Grito

Esta tierna historia fue compartida por Yeunhee Chang, estudiante de doctorado de la Universidad SunHak en Corea del Sur. Ella es originalmente de Canadá y su esposo de Corea.

Soy una hija bendecida de segunda generación[30] que recibió la Bendición Matrimonial en 2009. Mi esposo y yo tenemos 5 hijos con edades de 4 a 11 años. A medida que mis hijos crecían, yo les hablaba sobre el sexo opuesto y les hacía preguntas como, ¿quién te gusta o quién te parece una buena persona? Siempre trataba de hablar este tema de manera ligera y alegre con la esperanza de que esto les ayude cuando sean más grandes. No quiero que ellos se sientan culpables porque les guste alguien y que nosotros lo desaprobaremos, quiero que ellos confíen en nosotros lo suficiente para que compartan sus sentimientos más profundos, sin preocuparse de que vayamos a reaccionar mal.

Observé que mi hija estaba interesada en el amor, mientras hacía dibujos de las parejas de Walt Disney besándose. Ella es diferente a mis hijos y siempre sintió curiosidad por los hombres y las mujeres que expresan amor y experimentan intimidad. También me hizo preguntas sobre cómo nacían los bebés y cómo salían de mi cuerpo. Hasta nuestra "charla sobre el sexo", les dije a ella y a nuestros hijos que cada vez que papá y mamá se besaban durante más de diez segundos, un bebé comenzaba a crecer en el vientre de mamá. Luego, más tarde le dije a mi hija que había una semilla en el cuerpo de papá que tocaba el ombligo de mamá y que un bebé comenzaría a crecer. Ella pensó que era divertido y aceptó la respuesta, pero me di cuenta de que no estaba satisfecha.

Cuando estaba en tercer grado, encontré un cómic de la biblioteca de la escuela en su mochila. El libro tenía dibujos que mostraban a un hombre sobre una niña mientras su mano subía por su muslo. El dibujo mostraba a la joven con la falda levantada y la bombacha expuesta. Estaba muy molesta con la escuela y exigí saber cómo puede ser que tengan este tipo de cómic

---

30. Hijo/a bendecida es una termino usado para referirse a los hijos nacidos de las parejas que han recibido la Bendición Matrimonial.

en su biblioteca. Sus respuestas no fueron suficientes para calmarme. En este punto, sentí que yo, como madre, tenía que ser quien le enseñara a mi hija sobre el amor y el sexo. Sentí que tenía que hacerlo rápidamente antes de que alguna idea retorcida sobre el amor quedara impresa en su mente. No quería que esta imagen de una interacción sexual entre un hombre y una niña quedara en la mente jóven de mi hija. Nunca pensé que hablaría con mi hija tan temprano sobre el sexo, pero sentí que no tenía otra opción. Necesitaba explicarle que se suponía que el amor entre un hombre y una mujer se debería expresar físicamente, sólo entre una pareja casada, como mamá y papá, y sólo cuando sus padres les permitieran estar juntos a través de la Bendición Matrimonial.

Entonces llamé a mi hija a la habitación. Tenía un libro de anatomía a mi lado. Le hice saber que el libro que trajo de la escuela, no era algo que yo quisiera que leyera porque no enseñaba sobre el amor que mamá y papá querían que ella aprendiera. Mientras compartíamos, sus hermanos menores entraban y salían de mi baño desnudos, porque se turnaban para ducharse. Mi hija había visto los órganos sexuales de sus hermanos, así que suponía que estaba algo insensible. Siempre se reía cuando veía a sus hermanitos con alguna erección ocasional. Ella decía: "Mami, ¿por qué su 'go-chu' (que significa pene en coreano) se para así?"

Le dije a mi hija que iba a explicarle cómo se hacían los bebés, esta vez de verdad. Ella era todo oídos. Dije, "la razón por la que el pene de un hombre se agranda y se para hacia arriba, es porque ..." Pasé a la página del dibujo que mostraba el pene de un hombre cuando estaba y no estaba erecto. Luego le mostré el dibujo del órgano sexual interno de una mujer. Seguí diciendo, "mira aquí, hay un agujero en el cuerpo de la mujer porque el pene de un hombre, cuando se agranda, entra en el cuerpo de la mujer y las semillas del bebé salen del "go-chu" del hombre dejándolas en el cuerpo de la mujer". Me volví hacia la página que muestra un dibujo de una mujer embarazada de ocho meses. Los ojos de mi hija se abrieron como platos. Ambas manos se subieron a sus mejillas, como en el cuadro de Edvard Munch del "El Grito", cuando sus hermanos desnudos salieron corriendo de mi habitación. Ella gritó, '¡Ahhh mami!' Estaba bastante molesta por lo que le había dicho y por unos minutos, ella miró a sus hermanos desnudos y gritó. Dijo que era tan repugnante y que nunca se casaría.

En este punto, ella está más interesada en sus amigas, haciendo manualidades, aprendiendo y leyendo, y manteniéndose alejada de los niños. Con suerte, mientras observa a mi esposo y a mí, interactuar de una manera amorosa y respetuosa, será suficiente para que ella quiera crear una relación amorosa con su futuro esposo cuando esté lista. Por ahora, estoy muy feliz de que nuestra charla sobre el sexo haya dado como resultado que ella quisiera mantener a raya a los chicos. Quizás esta historia pueda dar confianza a otros padres, para tener este tipo de conversación con sus hijos.

Puntos a Considerar/ Actividades

- ¿Cuál es la mejor forma de que los niños aprendan sobre el sexo?

- ¿Cuáles son algunas formas en que puedes educar a tus hijos sobre el sexo? Si ellos ya fueran grandes ¿cómo puedes apoyarlos a tener un matrimonio próspero y educar a sus propios hijos en esta área?

- ¿Cómo podemos quitar la incomodad de las conversaciones sobre el sexo con nuestros hijos?

¿Por qué el Mesías viene?

Vemos películas siendo éxitos de taquilla que tratan de héroes con poderes sobrenaturales y su misión es la de salvar al mundo. Cuando el mundo es salvado de la destrucción al final de la película, sentimos esperanza para el futuro. Históricamente las personas han creído en el Mesías como un superhumano que viene a salvar al mundo. En los tiempos de Jesús, los judíos pensaban que el Mesías iba a derrotar a sus enemigos y los lideraría a una conquista militar. Los cristianos de hoy en día creen que Jesús va a volver para salvar a los creyentes. A pesar de las diferentes versiones respecto a lo que el Mesías hará, nadie ha proclamado que el Mesías viene a restaurar a los órganos sexuales ¿Qué significa eso? ¿Por qué necesitan ser restaurados y de que le sirve al mundo?

Palabras del Padre Verdadero

240. "Hasta ahora, debido a Satanás, nosotros éramos ignorantes de ser los dueños de los órganos sexuales y de cómo llegaron a ser creados. Para divulgar esta verdad, eliminar la conmoción y la confusión de Satanás tanto en la Tierra como en el Cielo, yo vine a la vanguardia e icé mi bandera." (3.10.1989).

241. "Por medio del sexo libre, Satán quiere evitar que vuelva a Dios hasta la última persona. En otras palabras, Satán quiere destruir a toda la humanidad y solidificar el Infierno en la tierra ¿No es el mundo en el que vivimos hoy, un infierno en la tierra? Por consiguiente, encontraremos el camino al Cielo yendo en una dirección totalmente opuesta a la dirección que lleva al infierno

en la tierra. Cuando el Señor de la Segunda Llegada venga, nos
guiará al Cielo mostrándonos este camino inverso para salvar al
mundo. Entonces ¿qué camino es totalmente opuesto al sexo libre?
El sendero del sexo libre comenzó con unos padres falsos. Por lo
tanto, los Padres Verdaderos tienen que venir para llevarnos por
el camino correcto. Dios no puede intervenir. No hay autoridad,
ni poder militar, económico o político que pueda hacerlo. Los
padres falsos lo causaron. Por lo tanto, es necesario que los Padres
Verdaderos lo abran con su bisturí. El único camino para salvar a
la humanidad es que los Padres Verdaderos operen con su bisturí."
(15.9.1996)

242. "Cuando los Padres del Cielo y la Tierra se unan en amor conyugal,
construirán un hogar donde Dios podrá vivir pacíficamente. En su
hogar, sin relación alguna con la Caída, realizarán el sexo absoluto.
Ahora que he alcanzado el nivel de los Padres Verdaderos del Cielo,
la Tierra y la Humanidad, estoy hablando más libremente acerca
del sexo absoluto. Cuando hablo acerca del sexo absoluto, no me
estoy refiriendo al sexo egocéntrico, individualista." (10.4.2009)

243. "Fue en una familia donde tuvo lugar un falso matrimonio que
corrompió el linaje completamente, en un ángulo de 180° opuesto
al linaje verdadero. Entonces, para abrir el camino al Cielo, los
Padres Verdaderos deben venir y otorgar un matrimonio que está
en la dirección opuesta." (15.9.1996)

244. "Ahora pensamos que sólo los Padres Verdaderos pueden
resolver el problema en la tierra. Yo soy quien le ha enseñado
a la gente durante varias generaciones que las experiencias y
detalles relacionados con la inmoralidad sexual crean una cierta
mala influencia, y sé muy bien que la ética sexual absoluta es
absolutamente necesaria. ¿Lo entienden?» (2.1.2009)

245. "Entonces, el Señor en su Segunda Venida tuvo que convertirse en
un rey absoluto e incambiable. Obtuve el primer lugar al seguir

la ética sexual absoluta. Ahora, esta posición real no puede ser invadida." (28.12.2007)

246. "Los órganos sexuales fueron indebidamente usados. Una revolución es necesaria acá. Para eso, ustedes necesitan a la Madre y al Padre. Las mujeres serán movilizadas por la Madre, como su líder. La movilización de la Federación de Mujeres afianza la posición de la Madre ¿No es ahí, cuando el Señor del Retorno aparece? ¿Qué trae el Mesías consigo? El sexo absoluto. Él viene para la perfección del sexo absoluto, único, incambiable y eterno." (22.9.1996)

247. "Al encontrar eventos y personas que desempeñaron un papel en el cumplimiento de las dispensaciones de Dios y fallaron, y al encontrar la historia de la providencia de la restauración de Dios, yo derramé muchas lágrimas. No solo entendí el Principio,[31] sino que lo viví. Cuando llegué a la caída de Adán y Eva, sentí como si fuera mi propio asunto. Sentí el dolor de Dios al ver la caída de Adán. Sentí el dolor de Adán en sí mismo. No fue la historia de Adán, sino la mía." (2000)

248. "Declaro nuevamente y proclamo en el nombre de los Padres Verdaderos que, dentro del ámbito del Sabbat Cósmico de los Padres del Cielo, la Tierra y la Humanidad, que sobre la base de la unidad de estos tres: Sexo Absoluto, la semilla de amor del Padre Verdadero y el óvulo en el útero de la Madre Verdadera. Recrearemos un universo victorioso que encarna el derecho del verdadero linaje." (15.1.2009)

249. "Tienen que darse cuenta de que he ido por situaciones cercanas a la muerte cientos de veces por encontrar este camino. Soy una persona que ha hecho llorar a Dios cientos de veces. Nadie en la

---

31. Es común que quienes estén familiarizados con el texto del Principio Divino lo abrevien de esta manera.

historia ha amado a Dios tanto como yo lo amo. Por eso, aunque el mundo intente destruirme, nunca pereceré porque Dios me protege. Si ustedes entran en la esfera de la verdad que les he enseñado, también recibirán la protección de Dios." (15.9.1996)

Reflexiones sobre las Palabras del Padre Verdadero

Con oraciones llenas de lágrimas, el Padre Verdadero descubrió el valor sagrado de los órganos sexuales y como Dios se entristeció, cuando su primer hijo e hija abusaron de ellos. Desde entonces, Dios ha estado buscando a alguien que pudiera revertir este terrible error y reorientar el trágico curso de la historia humana. Dios necesitaba enviar al Mesías para restaurar lo que se perdió en el Jardín del Edén. "¿Qué traería el Mesías con él? Sexo absoluto." Con sangre, sudor y lágrimas, los Padres Verdaderos resolvieron la restauración de los órganos sexuales absolutos, únicos y eternos, de hombres y mujeres. Su camino de sufrimiento estableció las bases para empezar a hablar del sexo absoluto. Esto es necesario para construir el Reino de los Cielos en la tierra, donde Dios finalmente pueda morar con Sus hijos.

Superman

La misión del Padre Verdadero se puede comparar con la del conocido héroe Superman, quien nos dice quién es y qué representa con estas conocidas palabras: "Soy Superman. Defiendo la verdad, la justicia y el futuro." La gran "S" en su camisa es el símbolo kryptoniano de esperanza. Con sus superpoderes, Superman se convierte en un salvador en un mundo plagado de crimen e injusticia. Él es consciente de su misión desde una edad temprana, cuando su padre biológico, Jor-El, le dice: "Aunque te criaron como humano, no eres uno de ellos. Ellos pueden ser grandes personas, Kal-El. Ellos quieren serlo. Sólo les falta la luz que les muestre el camino. Por eso y sobre todo, por su capacidad para el bien, les he enviado, tú, mi único hijo"

En la película de 2006 *Superman Regresa*, el héroe regresa después de una pausa de cinco años, todavía con la intención de salvar a las personas en la Tierra a quienes ama. Con sus oídos superpoderosos, escucha a la gente gritar pidiendo ayuda y realiza rescates increíbles a diario. Por supuesto, hay un villano, Lex Luthor, que planea destruir la civilización y matar a miles de millones de personas. Superman usa sus poderes para salvar a la humanidad y frustra el plan de Luthor. Pero consigue el éxito en su misión de librar al mundo de Luthor a costa de su propia vida. A medida que Superman se acerca a la muerte, recuerda las palabras de su padre, Jor-El, quien le dijo que sus buenas acciones inspirarían a otros a una "mejora moral".

De acuerdo con el director Bryan Singer, "Superman es el Jesús de los superhéroes". La voluntad de Superman de sacrificarse por el bien de su misión es clara. Cuando es golpeado y traspasado, nos recuerda al destino del Mesías y la experiencia de Padre Verdadero al ser torturado despiadadamente.

Superman Regresa transmite un claro mensaje sobre la necesidad humana de una salvación, enfatizando que se necesitará liderazgo y sacrificio para que eso ocurra. La película transmite esperanza, incluso si es una fantasía con un superhéroe que tiene poderes especiales. El Padre Verdadero proclamó el mismo mensaje, que la humanidad puede recuperarse de lo que perdió en el Jardín del Edén. Él dejó en claro que el medio por el cual eso sucede no es sobrenatural.

250. "El Mesías es un hombre verdadero que viene con la nueva semilla de vida. Él guía a las personas caídas, fuera del linaje caído para negar sus vidas e injertar su nueva semilla en ellos. Incluso si el Mesías tiene sus raíces en Dios, como el segundo Adán debe purgar y limpiar lo que Adán cometió. Aquí está la razón por la cual Dios no puede enviar a un superhombre todopoderoso como Mesías." Padre Verdadero (16.4.1996)

El camino del Mesías es uno en el cual sangre, sudor y lágrimas deben ser derramados para que el mundo ideal de Dios pueda establecerse. Los Padres Verdaderos no tienen poderes especiales, sin embargo, ellos tienen el corazón de anhelo para servir a Dios, salvar a la humanidad y la voluntad de hacer lo que sea para que eso ocurra.

Cómo Hacerlo Real

¿No sería lindo si el Mesías apareciera con superpoderes y resolviera todos los problemas del mundo? Históricamente, eso es lo que la mayoría de las religiones mesiánicas han pensado, de todas formas, la misión del Mesías es la de restaurar lo que se perdió en el Jardín del Edén, lo cual es el ideal de Dios del sexo absoluto ¿Cómo logrará el Mesías esa tarea?.

Dios quería que Adán y Eva experimentaran el amor conyugal sólo después de haber madurado, pero ellos cayeron cuando tuvieron sexo de manera prematura. Debido a que los órganos sexuales se perdieron en una relación, solo podrían ser restaurados a través de una relación. El Mesías no puede restaurar los órganos sexuales por sí mismo. Es por eso que Dios necesitaba enviar a los Padres Verdaderos, sólo cuando un hombre y mujer verdaderos se hacen uno en cuerpo y encarnan a los Padres Celestiales, los órganos sexuales pueden ser perfeccionados.

El Padre Verdadero usaba el término de "sexo absoluto" a la edad de 76 años ¿Por qué él esperó tanto para poder empezar a enseñar sobre este pilar fundamental del Reino de Dios? Al estudiar la Historia Providencial sabemos que en cada victoria celestial hay un precio que pagar, para poder avanzar con el plan de Dios para la restauración. Siempre se necesita de sacrificio para poder establecer las bases para el siguiente paso.

El Padre Verdadero pasó por sufrimientos inimaginables para poder proclamar la era del sexo absoluto. Cuando vemos los desafíos de vida o muerte que sin fin tuvo que soportar, podemos apreciar lo valioso de la enseñanza del sexo absoluto. Padre Verdadero injustamente fue puesto en prisión seis veces, donde fue maltratado y torturado, alcanzando casi la muerte. Como Superman el Padre Verdadero tuvo la voluntad de sacrificar todo para lograr el éxito de su misión.

Puntos a Considerar/Actividades

- ¿Por qué el sexo es importante para Dios?

- ¿Cómo ves el trabajo de Satanás en contra de la restauración de los órganos sexuales?

- ¿Los conceptos sobre el Mesías han cambiado para ustedes después de leer este capítulo? Comparte tus reflexiones.

La Posición Intermedia

Todos, sin excepción, nos hemos encontrado en una posición intermedia en algún momento u otro en el que experimentamos un conflicto sobre qué camino seguir. Nuestro corazón nos empuja a hacer lo correcto, pero al mismo tiempo, deseamos lo que es inmediato y satisfactorio. Incluso el apóstol Pablo, quien fue el mayor campeón de la fe cristiana, se lamentó en Romanos 7:22-24 "Porque según el hombre interior, me deleito en la ley de Dios; pero veo otra ley en mis miembros, que se rebela contra la ley de mi mente y que me lleva cautivo, a la ley del pecado que está en mis miembros. ¡Miserable de mí! ¿quién me librará de este cuerpo de muerte?" ¿Qué podemos hacer cuando nos encontramos en este estado de confusión que nos causa angustia?

Palabras del Padre Verdadero

251. "Tu mente original no necesita un maestro. Es tu segundo dios. No intentes seguir a un maestro o a mí, en cambio, trata de servir a tu mente ¿Qué hay de la mente? Tu te despiertas al alba, todo está tan solo y quieto, que hasta se puede escuchar el chillido de un ratón o el zumbido de una mosca y piensas para tí: "¡Bien, me gustaría hacer esto y aquello, trataré de hacer algo bueno." Tu mente original te dirá: "Bien, bien, házlo ahora." Por otro lado, si albergas sólo pensamientos malos en tu mente, te reprenderá con palabras como: "hey tú malandrín ¿crees que no se qué estás pensando?" Por supuesto que lo sabe, así es como funciona, simplemente lo sabe todo." (19.1.1986).

252. "¿Saben ustedes cuándo su mente y cuerpo comenzaron a luchar?

Ellos empezaron a luchar justo después de la Caída, se infectaron en ese preciso instante. A menos que curemos esta infección completamente no podremos entrar al Cielo. La persona cuya mente y cuerpo están en conflicto no puede entrar al Cielo. He luchado para cumplir con este estándar: "Antes de tratar de dominar el universo, hay que dominarse a sí mismo". Cuanto más avancen y más profundo sea su nivel espiritual, tanto más temible es el Satanás al que se tendrán que enfrentar." (28.5.2006)

253. "Su espíritu mostrará claramente si han tenido una vida madura de bondad o una vida agusanada, podrida de pecado. Esto significa que Dios no los juzgará, sino que ustedes serán sus propios jueces. Si ustedes son conscientes de esta asombrosa ley del Cielo ¿pasarán acaso el final de sus vidas en la tierra, inmersos en egoísmo e inmoralidad, atrapados por todas las tentaciones de Satanás y en búsqueda de nada más que placer? Deben abstenerse de herir y de dejar cicatrices en sus cuerpos espirituales, aún cuando sus vidas terrenales corran riesgo. Por favor, graben esta verdad en sus mentes: sus pensamientos, palabras y comportamientos determinan, si serán destinados al Cielo o al infierno." (20.12.2006)

254. "Deben decidir qué camino seguirán. Siempre hay una lucha entre el yo visible y el yo invisible, y la tentación siempre intenta empujarlo en una dirección, mientras que la verdad de Dios está tratando de empujarlo en la otra. Cada persona queda atrapada en el medio y por lo general, sigue un curso en zigzag, siendo arrastrada de un lado a otro. Este es un análisis muy realista." (1.1.1979)

255. "Deben saber que hay una felicidad, un ideal y un amor que le gusta a Satanás, y hay otra felicidad, ideal y amor que le gusta a Dios. Los criterios de Dios se basan en cosas eternas y los criterios de Satanás son cosas instantáneas o temporales ¿Qué felicidad elegirían ustedes? Estoy seguro de que elegiría la felicidad eterna y deberían hacerlo. Deben prepararse y esforzarse por buscar el amor eterno. Si sólo

buscan el amor instantáneo, eventualmente morirán. Cuando surja un impulso o deseo instantáneo dentro de ustedes, oren por el poder de buscar el amor eterno y evitar las tinieblas de la muerte." (1998)

256. "Originalmente, si los primeros antepasados de la humanidad hubieran alcanzado la perfección sin caer, llegando a unirse con Dios en corazón, habrían estado en la posición de servir solamente a Dios. Pero, a causa de la Caída, al tener una relación de sangre con Satanás, quedaron situados en una posición donde también tenían que relacionarse con él. Inmediatamente después de la caída, Adán y Eva no habían hecho nada bueno o malo, pero por poseer el pecado original fueron situados en una posición intermedia entre Dios y Satanás. Y como consecuencia, todos sus descendientes quedaron situados en la misma posición." (1996)

257. "¿Cómo Dios separa de Satanás a estos hombres caídos que se encuentran en una posición intermedia? Satanás se relaciona con el hombre caído, con quien tiene una conexión de sangre a través del linaje. Por lo tanto, ni siquiera Dios puede restaurar incondicionalmente y por su cuenta, al hombre hacia el lado del Cielo, a menos que él mismo establezca las condiciones que permitan a Dios tomarlo. Asimismo, Satanás no puede llevar al hombre al infierno arbitrariamente, si no hay una condición del hombre mismo por la cual Satanás pueda invadirle, ya que Satanás sabe que el creador del hombre es Dios. Por eso, el hombre caído puede ser llevado al lado de Dios si establece buenas condiciones, mientras que puede ser llevado al lado de Satanás si establece malas condiciones." (1996)

258. "¿Cómo terminarían yendo al lugar más terrible del infierno? Si ustedes usan su órgano sexual de la manera que viola las leyes y principios celestiales, están condenados al infierno; mientras que, si van por el camino opuesto a éste, por el sendero del amor absoluto

de Dios, irán al lugar más elevado del Cielo, esta conclusión también es demasiado obvia." (1.8.1996).

259. "El yo espiritual crece, madura y finalmente se perfecciona dentro de su cuerpo físico, a través de una vida terrenal donde han practicado el amor verdadero, llevando su mente y su cuerpo, una relación tranquila y unificada, de dar y recibir. Sin embargo, es innegable que su yo exterior y su yo interior, están en una relación constante de conflicto y lucha ¿Cuánto tiempo más, permitirán que continúe esta lucha? ¿Diez años? ¿Cien años? En contraste, es innegable que existe un orden adecuado para todas las formas de existencia en el universo. Esto indica que Dios no creó a los seres humanos en este estado de desorden conflictivo. Necesitan saber que es su deber y responsabilidad como seres humanos, disipar todas las tentaciones dirigidas a su yo exterior (su cuerpo físico) y lograr la victoria en la vida siguiendo el camino de su yo interior (su conciencia). La fortuna Celestial estará con aquellos que conduzcan sus vidas de esa manera. Ellos alcanzarán la perfección de su yo espiritual." (10.4.2006)

Reflexiones sobre las Palabras del Padre Verdadero

Todos podemos identificarnos con el tira y afloje interno del que habló el Padre Verdadero. Lo sentimos de forma regular. El Padre Verdadero reveló que este conflicto interno es una consecuencia trágica de la caída. Inmediatamente después de la caída, Adán y Eva quedaron en la posición intermedia, en la que podían relacionarse tanto con Dios como con Satanás. Como resultado, todos sus descendientes también se encuentran en la posición intermedia. Hasta que las personas no se esfuercen por invertir por completo, Dios no podrá restaurarlas a Su lado. Del mismo modo, seremos llevados al lado de Satanás, cuando hagamos malas condiciones.

Nos ponemos del lado de Dios cuando tomamos acciones que están alineadas con Sus ideales, como prepararnos conscientemente para un matrimonio futuro, guardando nuestra pureza. Cuando elegimos gratificación inmediata sin preocuparnos por la felicidad de los demás a largo plazo, puede haber efectos negativos para nosotros y para los que amamos.

La tentación nos empuja en una dirección, mientras que la verdad de Dios nos empuja en la otra. Esta es la condición humana; vivimos en los reinos de Dios y Satanás, atrapados en el medio. Si sólo buscamos la gratificación instantánea, nuestras relaciones sufren. Cuando surja un impulso o deseo egocéntrico, oren pidiendo el poder de buscar el amor eterno y evitar el dolor que proviene de la conducta inmoral. Nuestros pensamientos, palabras y hechos en cada momento determinan si estamos destinados al Cielo o al infierno. La persona cuya mente y cuerpo están en conflicto no puede entrar al Cielo. Cuanto mayor sea nuestro nivel espiritual, más temible será el Satanás que tendremos que enfrentar.

Cómo Hacerlo Real

Dos Lobos

Una noche un sabio Cheroqui le dijo a su nieto, sobre la batalla que se libra dentro de cada persona. Él dijo: "Hijo mío, la batalla se da entre dos lobos que se encuentran dentro de nosotros. Uno es malvado, es ira, envidia, celos, tristeza, arrepentimiento, codicia, arrogancia, autocompasión, resentimiento, inferioridad, mentiras, orgullo falso, superioridad y ego. El otro es bueno, es alegría, paz, amor, esperanza, sinceridad, humildad, amabilidad, benevolencia, empatía, generosidad, verdad, compasión y fe." El nieto pensó sobre ello por un minuto y preguntó" ¿Cuál es el lobo que gana?" El sabio Cheroqui simplemente respondió "Aquel que tú alimentas".

La moraleja de la historia Cheroqui es que: lo que alimentas, crece y lo que dejas con hambre, muere ¿Qué podemos hacer cuando no encontramos en una posición intermedia y somos empujados en direcciones opuestas? Los pensamientos y sentimientos egoístas son como veneno, cuando moramos en ellos, su atracción se vuelve más fuerte y la tentación en la dirección equivocada aumenta. Lo más desafiante de todo, son las tentaciones e impulsos sexuales.

Dado que el mal uso de los órganos sexuales es la causa de toda maldad en el mundo, no es una sorpresa el poder que tienen. Si tenemos un hábito del que nos queremos deshacer, debemos dejar de alimentar ese hábito, parar de tener una acción de dar y recibir. Mientras menos alimentemos al lobo malo, este se volverá más débil. Pero si lo alimentamos, sólo será como una tortura para nosotros y nos mantendremos atascados en la posición intermedia.

¿Qué tipo de condiciones podemos crear para elevarnos por encima de los pensamientos egoístas y la gratificación instantánea? Cuando hacemos buenas condiciones, mediante la oración diaria y el estudio de la palabra de Dios, restringimos la influencia de nuestro cuerpo y fortalecemos nuestra conciencia. Es similar a ejercitar nuestros músculos haciendo flexiones, corriendo y otras actividades físicas. Al examinar el estilo de vida de los Padres Verdaderos, de vivir por el bien de los demás, vemos que negar el cuerpo físico era una condición para promover la Providencia de Dios. En una prisión de Corea del Norte, donde los hombres a menudo se morían de hambre, el Padre Verdadero dividió su porción de arroz en dos y dio la mitad a otros prisioneros. Después de la defunción del Padre Verdadero, la Madre Verdadera viajó mucho, a pesar de que sufría de fatiga y problemas de salud. Ella forzó su cuerpo para llevar la bendición de Dios a las personas de todo el mundo. Estos son ejemplos de toda una vida de sacrificio que hicieron para apoyar al lado de Dios y derrotar al enemigo.

Cuando nos esforzamos para poder cumplir con un bien mayor, hacemos una condición poderosa para distanciarnos de la tentación y acercarnos a Dios. Mientras más invirtamos, más nos fortalecemos y más clara es nuestra conciencia. Mientras hacemos buenas obras y vivimos por el bien de los demás, alimentaremos al lobo bueno dentro de nosotros y crearemos un espíritu divino.

Puntos a Considerar/Actividades

- Comparte un ejemplo sobre "alimentar" o "no alimentar" algo y qué acción resultó en crecimiento personal.

- ¿Qué tipo de condiciones podemos usar para protegernos de la tentación sexual?

- ¿Alguna vez te has encontrado en la posición intermedia? ¿Cómo te hizo sentir eso? ¿Cómo pudiste salir de eso?

Terminando con la Vergüenza

¿Alguna vez has visto a un niño pequeño corriendo desnudo y riendo después de bañarse? Nacemos y pasamos la niñez sin vergüenza. Dios creó nuestros órganos sexuales como la parte más preciosa y sagrada de nuestro cuerpo. El Creador quiere que mantengamos esa inocencia a medida que crecemos y eventualmente nos casemos. El acto de hacer el amor, está destinado a ser la expresión de amor más hermosa, íntima y alegre entre esposo y esposa. Sin embargo, los mensajes que recibimos de nuestros padres, escuelas y los medios de entretenimiento, a menudo representan una versión distorsionada del sexo. Nuestros comportamientos y creencias sexuales se han visto influenciados por lo que hemos aprendido de niños. La vergüenza que hemos desarrollado puede bloquearnos de la verdadera intimidad sexual con nuestro cónyuge. Podemos sentirnos frustrados, sin saber qué hacer al respecto. El Padre Verdadero nos guía para que nos liberemos de la vergüenza, para que podamos abrazar con orgullo nuestra sexualidad de la manera que Dios quiso.

Palabras del Padre Verdadero

260. "¿Creen que Dios les mira haciendo el amor? ¿O no? ¿Podría el Dios, que transciende el tiempo y el espacio, cerrar sus ojos por la noche, cuando los cinco mil millones de personas de la humanidad hacen el amor? ¿Cómo se sentirá cuando los ve?» (3.11.1991)

261. "En su vida familiar matrimonial, para sentir alegría verdadera, ustedes deberían atraer a Dios hasta el centro y desarrollar una relación donde puedan amarse, mirando a Dios regocijarse junto

con ustedes. Un hombre y una mujer que contraen matrimonio, y hacen el amor, no es algo de lo que ustedes deberían avergonzarse. Esto es algo solemne, santo y hermoso." (1997)

262. "Si leemos la Biblia, esta nos dice que Adán y Eva cayeron comiendo del fruto del árbol del conocimiento del bien y del mal, pero ¿qué significa cuando dice que se cubrieron las partes sexuales de sus cuerpos?... ¿Por qué sintieron vergüenza de sus partes sexuales? Ellos deberían haber cubierto sus bocas y manos. No habría nada malo con los órganos sexuales. Sin embargo, debido a que cayeron usándolos, esas partes de los humanos se convirtieron en un vergonzoso palacio que violó el amor Celestial. Debería haber brotado una fuente de verdadero amor, pero en cambio, fluyó una fuente de amor falso y diabólico. Estas partes, por lo tanto, se convirtieron en la fortaleza del peor tipo de amor." (2.5.1990)

263. "Si consideramos dónde Satán metió sus raíces, eso fue en el cuerpo físico. Dios creó a Adán y Eva, pero ellos cayeron cuando todavía estaban inmaduros. Dios les ordenó de no comer del fruto del árbol del conocimiento del bien y del mal, pero esto no se refería a un fruto literal. Cuando tomaron del fruto, si hubieran usado sus manos para comer con la boca, entonces ellos habrían ocultado sus manos y cubierto sus bocas, así que ¿por qué cubrieron sus partes sexuales? Esta es la trampa mortal, la causa que destruyó la cultura humana original. La palabra "amor" es una palabra extremadamente sagrada, pero ¿por qué las palabras relacionadas con el amor se han vuelto obscenas a pesar de esto? ¿por qué las consideramos palabras caídas? Es porque su abuso destruyó el camino verdadero del Cielo y la Tierra." (25.1.1990)

264. "Los rayos y truenos causados por la electricidad negativa y positiva al unirse en un día nublado, simbolizan el matrimonio del universo. Se genera un ruido tremendo en esos momentos ¿no es así? ¿No hacen mucho ruido las palomas al deleitarse en el

amor? ¿Ustedes lloran cuando hacen el amor? Estoy seguro que hacen mucho esfuerzo para acallar los sonidos que quieren salir de su boca al deleitarse en el amor, pues los pueden oír sus padres en el cuarto contiguo. Sean espontáneos, no hay por qué esconder eso. Ya no es pecado gritar por eso; griten hasta que las ventanas tiemblen por el ruido. Así como se ilumina todo el cielo con el resplandor del relámpago y se estremece todo con el estruendo del trueno, así ustedes deben expresarse. Deben alcanzar el estado de vivir una vida de asistencia a una mujer u hombre santos y a Dios." (26.6.1990)

265. "En el mundo caído el amor se ha transformado en la cosa más peligrosa. La causa de esto es que la Caída, que echó a perder el amor, está destruyendo al mundo poniéndolo de cabeza. La gente no ha entendido claramente por qué el amor ha llegado a ser falso y sucio, no obstante, ha tratado de mantenerlo y protegerlo debido a su deseo instintivo de anhelar la aparición del amor verdadero." (1997)

266. "El palacio original del amor, el palacio histórico del amor, viene a ser donde los órganos masculino y femenino se unen. Se convierte en el lugar de reposo. Nadie puede mover este lugar; es eterno y absoluto. En ese nido de amor, se incorporan la vida del hombre y la vida de la mujer, se funden, hierven en unión y finalmente explotan, dando nacimiento a una nueva vida. A través del poder explosivo así generado, una nueva vida llega a existir. Esa es la razón de que cuando se hace el amor, incluso las palomas hacen explosivos ruidos de ¡curru-cu-cu, curru-cu-cu! Así, en el acto del amor, el hombre y la mujer no deben avergonzarse por hacer ruidos tan fuertes que despierten a sus padres cuando los escuchan." (3.10.1989)

267. "¿En dónde se conectan el hombre y la mujer en un ángulo de noventa grados? En los órganos sexuales. Esto no es cosa de risa;

es algo sagrado. Los genitales son el principal palacio original del amor. El lugar principal del amor no está en los ojos, ni en la cabeza ¿Qué partes del cuerpo del hombre y de la mujer son usados para hacer el amor? ¿Son los ojos, la cabeza o qué parte? Son los órganos sexuales. Por tanto, no piensen en ellos como algo malo; son considerados malos debido a la Caída. Satanás los convirtió en el palacio principal que destruyó este mundo ¿No son los órganos sexuales el palacio principal del amor y la vida? ¿De dónde viene la vida? ¿No es de los órganos sexuales? ¿Dónde está conectado el linaje? ¿Está en la cabeza, en la palma de la mano?" (11.2.1990)

268. "Cuando un esposo y una esposa bailan desnudos en su cuarto ¿hay algo que deba preocuparles? Entre el esposo y la esposa ¿a quién le importa lo que hacen, si bailan desnudos o hacen otras cosas extrañas? ¿Qué es lo que importa, cuando un esposo y una esposa lo hacen entre ellos?" (24.11.1968)

Reflexiones sobre las Palabras del Padre Verdadero

Desde la perspectiva de Dios, el centro del Reino de los Cielos es donde las parejas bendecidas hacen el amor. Entonces ¿por qué hay tanta vergüenza a su alrededor? El Padre Verdadero explica que el origen de la vergüenza estuvo en el Jardín del Edén, cuando Adán y Eva abusaron de sus órganos sexuales. En el momento de la Caída, se perdió la inocencia del amor y el sexo. El palacio del amor se convirtió en un palacio de la vergüenza. Aunque la humanidad no ha entendido por qué el amor sexual se ha vuelto falso y sucio, todavía anhelamos el amor sexual, porque así es como Dios nos creó.

El Padre Verdadero habla abiertamente sobre el amor conyugal. El describe lo que Dios quiere para el sexo y el contraste del punto de vista del mundo, sobre el sexo como algo sucio. El Padre Verdadero una vez habló sobre hacer el amor como animales diciendo:

269. "¿Qué es vergonzoso? ¿Hay algo de lo que te sientas avergonzado? ¿Por qué te sientes avergonzado? No me siento avergonzado

de contar una historia como esta. Es natural. Si te sientes avergonzado, es un hábito del mundo caído.» (1.5.1996)

Él aconseja a las parejas a ser espontáneas y apasionadas cuando hacen el amor, sin miedo ni escándalos. Incluso si sus padres o sus hijos pueden escucharlos haciendo el amor, un esposo y esposa no deberían sentir vergüenza. Padre Verdadero nos alienta a todos a remover la vergüenza que sentimos sobre el sexo, entendiendo que nuestros órganos sexuales son el origen del amor, la vida y el linaje.

Cómo Hacerlo Real

El Padre Verdadero enseña que las relaciones sexuales están destinadas a ser la expresión más sagrada y hermosa de amor entre un esposo y una esposa, mucho más que sólo una respuesta física de nuestro impulso sexual. Fuimos creados para hacer el amor con cada fibra de nuestro ser, esforzándonos por satisfacer las necesidades y deseos espirituales, emocionales y sexuales de nuestro cónyuge. Debido a que Dios nos creó para disfrutar completamente de la intimidad sexual ¿por qué a menudo, es tan desafiante?

Una barrera común para la realización sexual es la presencia de vergüenza. El Padre Verdadero enfatiza que Dios nunca tuvo la intención de que los descendientes de Adán y Eva experimentaran vergüenza. Esto es algo que heredamos de Satanás, lo que nos hace creer que Dios no podría amarnos si supiera nuestros errores. Es posible que tengamos la conciencia culpable por algo que hemos hecho mal. Cuando no recibimos el perdón y llegamos a creer que somos malos, la culpa que sentimos puede convertirse en vergüenza. La culpa es un mensaje de la conciencia, destinado a ayudarnos a resolver un error. Tiene un propósito positivo: volver a alinearnos con la intención de Dios para nuestras vidas. La vergüenza, por otro lado, fomenta el autodesprecio y nos hace perder la esperanza. La vergüenza nos dice, "no eres bueno", "nunca dejarás este mal hábito" o "eres inútil y patético". Esas palabras no provienen de Dios; vienen de Satanás. Con vergüenza, olvidamos que somos amados incondicionalmente como hijos de los Padres Celestiales que quieren perdonarnos. Dios siempre nos dice: "Eres mi hijo. Siempre te querré. Tienes un futuro brillante. Intenta una vez más."

Existe confusión en torno al sexo debido a mensajes contradictorios. Algunas personas tratan el sexo de manera casual, logrando que quienes quieren vivir con integridad y mantener su pureza, se sientan avergonzados. Otros piensan que el sexo es vil y sucio. Es posible que hayamos sido influenciados por predicadores y otras figuras de autoridad que sólo han hablado sobre el mal uso del sexo, etiquetándolo como pecaminoso y envolviéndolo en vergüenza. Sin embargo, los padres tienen el mayor impacto en nuestras ideas sobre el sexo. Irónicamente, muchas veces es debido a la vacilación de los padres para hablar libremente sobre el sexo que los niños asumen que hay algo inherentemente vergonzoso en ello. También se da el caso de que, en algunas familias, los niños han sufrido abusos sexuales y llevan la vergüenza de esa experiencia a sus vidas adultas.

Estos recuerdos negativos con respecto al sexo, pueden impedirnos experimentar la expresión más profunda de intimidad en el matrimonio. Es posible superar los mensajes negativos en nuestras vidas mediante la práctica de la integridad sexual, que comienza con una comunicación abierta y honesta con aquellos a quienes amamos y en quienes confiamos; nuestros padres, nuestro cónyuge o mentores. Se puede incluir ejercer el autocontrol evitando la pornografía y otras actividades sexuales egocéntricas. Cuando aprendemos a hablar abierta y honestamente, podemos quitar el peso de la vergüenza de nuestras vidas. Las parejas casadas pueden experimentar la curación y un nuevo nivel de intimidad, cuando pueden compartir sus necesidades y deseos, con un cónyuge comprensivo.

Fuimos creados por Dios para experimentar el amor más hermoso y la libertad de expresión sexual dentro del matrimonio. Nos preparamos para esto durante nuestra adolescencia y nuestra juventud. Es importante utilizar bien ese tiempo para desarrollar nuestra integridad sexual, de modo que cuando llegue el momento, estemos listos para recibir la Bendición del Matrimonio y todo lo que tiene para ofrecer. Cuando una pareja bendecida puede compartir su amor de manera física, emocional y sexual, pueden irradiar amor dondequiera que vayan y en todo lo que hagan.

Dios nos Ama

Todo el mundo ha luchado en algún momento con la vergüenza. El mayor problema de la vergüenza es que nos hace creer que no se nos puede amar. La vergüenza nos impide sentir el amor de Dios y el amor de los demás. También nos impide amarnos a nosotros mismos. La vergüenza nos da un entendimiento distorsionado de nosotros mismos. El libro para niños "Eres especial", de Max Lucado, da un mensaje a jóvenes y mayores sobre cómo se puede quitar el peso de la vergüenza de nuestras vidas.

"Eres especial" trata sobre una ciudad de títeres de madera llamados "Wemmicks" que se gobiernan a sí mismos con conceptos artificiales sobre lo que es correcto y aceptable. Los que son atractivos por fuera, ya sea por su talento, belleza e intelecto son recompensados públicamente, mientras que aquellos que son "diferentes" son obligados a usar calcomanías con forma de puntos en la ropa para avergonzarlos. Aquellos que encajan cumpliendo con los estándares de excelencia de la comunidad, pueden usar calcomanías especiales con estrellas. El protagonista, Punchinello, no tiene ningún atractivo externo y nunca recibe estas calcomanías con formas de estrellas. Su autoestima sufre por estar cubierto de calcomanías de puntos, finalmente acude al tallador de madera del pueblo, Eli, en busca de consejo.

Eli le dice a Punchinello que es una creación especial, única y auténtica, una obra de arte preciosa. "Los pegotines sólo se pegan si te importan. Cuanto más confíes en mi amor, menos te preocuparás por sus pegotines".[32] Hasta ese momento, Punchinello, influenciado por un entorno lleno de desinformación y distorsiones, casi había perdido toda esperanza. Ahora conoce la verdad; Eli, su creador, lo diseñó para ser especial y amado. Mientras celebraba este nuevo hallazgo, los puntos adhesivos se cayeron de su ropa y por primera vez en su vida, se llenó de un profundo sentido de orgullo, gratitud y alegría.

Así como el creador de títeres hizo a Punchinello para que sea una obra de arte preciosa, Dios nos creó a todos como Sus hijos, e infundió Su naturaleza divina en cada parte de nuestro cuerpo. Gracias a nuestros Padres Verdaderos

---

32. Max Lucado. Tú Eres Especial. Editorial Spanish House, 2000, 29.

sabemos que Dios invirtió mucho al diseñar nuestros órganos sexuales. Él quiere llegar a nosotros, con la verdad sobre nuestra naturaleza como seres sexuales. Punchinello necesitaba que le recordaran su esencia verdadera, de la misma forma que lo necesitamos nosotros. Mientras abrazamos la intención de Dios para el sexo y desarrollamos nuestra integridad sexual, este gran peso de la vergüenza será liberado de nosotros.

Puntos a Considerar/Actividades

- Comparte un momento en el que sentiste vergüenza sobre algo ¿Fuiste capaz de superarlo o aún guardas ese sentimiento?

- ¿Cómo te gustaría responder la siguiente vez que alguien comparta contigo sobre un error que cometió? ¿Qué respuesta te gustaría recibir de un ser querido, cuando le revelas un error que cometiste?

- ¿Tienes alguna idea de cómo resolver alguna vergüenza que hayas experimentado en tu vida?

Una Vida sin Sombras

Si pudieras ser invisible ¿Actuarías diferente o te comportarías de la misma forma que lo haces ahora? ¿Te escabullirías en algún cine o espiarías a las personas? aunque la invisibilidad es imposible ¿Cómo actuamos cuando nadie nos está viendo? ¿Estaría bien tener una vida donde somos libres, sin sombras, sin nada que esconder y orgullosos de todo lo que hacemos?

Palabras del Padre Verdadero

270. "El mediodía es el momento donde la luz del sol es más brillante. No hay oscuridad en ninguna parte, sólo el brillo que impregna la atmósfera. Es la condición de plenitud y de que nada hace falta." (2.1.1983)

271. "El trono de Dios está situado en medio del infierno en la tierra y debe levantarse desde ese lugar central como el sol. Cuando lo haga, toda la creación entrará en la era del asentamiento del sol de mediodía, donde no hay sombra. La frase "asentamiento del sol de mediodía" significa que no hay sombras por la eternidad. Cuando van al mundo espiritual, verán el sol en lo alto, en el centro todo el tiempo y no habrá sombras. Si una sombra apareciera, todos los buenos espíritus vendrían inmediatamente y la llevarían lejos. Se desvanecería. De acuerdo con ello, los buenos espíritus vendrán a la tierra y castigarán este mundo de sombras." (14.7.2005)

272. "El asentamiento del sol de mediodía" es posible cuando no hay sombras. Cuando la mente y el cuerpo se hacen uno, la sombra

desaparece. Cuando una pareja se hace uno, la sombra desaparece...
La sombra se puede proyectar en cualquiera de las cuatro direcciones.
Sin embargo, al mediodía, cuando uno se para en el centro, no
hay sombra. Ustedes deben tener este tipo de relaciones con sus
padres, cónyuge, hijos y hermanos. Sólo entonces puede Dios ser
posicionado como el dueño de las ocho etapas del amor. Si no pueden
establecer una posición de sol de mediodía, no importa la cantidad
de dedicación que ofrezcan. Sin establecer esta posición del sol de
mediodía, libre de sombras, no podrán ir o estar con Dios, que no
tiene ni pizca de sombra, porque ustedes no están en una posición
perpendicular. Ustedes deben establecer esa posición, en la que no
proyectan sombra alguna, por toda la eternidad." (26.9.2000)

273. "¡El asentamiento del sol de mediodía! Por ello, no debería haber
ninguna sombra en el fundamento de cuatro posiciones. Si
podemos alcanzar tal estado, Dios descenderá desde lo alto y todo
el mundo se alegrará. No importa cuán vasta sea el área, todos en
ella estarán felices. Por lo tanto, cada uno debería llegar a ser una
madre o un padre, esposo o esposa y un hijo o hija que pueden
encontrar el asentamiento del sol de mediodía. Si proyectan una
sombra en cualquiera de estas posiciones, ustedes harán que todas
las desgracias del cielo y la tierra echen raíces en su familia. Estas
son palabras aterradoras. Esta es la fórmula y el modelo que todos
debemos cumplir." (25.9.2000)

274. "No deben vivir una vida con sombras. Es por esto que se
proclamó el asentamiento del sol de mediodía. Este es un concepto
maravilloso. No hay sombra. La mente y el cuerpo deben estar
unidos, y la familia debe estar unida como un fundamento de
cuatro posiciones. Si el padre hizo algo malo, él crearía la sombra
de un padre. Si la madre hizo algo malo, ella tendría la sombra
de una madre. Si hubiera cuatro miembros de una familia y los
cuatro no pudieron establecerse, entonces la luz se bloqueará
completamente. A nadie le gusta el lugar de las sombras. Es por eso

que debemos lograr el asentamiento del sol de mediodía. No debe haber ninguna sombra, incluso después de pasar a la otra vida. Dios viaja por la línea vertical de ocho etapas, desde el individuo sin sombras, a la familia, la tribu, pueblo, nación, mundo, cosmos y Dios. No puede haber ninguna sombra proyectada en el amor de Dios. Es absolutamente puro. Es por eso que todo el mundo quiere sangre pura. A nadie le gustan las sombras. La sombra es Satanás. Es por ello que, cada vez que hacemos el mal, tendemos a ocultarlo. Ese es el enemigo. Esa es la línea divisoria. La abolición de esa línea divisoria es el asentamiento del sol de mediodía. Esto no es sólo un refrán, sino que debe ser realizado." (27.9.2000)

275. "Debemos llegar a ser familias que pueden ubicarse en la posición del sol de mediodía, donde no haya sombra. El Jardín del Edén era un lugar de amor verdadero, sin sombras. En el amor no hay sombras. Es por eso que, todo en el mundo quiere llegar y estar en ese lugar. Nadie puede afirmarse a sí mismo en ese lugar. Es el lugar de la fe absoluta, amor absoluto y obediencia absoluta. No existe una afirmación del "yo". Esto es lo que pasa con todo lo que está ante el amor verdadero. La familia sin ninguna sombra debería haberse establecido en la familia de Adán. Entonces, la tribu de Adán, el clan de Adán, la nación de Adán y el mundo de Adán deben surgir." (1.10.2000)

276. "La Iglesia de la Unificación fue la primera en declarar el concepto del asentamiento del sol de mediodía. En el mediodía, no se proyectan sombras. Cuando estás de pie al mediodía, puedes ver que el sol brilla intensamente, tan intensamente que incluso el brillo de los diamantes y las joyas no sería nada comparado con esa luz, y sin embargo, no hay sombras, ni oscuridad en absoluto. En esa luz, todo lo que es oscuro se rompe, sin dejar rastro. Lo mismo ocurre en la presencia de Dios. Incluso la luz de las luciérnagas no puede brillar en la oscuridad más negra, pero en la presencia de Dios, la luz emitida por Dios, la luz brillante que es cientos

de veces más brillante que el sol, absorbe todos los demás tipos de luz. No se puede combatir, porque absorbe todo tipo de luz." (25.10.2003)

277. "Les pido que analicen y escudriñen las innumerables situaciones de la vida diaria en cada momento y determinen si tienen razón o no. De la misma manera que los profesores coreanos califican las pruebas, anotando un O si tiene razón o una X si está equivocado. Cuando te enfrentas a una situación y actúas de una manera afirmativa y esperanzada, obtienes un O. Con esta acción, estableces un eje vertical hacia el cielo y vives en 'mediodía' sin proyectar una sombra. Sin duda, tu vida tuvo tal profundidad y amplitud que perdonaste y abrazaste a un enemigo con espíritu de amor verdadero. Sin embargo, cuando actúas de forma vergonzosa, anótate una X. Lo más probable es que tu corazón estuviera lleno de emociones negativas como inseguridad, irritación, amargura o envidia. Tu mente y tus pensamientos fueron estrechos e intolerantes, y fuiste egoísta e individualista hasta el punto de que no veías, lo que les estaba sucediendo a los que te rodeaban. Al tomar tu elección, debe ser la mas clara... Por favor, persigue el verdadero O para que puedas estar de pie bajo la brillante luz del sol y no te avergüences, para poder afrontar el vasto e infinito universo con honor y estar delante de toda la creación sin nada que esconder." (26.10.2004)

Reflexiones sobre las Palabras del Padre Verdadero

Cuando el Padre Verdadero habló por primera vez sobre el asentamiento del sol de mediodía, dijo que significa que no hay sombra por toda la eternidad. Sin establecer un estilo de vida de sol de mediodía en nuestras relaciones familiares, traeremos desgracia a nuestro linaje. Debemos eliminar las sombras en todas nuestras relaciones; con nuestros hermanos, padres, cónyuge e hijos. De hecho, el plan de Dios es que la humanidad cree un mundo sin sombras a través de ocho etapas, desde el individuo hasta la familia, tribu, pueblo, nación, mundo, cosmos e incluso Dios. Cuando vivimos una vida sin sombras, podemos regocijarnos junto con Dios.

El Jardín del Edén era un lugar luminoso lleno del amor incondicional de Dios para su primer hijo e hija. Cuando Adán y Eva abusaron de sus órganos sexuales, se proyectó una sombra sobre ellos. Fueron vencidos por el miedo y la vergüenza e intentaron ocultar su error, cubriéndose las partes inferiores. Estas sombras los bloquearon del amor de Dios, hundiéndolos en la oscuridad. Desde entonces, hemos heredado su naturaleza caída. Cuando ocultamos nuestros errores a las personas que amamos, nuestro corazón se llena de emociones negativas.

El Padre Verdadero dice que debemos analizarnos a nosotros mismos, en cada momento del día, para ver si estamos siendo egocéntricos, individualistas o intolerantes. Quiere que enfrentemos cada situación de una manera esperanzadora y positiva, para que nuestro corazón se llene de gratitud por cada circunstancia.

Cómo Hacerlo Real

En 2015, una pareja bendecida preocupada por la situación, decidió abordar la pandemia mundial de la pornografía. Se inspiraron en las enseñanzas del Padre Verdadero, sobre el asentamiento del sol de mediodía (High Noon) y sintieron que esto ayudaría a aquellos que sufren de conductas sexuales compulsivas, a salir de las sombras y vivir de acuerdo con sus ideales.

¿Cómo vivimos un estilo de vida de sol de mediodía? Podemos mirar desde el punto de vista de Dios, no desde el nuestro. Cuando vivimos en el asentamiento del sol de mediodía, estamos alineados con el ideal de Dios en todas nuestras relaciones. Los padres y los niños tienen conversaciones abiertas y contínuas sobre todo. Las parejas se sienten libres de compartir sus deseos más íntimos entre sí. Las comunidades disfrutan de una cultura de confianza y aceptación, en la que conscientemente elevamos y honramos la dignidad de los demás, como hijos de Dios. Esto nos permite pedir apoyo cuando lo necesitamos. Las virtudes importantes que crean esta cultura del sol de mediodía (High Noon) son la honestidad, la gracia, la integridad, la responsabilidad y el coraje.

Honestidad

278. "Las personas que intentan ocultar sus errores no pueden desarrollarse. Por otro lado, las personas honestas se desarrollan, porque el universo las empuja y las apoya donde quiera que vayan." Padre Verdadero (8.10.1987)

La Honestidad es fundamental para cualquier relación genuina. Muchos de nosotros hemos aprendido a esconder nuestros errores y pretender ser alguien que no somos, porque estamos asustados de lo que los demás puedan pensar. Muchas veces sentimos que es imposible que alguien pueda confiar y aceptarnos completamente, si conocieran nuestras fallas. Ser honesto sobre nosotros mismos, hacia otras personas y a quienes les importamos, nos permite experimentar amor real e incondicional.

Gracia

279. "... Habrán adversidades, pero cuando estas se superen, la gracia de Dios se derramará sobre ti. No importa cuán violenta sea la tormenta, será seguida por la salida del sol." Padre Verdadero (1980)

A diferencia de Dios, tendemos a juzgar las deficiencias de una persona, en lugar de ver su valor original. Aunque no aprobemos el comportamiento, podemos amar a la persona como a un hijo de Dios. La gracia es un elemento necesario que nutre nuestro espíritu. La gracia es la experiencia del perdón y el amor incondicional. Se da gratuitamente, no es algo que se pueda ganar. Nuestros corazones se abren para recibir la gracia, cuando somos capaces de decir la verdad sobre nosotros mismos. La gracia es algo que debemos darnos a nosotros mismos y a los demás. Cuando dejamos atrás a nuestro diálogo interno que dice: "Nunca lo lograré" o "Soy tan estúpido", nos damos la oportunidad de aprender e intentarlo una vez más. La honestidad y la gracia son la base para crear una vida de sol de mediodía.

Integridad

280. "Brinda el ideal con tus palabras, muestra la práctica con tu carácter y da amor con el corazón." Padre Verdadero (1980)

Vivir con integridad significa que honramos y practicamos nuestros ideales. Constantemente nos revisamos para ver si están alineadas nuestras acciones con nuestras palabras y, en última instancia, con Dios. Nunca podremos estar en completa integridad a menos que vivamos de acuerdo con el diseño de Dios para nuestras vidas. Esto se aplica a todo: nuestra salud, relaciones y sexualidad. Debido a que el sexo es la parte más privada de nuestras vidas, puede ser el área más desafiante para mantener la integridad. La verdadera integridad significa vivir nuestros ideales, especialmente cuando nadie está mirando. Vivir de esta manera es poderoso y gratificante.

Responsabilidad

281. "... Se necesitan compañeros en la vida de fe, quien no tiene compañeros se siente muy solo. Si tienen un compañero, pueden complementarse y protegerse mutuamente. De esa manera surgirá un camino para poder superar las dificultades circunstanciales. Si no tienen un compañero, tienen que resolver todo arbitrariamente." Padre Verdadero (21.3.1971)

El cotejar la responsabilidad en una relación, requiere el compromiso de practicar la integridad y la gracia. Cuando somos vulnerables y compartimos con honestidad las cosas que hemos hecho o no hemos hecho, podemos responsablemente ser cotejados por nuestras acciones. Nos volvemos cada vez más responsables a medida que aprendemos a cumplir las promesas que hacemos.

Un compañero de responsabilidad nos alienta y nos recuerda los objetivos que marcamos, elogiando incluso los pequeños pasos en el camino. Escucha sin juzgar, al compartir sobre cómo queremos mejorar y crecer, tenemos el poder de tomar decisiones que nos acerquen a vivir una vida sin sombras.

Coraje

282. "Cuanto más audaz, valiente y aventurero seas, mayor será la bendición que puedes recibir de Dios." Padre Verdadero (1980)

Coraje es la piedra angular para desarrollar y practicar la honestidad, la gracia, la integridad y la responsabilidad. Se necesita coraje para colocarse en una posición de vulnerabilidad, incluso cuando duele y puede ser vergonzoso. Confiar en los demás nos permite sentirnos comprendidos, perdonados y recibir la gracia. Necesitamos coraje para realinearnos a diario con nuestras esperanzas e ideales. Se requiere un acto de fe para invitar a la responsabilidad a nuestras vidas. Vivir una vida de sol de mediodía (High Noon) puede dar miedo a veces, pero es la única forma en que podemos experimentar la libertad y el amor incondicional.

Encontrar esperanza a través de High Noon

Aquí hay un testimonio de un joven que experimentó un cambio importante en su fe y sus relaciones cuando comenzó a vivir una vida de sol de mediodía.

"Empecé a tener problemas con la pornografía cuando tenía 15 años. La pornografía causó muchas dificultades en mi vida, pero el mayor problema para mí fue el hecho de que no podía hablar ni orar a Dios con honestidad. Cada vez que oraba o leía las palabras de los Padres Verdaderos, me sentía avergonzado. Este problema también me impidió ser honesto con mis padres, hermanos y amigos en la iglesia. Con el tiempo comencé a sentir que estaba solo, que era diferente a los demás de segunda generación y que ya no quería estar en la iglesia.

Sin embargo, a través de High Noon, aprendí que la pureza no es algo que pierdes, sino algo que puedes nutrir y decidí comenzar por confesárselo a mis padres. A través de la conversación con mis padres, pude sentir el amor de Dios. Me di cuenta de que Dios quería ayudarme, pero no le estaba abriendo mi corazón. Después de eso, el primer cambio que experimenté fue que podía orar a Dios con honestidad y que mi relación con mis padres, así como también con mis hermanos se hizo más cercana."

Puntos a Considerar/Actividades

- ¿Cuál de las cinco virtudes es la que tienes que trabajar más?

- ¿Cuáles son los beneficios de vivir una vida sin sombras?

- ¿Qué son las sombras para ti y cómo las puedes remover?

El Movimiento de Amor Puro

Cada movimiento tiene un líder inspirador que está dispuesto a hacer cualquier sacrificio, incluso si eso significa ir a la cárcel o dar su vida por lo que cree. Martin Luther King Jr. fue un destacado líder del Movimiento de Derechos Civiles de los Estados Unidos en la década de 1960. Cuando un líder justo se concentra en la injusticia moral que amenaza nuestra dignidad humana e inspira apasionadamente a otros, se crea un movimiento. El poder que alimenta una causa, se genera cuando una masa de individuos adopta una visión singular. En ese momento, comienza a desarrollar vida propia, provocando un efecto dominó en toda una nación e incluso en el mundo. El Padre Verdadero tuvo este nivel de compromiso durante toda su vida en la búsqueda de derrotar a las fuerzas del mal y construir el Reino de Dios en la Tierra. Su mayor pasión era reunir a la gente en torno a un movimiento por el amor puro.

Palabras de Padre Verdadero

283. "Yo les pedí crear esta campaña de amor puro. De hecho, ninguno de los profesores en las universidades y colegios secundarios pueden hacer esto, nosotros somos los únicos. Esto es comúnmente reconocido. Sólo nosotros podemos llevar a cabo la campaña del amor puro. En todo el mundo y toda su historia, somos nosotros los que tenemos esta responsabilidad histórica ordenada por el Cielo." (17.8.1998)

284. "Tenemos que llevar a cabo una revolución en la educación, para que todas las personas valoren el sexo absoluto; es decir, la

constitución del Cielo, con Dios como su eje vertical absoluto. Esta es la única manera de transmitir el linaje verdadero a toda la humanidad. Este es el camino para lograr familias ideales verdaderas de Dios. A partir de ahora, la pureza sexual, la pureza del linaje y la pureza del amor serán la esencia de la filosofía de la educación para la verdadera raza humana." (2006)

285. "La tradición de Satanás incluso ha llegado a las ciudades pequeñas, por eso debemos presentar la campaña de amor puro, tan ampliamente... La campaña de amor puro debería desarrollarse centralizada en la familia. No es la nación la que tomará la iniciativa. Por eso, les alenté a que inmediatamente hagan manifestaciones. Si no somos exitosos en la campaña de amor puro, vamos a perder todo. Es crucial el establecer en la mente de las personas que el movimiento de amor verdadero, es nuestro movimiento. Es como ser los primeros en ir al patentar algo." (30.6.1996)

286. "Cientos de miles de jóvenes en todo el mundo, dejaron de ser indulgentes con el sexo libre, después de aceptar las enseñanzas del Reverendo Moon. El mensaje del movimiento de amor puro, que aboga por el sexo absoluto, se está extendiendo como fuego. Si bien el sexo libre se basa en el amor falso y está motivado por deseos egoístas que provienen de Satanás, el sexo absoluto es la expresión del amor absoluto centrado en Dios." (26.10.2004)

287. "Debemos establecer la campaña de amor puro y de la familia verdadera en las universidades ¿Cómo podemos hacer frente a los problemas de la juventud? ¿Dónde podemos establecer el ideal de la familia verdadera? Podremos hacerlo al conectar las escuelas secundarias y las universidades. Hoy en día, los jóvenes son fácilmente influenciables y manchados por pensamientos corruptos. Los estudiantes desde los doce hasta los veinticuatro años tienen esta enfermedad ¿Cómo podemos curarlos? Actuando

como una fortaleza, personajes claves de pueblos o naciones deben protegerlos. Necesitamos garantías legales que permitan liberarnos de la homosexualidad militante y el sexo libre que destruyen familias. Las familias deben ser modelos de amor verdadero. Las familias deben mantenerse firmes basadas en los valores cristianos tradicionales; pero, en realidad, se debilitan cada día más. Debemos reconstruir todas estas cosas. Debemos restaurar familias y jóvenes. Este nivel de restauración no surgirá solamente de la familia, también necesitamos el apoyo de las escuelas. Al enfocarse en las escuelas primarias, secundarias y las universidades, los líderes de la nación deberían unirse y establecer la tradición de la familia. Tenemos que educar profundamente acerca de la ética de la familia y defender los valores familiares absolutos." (8.8.2000)

288. "Debemos educar a los jóvenes con el fin de evitar que caigan. Para ello, hemos establecido la campaña de amor puro. Al promover esta campaña, debemos reconocer públicamente a jóvenes representativos que sean ejemplo del amor ideal puro en sus ciudades o regiones. Estos estudiantes deben ser tratados con respeto en sus escuelas. Los maestros y los directores tienen que honrar a aquellos estudiantes que mantengan su pureza." (5.10.1995)

289. "En el mundo de hoy, las cosas se han degenerado hasta el punto en que incluso discutir el valor o la importancia del término 'amor puro' se considera anticuado. Sin embargo, es la ausencia de amor puro la causa fundamental de la ruptura de las familias, lo que está oscureciendo el futuro de la humanidad." (30.11.1997)

290. "Las personas a lo largo de la historia enfatizaron el amor puro y lo atesoraron. Y es porque el amor puro se conecta directamente con la dignidad de la vida. El corazón que respeta el amor puro, es el corazón que valora la vida. Es el corazón el que aprecia a la propia tribu y a toda la humanidad. Además, el corazón que respeta el

amor puro, está más cerca del corazón que puede encontrarse con Dios." (30.11.1997)

291. "Aunque Estados Unidos es una nación poderosa, en realidad, no se puede negar que no es para nada poderosa, cuando se trata de este tema del amor puro. Además, si Washington D.C. desea mantener su reputación como la capital del mundo, por encima de todo, debe convertirse en la ciudad líder en este asunto del amor puro. El día en que Washington, D.C. se convierta en la ciudad santa del amor puro y verdadero, será el día en que el mundo entero respetará y amará a los Estados Unidos." (30.11.1997)

292. "Innumerables héroes y sabios en la historia de la humanidad, incluídos nuestros primeros antepasados Adán y Eva, fueron incapaces de superar un problema crítico, este mismo problema del amor puro. El problema de hoy es que nadie puede asumir la responsabilidad de este asunto del amor puro, ni las familias, ni las escuelas, ni las iglesias e incluso ni el gobierno." (30.11.1997)

293. "Como puede verse, el Festival Mundial de Cultura y Deporte tiene como finalidad inculcar la madurez de las personas, para que puedan llegar a formar y fortalecer familias verdaderas que son la base del amor verdadero. El significado del amor puro, entonces, es aún más especial e importante para ustedes que han estado participando en este festival. Este movimiento de amor puro que estás llevando adelante, una vez establecido en todo el mundo, será el pilar más importante del verdadero movimiento familiar." (30.11.1997)

Reflexiones sobre las Palabras del Padre Verdadero

En 1997, aunque gran parte del mundo consideraba que la pureza estaba pasada de moda, el Padre Verdadero proclamó audazmente, que el amor puro es absolutamente necesario para el futuro del mundo. Hoy en día, los jóvenes que creen en la abstinencia, a menudo son desafiados por sus compañeros, pero el Padre Verdadero dijo que aquellos que se comprometen con la pureza sexual, deben ser reconocidos y honrados públicamente.

El mal uso del sexo, hace que nos veamos a nosotros mismos y a los demás, como objetos en lugar de como hijos divinos de Dios. Esto, naturalmente, impacta en todas nuestras relaciones, especialmente dentro de la familia ¿Cómo podemos ser una pareja amorosa y solidaria, cuando no entendemos el valor del otro? Como padres ¿Cómo podemos educar a nuestros hijos para que reconozcan su propio valor como hijos e hijas de Dios? El Padre Verdadero nos llamó para guiar a las personas a valorar sus órganos sexuales. Dijo que somos los únicos que podemos crear un movimiento de amor puro que se ocupe de los problemas de los jóvenes y les dé esperanza para su futuro. El corazón que respeta el amor puro, es el corazón que valora a toda la humanidad y puede encontrarse con Dios.

El Movimiento por los Derechos Civiles

Podemos aprender mucho del Movimiento de Derechos Civiles. La segregación racial durante la era de Jim Crow, fue un sistema que relegó a los afroamericanos a la posición de ciudadanos de segunda clase. Las escuelas para niños afroamericanos recibían libros de segunda mano y la jornada escolar se redujo a la mitad, porque tenían demasiados niños y no tenían fondos suficientes. Los afroamericanos fueron obligados a viajar en la parte trasera del autobús y se les prohibió ingresar a muchos establecimientos. Los tipos más comunes de segregación exigían que las instituciones públicas y los dueños de negocios mantuvieran a las personas de color y a las personas blancas separadas. El matrimonio interracial estaba estrictamente prohibido.

El Movimiento de Derechos Civiles (1954-1968) fue una respuesta a esta injusticia y es quizás el movimiento más emblemático de la historia reciente. Decenas de miles de hombres y mujeres dedicaron sus vidas para poner fin a la discriminación racial en los Estados Unidos. Millones apoyaron al participar en manifestaciones, sentadas y boicots.

Cómo Hacerlo Real

Así como Martin Luther King Jr. respondió al odio y a la intolerancia de la segregación, el Padre Verdadero se comprometió a poner fin al declive moral en todo el mundo, al llamarnos a convertirnos en líderes de un movimiento de amor puro. Tenía el mayor respeto por Martin Luther King Jr., llamándolo uno de los más grandes estadounidenses de la historia. El Movimiento de Derechos Civiles era necesario para abordar las flagrantes injusticias que enfrentaban los afroamericanos en ese momento. Asimismo, es necesario un movimiento de amor puro, para abordar la crisis moral que enfrenta la juventud del mundo.

La Alianza del Amor Puro (Pure Love Alliance o PLA) se fundó como una organización global en respuesta al llamado del Padre Verdadero, de crear un movimiento de amor puro. PLA alentó a los jóvenes a tratar su sexualidad como un regalo de Dios para su futuro cónyuge y a comprometerse con la abstinencia hasta el matrimonio. Se demostró que el amor puro era una elección de vida que valía la pena. Los jóvenes realizaron manifestaciones en Estados Unidos, Asia y Europa para promover la pureza sexual como una alternativa a la representación típica, del sexo casual de la cultura pop. El enfoque del PLA de organizar grandes eventos al aire libre, con miles de adolescentes proclamando su compromiso de guardar el sexo para el matrimonio, fue radical en los años noventa. Causó un revuelo notable y apareció en muchos de los principales medios de comunicación.

Se necesita un movimiento moderno de amor puro, para contrarrestar la estrategia de Satanás, de difundir la sexualidad falsa por todo el mundo. La pornografía en internet retrata una visión distorsionada y a menudo violenta del sexo, que confunde a los jóvenes del mundo. Atrapa a millones en conductas sexuales compulsivas, destruye matrimonios y alimenta la cultura del levante y el tráfico de personas.

High Noon, un Movimiento Moderno de Amor Puro

High Noon responde a la urgente necesidad de abordar la pandemia mundial de la pornografía, educando a las personas sobre sus efectos dañinos y brindando apoyo para la recuperación. Armados con la visión de los Padres Verdaderos para la sexualidad celestial, estamos hablando con audacia sobre su profunda comprensión de los órganos sexuales como el palacio original de amor, vida y linaje de Dios. Ofrecemos enriquecimiento matrimonial para ayudar a las parejas a crecer en su relación y recursos para capacitar a los padres a tener conversaciones abiertas y continuas con sus hijos, sobre el sexo y la pureza.

A través de estas actividades, estamos siendo testigos de un nivel de autenticidad nunca antes imaginado. Los solteros y las parejas de todo el mundo se han inspirado, al compartir el hermoso ideal de Dios para el sexo y reunir a otros en la causa del amor puro. Hombres y mujeres de todas las edades encuentran el valor de compartir honestamente, sus desafíos en el área del sexo y buscan el apoyo que necesitan para crear un matrimonio satisfactorio. Sin embargo, más de lo que hemos logrado, nos inspira la iniciativa de otros en respuesta al trabajo de High Noon. A menudo escuchamos sobre personas cuyas vidas han cambiado porque alguien que asistió a uno de nuestros eventos, se acercó a ellos para preguntarles cómo les estaba yendo con su integridad sexual. Recibimos correos electrónicos de personas que no conocemos, que viven en países en los que nunca hemos estado y nos dicen que han formado sus propios grupos de responsabilidad, para apoyarse mutuamente y dejar la pornografía. Además, los estudiantes universitarios han organizado eventos en el campus para discutir el tema de la integridad sexual. Este efecto dominó se extiende mucho más allá, del alcance inmediato de High Noon.

El lema del Padre Verdadero era: "Antes de buscar dominar el universo, primero debo buscar dominarme a mí mismo". La Madre Verdadera nos recuerda que: "La paz empieza en mi". Todos podemos formar parte del movimiento del amor puro, fortaleciendo nuestra propia integridad sexual. Nuestras vidas y matrimonios se convertirán en la piedra angular de una nueva era. Esperamos que éste sea el comienzo de un viaje compartido, hacia un mundo lleno de familias que irradian el amor puro de Dios.

Puntos a Considerar/Actividades

- ¿Cuál es la manera más efectiva de crear un movimiento moderno de amor puro? ¿Cómo puedes contribuir al mismo?

- ¿Qué has aprendido después de leer El Centro del Universo? ¿Hay algo que cambió en tu vida? ¿Cuál es tu siguiente paso?

Conclusión

Esperamos que el contenido de estas páginas haya podido tocar tu corazón y tu mente. Cada uno de nosotros tiene experiencias diferentes cuando aprendemos sobre el sexo. Las enseñanzas de los Padres Verdaderos, sobre los órganos sexuales sagrados, son profundas y desafiantes al mismo tiempo. Creemos firmemente que es posible para cada persona crear un matrimonio radiante y experimentar plenitud sexual, que lleva a un profundo sentimiento de conexión y amor. Algún día todos viviremos en un mundo que honra los órganos sexuales como Dios quería.

Para aprender más sobre High Noon por favor visita nuestra página web "es.highnoon.org" hay muchas herramientas para personas que están luchando con hábitos enfermizos relacionados con pornografía y masturbación, para parejas que buscan tener una experiencia profunda en la intimidad sexual y para padres que quieren aprender, como educar y proteger a sus hijos en este mundo hipersexualizado. Cuando son parte de High Noon y lo exploran, encontrarán que es una comunidad de apoyo para todos.

Gracias por tomarte el tiempo para leer este libro. Oramos para que continúe guiándote a ti y a tu familia a experimentar la hermosa visión de Dios expresada en las palabras eternas de nuestros Padres Verdaderos.

Referencias

Sección 1. El Centro del Universo

El Centro del Universo

1. Chon Song Guiong, 1° Edición, Libro 11, Cap. 2, Sec. 1, pág. 1835
2. Chon Song Guiong, 1° Edición, Libro 11, Cap. 2, Sec. 2, págs. 1838-1839
3. Chon Song Guiong, 1° Edición, Libro 11, Cap. 2, Sec. 2, pág. 1839
4. Chon Song Guiong, 1° Edición, Libro 11, Cap. 2, Sec. 2, pág. 1840
5. Chon Song Guiong, 1° Edición, Libro 11, Cap. 2, Sec. 2, págs. 1845-1846
6. Chon Song Guiong, 1° Edición, Libro 11, Cap. 2, Sec. 2, pág. 1852
7. Chon Song Guiong, 1° Edición, Libro 11, Cap. 2, Sec. 2, pág. 1844
8. Chon Song Guiong, 1° Edición, Libro 11, Cap. 2, Sec. 2, pág. 1851
9. Chon Song Guiong, 1° Edición, Libro 11, Cap. 2, Sec. 2, pág. 1851

El Palacio Original del Amor

10. Chon Song Guiong, 1° Edición, Libro 11, Cap. 2, Sec. 2, pág. 1839
11. Chon Song Guiong, 1° Edición, Libro 11, Cap. 2, Sec. 2, pág. 1845
12. Chon Song Guiong, 1° Edición, Libro 11, Cap. 2, Sec. 2, pág. 1843
13. Chon Song Guiong, 1° Edición, Libro 11, Cap. 2, Sec. 2, pág. 1845
14. Chon Song Guiong, 1° Edición, Libro 11, Cap. 2, Sec. 2, pág. 1853
15. Chon Song Guiong, 1° Edición, Libro 11, Cap. 2, Sec. 2, págs. 1839-1840
16. Chon Song Guiong, 1° Edición, Libro 11, Cap. 2, Sec. 5, pág. 1898
17. Chon Song Guiong, 1° Edición, Libro 11, Cap. 2, Sec. 1, pág. 1835
18. Chon Song Guiong, 1° Edición, Libro 11, Cap. 2, Sec. 1, págs. 1833-1834
19. Chon Song Guiong, 1° Edición, Libro 11, Cap. 2, Sec. 5, pág. 1898

El Palacio Original de la Vida

20. Chon Song Guiong, 1° Edición, Libro 11, Cap. 2, Sec. 2, pág. 1839

21. Chon Song Guiong, 1° Edición, Libro 11, Cap. 2, Sec. 2, págs. 1841-1842

22. Chon Song Guiong, 1° Edición, Libro 15, Cap. 2, Sec. 2, pág. 2416

23. Dra. Hak Ja Han Moon "El Viaje de la Vida," discurso pronunciado en varios lugares en la Gira Mundial, 1999

24. Chon Song Guiong, 2° Edición, Libro 5, Cap. 4, Sec. 2, Verso 15, págs. 544-545

25. Chon Song Guiong, 1° Edición, Libro 11, Cap. 2, Sec. 2, pág. 1844

26. Chon Song Guiong, 1° Edición, Libro 11, Cap. 2, Sec. 2, pág. 1842

El Palacio Original del Linaje

27. Reverendo Sun Myung Moon "La Pureza y el Linaje Sanguíneo: El Mecanismo que Crea Vida (el órgano sexual)", sermón pronunciado en Belvedere, Tarrytown, NY, 2 de febrero de 2001

28. Chon Song Guiong, 2° Edición, Libro 3, Cap. 2, Sec. 3, Verso 27, pág. 307

29. Chon Song Guiong, 2° Edición, Libro 3, Cap. 2, Sec. 3, Verso 29, pág. 307

30. Chon Song Guiong, 1° Edición, Libro 11, Cap. 2, Sec. 2, pág. 1852

31. Chon Song Guiong, 1° Edición, Libro 11, Cap. 2, Sec. 2, pág. 1841

32. Chon Song Guiong, 1° Edición, Libro 11, Cap. 2, Sec. 2, pág. 1839

33. Chon Song Guiong, 1° Edición, Libro 11, Cap. 2, Sec. 2, pág. 1843

34. Chon Song Guiong, 1° Edición, Libro 11, Cap. 2, Sec. 2, págs. 1851-1852

35. Chon Song Guiong, 1° Edición, Libro 11, Cap. 2, Sec. 3, págs. 1861-1862

Sección II. El Diseño de Dios para el Sexo

El Propósito de Dios para los Órganos Sexuales

36. Chon Song Guiong, 1° Edición, Libro 11, Cap. 2, Sec. 2, págs. 1846-1847

37. Chon Song Guiong, 1° Edición, Libro 11, Cap. 2, Sec. 2, pág. 1848

38. Chon Song Guiong, 1° Edición, Libro 11, Cap. 2, Sec. 2, pág. 1853

39. Chon Song Guiong, 2° Edición, Libro 4, Cap. 4, Sec. 3, Verso 15, pág. 451

40. Chon Song Guiong, 2° Edición, Libro 3, Cap. 2, Sec. 3, Verso 17, pág. 304

41. Pyeong Hwa Gyeong, Libro 2, Discurso 3, pág. 221

42. Chon Song Guiong, 1° Edición, Libro 11, Cap. 2, Sec. 2, pág. 1840

La Química del Amor

43. Chon Song Guiong, 1° Edición, Libro 3, Cap. 2, Sec. 5, pág. 398

44. Chon Song Guiong, 1° Edición, Libro 3, Cap. 2, Sec. 5, pág. 398

45. Chon Song Guiong, 2° Edición, Libro 3, Cap. 1, Sec. 4, Verso 25, págs. 282-283

46. Reverendo Sun Myung Moon "El Cumplimiento de la Responsabilidad de los Padres Verdaderos Ante la Providencia", sermón pronunciado en Belvedere,

Tarrytown, NY, 26 de diciembre de 1999

47. Reverendo Sun Myung Moon " El Propósito de la Vida, la Ida y la Vuelta", sermón pronunciado en Belvedere, Tarrytown, NY, 8 de enero de 1984

48. Chon Song Guiong, 1° Edición, Libro 11, Cap. 2, Sec. 2, págs. 1850-1851

49. Chon Song Guiong, 2° Edición, Libro 4, Cap. 4, Sec. 2, Verso 15 pág. 446

La Química del Primer Amor

50. Reverendo Sun Myung Moon "El Centro de la Responsabilidad y la Indemnización", sermón pronunciado en Belvedere, Tarrytown, NY, 30 de enero de 1983

51. Reverendo Sun Myung Moon "El Centro de la Responsabilidad y la Indemnización", sermón pronunciado en Belvedere, Tarrytown, NY, 30 de enero de 1983

52. Reverendo Sun Myung Moon "El Tiempo Presente", sermón pronunciado en Belvedere, Tarrytown, NY, 4 de febrero de 1979

53. Reverendo Sun Myung Moon "El Camino de la Victoria de Dios", discurso pronunciado en el Centro Mundial de Misiones, NY, 20 de agosto de 1987

54. Chon Song Guiong, 1°Edición, Libro 6, Cap. 1, Sec. 4, pág. 894

La Primera Noche

55. Chon Song Guiong, 1° Edición, Libro 4, Cap. 7, Sec. 8, pág. 528

56. Chon Song Guiong, 2° Edición, Libro 3, Cap. 2, Sec. 3, Verso 21, pág. 305

57. Chon Song Guiong, 1° Edición, Libro 11, Cap. 2, Sec. 3, pág. 1873

58. Chon Song Guiong, 1° Edición, Libro 11, Cap. 2, Sec. 3, pág. 1862

59. Chon Song Guiong, 2° Edición, Libro 4, Cap. 4, Sec. 3, Verso 19, págs. 452-453

60. Chon Song Guiong, 1° Edición, Libro 11, Cap. 2, Sec. 3, pág. 1873

61. Reverendo Sun Myung Moon "La Vida Celestial ", sermón pronunciado en Belvedere, Tarrytown, NY, 20 de noviembre de 1983

62. Reverendo Sun Myung Moon "Padres, Hijos y el Mundo Centrado en Uno Mismo", sermón pronunciado en Belvedere, Tarrytown, NY, 5 de junio de 1983

63. Reverendo Sun Myung Moon "La Era Mundial de las Familias Bendecidas", sermón pronunciado en Belvedere, Tarrytown, NY, 4 de mayo de 1997

64. Chon Song Guiong, 1° Edición, Libro 11, Cap. 2, Sec. 3, pág. 1873

65. Chon Song Guiong, 2° Edición, Libro 7, Cap. 3, Sec. 4, Verso 2, págs. 750-751

La Boda de Dios

66. Chon Song Guiong, 1° Edición, Libro 11, Cap. 2, Sec. 3, pág. 1864

67. Chon Song Guiong, 1° Edición, Libro 11, Cap. 2, Sec. 3, pág. 1864

68. Chon Song Guiong, 1° Edición, Libro 11, Cap. 2, Sec. 3, pág. 1863

69. Chon Song Guiong, 1° Edición, Libro 11, Cap. 2, Sec. 3, pág. 1865

70. Chon Song Guiong, 2° Edición, Libro 1, Cap. 2, Sec. 2, Verso 19, pág. 65

71. Chon Song Guiong, 1° Edición, Libro 11, Cap. 2, Sec. 3, pág. 1862

72. Chon Song Guiong, 1° Edición, Libro 11, Cap. 2, Sec. 3, pág. 1862

73. Chon Song Guiong, 1° Edición, Libro 11, Cap. 2, Sec. 3, págs. 1862-1863

74. Chon Song Guiong, 1° Edición, Libro 11, Cap. 2, Sec. 3, pág. 1865

75. Yoshihiko Masuda, Amor Verdadero, Sexo y Salud: Guía de las Palabras de los Padres Verdaderos (Gapyeong: CheongShim GTS University Press, 2009), pág. 240

Los Guardianes del Universo

76. Chon Song Guiong, 2° Edición, Libro 3, Cap. 2, Sec. 3, Verso 28, pág. 307

77. Chon Song Guiong, 1° Edición, Libro 9, Cap. 1, Sec. 3, pág. 1380

78. Chon Song Guiong, 1° Edición, Libro 9, Cap. 1, Sec. 3, pág. 1377

79. Chon Song Guiong, 1° Edición, Libro 9, Cap. 1, Sec. 3, pág. 1379

80. Chon Song Guiong, 1° Edición, Libro 9, Cap. 1, Sec. 3, pág. 1379

81. Chon Song Guiong, 1° Edición, Libro 11, Cap. 2, Sec. 2, pág. 1850

82. Chon Song Guiong, 1° Edición, Libro 11, Cap. 2, Sec. 4, pág. 1887

La Pureza Sexual en la Mente y el Cuerpo

83. Chon Song Guiong, 2° Edición, Libro 5, Cap. 3, Sec. 1, Verso 20, págs. 525-526

84. Chon Song Guiong, 2° Edición, Libro 4, Cap. 4, Sec. 2, Verso 11, págs. 444-445

85. Chon Song Guiong, 2° Edición, Libro 5, Cap. 2, Sec. 1, Verso 3, págs. 488-489

86. Chon Song Guiong, 1° Edición, Libro 11, Cap. 2, Sec. 3, pág. 1864

87. Chon Song Guiong, 1° Edición, Libro 4, Cap. 1, Sec. 5, pág. 462

88. Reverendo Sun Myung Moon "El Maestro habla sobre Satanás, la Caída y el Mal (sesiones de preguntas y respuestas)", conferencias pronunciadas en varios lugares de Estados Unidos, marzo-abril de 1965

89. Reverendo Sun Myung Moon "Familias Bendecidas y el Ideal Celestial" Vol I, (New York: HSA-UWC, 1997), pág. 443

90. Chon Song Guiong, 2° Edición, Libro 8, Cap. 2, Sec. 4, Verso 1, pág. 837

91. Chon Song Guiong, 2° Edición, Libro 4, Cap. 1, Sec. 2, Verso 34, págs. 368-369

92. Reverendo Sun Myung Moon "Familias Bendecidas y el Ideal Celestial" Vol I, (New York: HSA-UWC, 1997), pág. 444

93. Reverendo Sun Myung Moon "Familias Bendecidas y el Ideal Celestial" Vol I, (New York: HSA-UWC, 1997), pág. 53

¿Por qué Nos Casamos?

94. Chon Song Guiong, 1° Edición, Libro 11, Cap. 2, Sec. 3, pág. 1868

95. Reverendo Sun Myung Moon "El Ciudadano Global que Ama la Paz" Fundación Washington Times, Impresora Polo, 2010, pág. 194

96. Chon Song Guiong, 1° Edición, Libro 3, Cap. 3, Sec. 1, pág. 417

97. Chon Song Guiong, 1° Edición, Libro 11, Cap. 2, Sec. 3, pág. 1872

98. Chon Song Guiong, 2° Edición, Libro 5, Cap. 2, Sec. 2, Verso 5, pág. 494

99. Chon Song Guiong, 1° Edición, Libro 11, Cap. 2, Sec. 3, pág. 1876

100. Chon Song Guiong, 2° Edición, Libro 5, Cap. 2, Sec. 2, Verso 13, pág. 496

101. Chon Song Guiong, 1° Edición, Libro 11, Cap. 2, Sec. 3, pág. 1873

102. Pyeong Hwa Gyeong, Libro 2, Discurso 3, pág. 221

103. Chon Song Guiong, 2° Edición, Libro 5, Cap. 2, Sec. 2, Verso 16, pág. 496

104. Chon Song Guiong, 1° Edición, Libro 11, Cap. 2, Sec. 3, pág. 1874

105. Chon Song Guiong, 1° Edición, Libro 11, Cap. 2, Sec. 3, pág. 1873

Sección III. Amor Conyugal

El Valor Sagrado del Sexo

106. Chon Song Guiong, 1° Edición, Libro 11, Cap. 2, Sec. 1, pág. 1832

107. Chon Song Guiong, 2° Edición, Libro 3, Cap. 2, Sec. 3, Verso 29, pág. 307

108. Chon Song Guiong, 2° Edición, Libro 3, Cap. 2, Sec. 3, Verso 30, pág. 307

109. Chon Song Guiong, 1° Edición, Libro 8, Cap. 2, Sec. 4, pág. 1230

110. Chon Song Guiong, 1° Edición, Libro 11, Cap. 2, Sec. 2, pág. 1840

111. Chon Song Guiong, 1° Edición, Libro 3, Cap. 3, Sec. 1, pág. 419

112. Reverendo Sun Myung Moon. "Los Verdaderos Dueños en el Establecimiento del Reino de Paz y Unidad en el Cielo y en la Tierra" discurso pronunciado en el Museo de la Paz Cheon Jeong, Cheongpyeong, Corea del Sur, 10 de abril de 2006

El Intercambio de Regalos del Cielo

113. Chon Song Guiong, 1° Edición, Libro 4, Cap. 12, Sec. 1, pág. 575

114. Pyeong Hwa Gyeong, Libro 2, Discurso 3, pág. 227

115. Chon Song Guiong, 1° Edición, Libro 11, Cap. 2, Sec. 4, pág. 1880

116. Chon Song Guiong, 1° Edición, Libro 11, Cap. 2, Sec. 4, pág. 1881

117. Chon Song Guiong, 1° Edición, Libro 11, Cap. 2, Sec. 4, pág. 1882

118. Chon Song Guiong, 1° Edición, Libro 11, Cap. 2, Sec. 4, pág. 1883

119. Chon Song Guiong, 1° Edición, Libro 11, Cap. 2, Sec. 4, pág. 1885

120. Chon Song Guiong, 1° Edición, Libro 4, Cap. 12, Sec. 3, pág. 577

121. Chon Song Guiong, 1º Edición, Libro 4, Cap. 12, Sec. 3, pág. 577

122. Chon Song Guiong, 1º Edición, Libro 4, Cap. 12, Sec. 3, pág. 577

Dos se Hacen Uno

123. Chon Song Guiong, 1º Edición, Libro 11, Cap. 2, Sec. 3, pág. 1872

124. Chon Song Guiong, 2º Edición, Libro 3, Cap. 2, Sec. 3, Verso 26, pág. 306

125. Chon Song Guiong, 2º Edición, Libro 5, Cap. 2, Sec. 2, Verso 10, pág. 495

126. Chon Song Guiong, 1º Edición, Libro 3, Cap. 3, Sec. 1, pág. 419

127. Yoshihiko Masuda. Amor Verdadero, Sexo y Salud: Guía de las Palabras de los Padres Verdaderos (Gapyeong: CheongShim GTS University Press, 2009), pág. 127

128. Dra. Hak Ja Han Moon. "Las Mujeres Jugarán un Rol de Liderazgo en el Mundo Ideal", discurso pronunciado en Incheon, Corea del Sur, 11 de mayo de 1992

129. Chon Song Guiong, 1º Edición, Libro 3, Cap. 2, Sec. 4, pág. 387

130. Chon Song Guiong, 1º Edición, Libro 11, Cap. 2, Sec. 3, pág. 1874

131. Chon Song Guiong, 1º Edición, Libro 11, Cap. 1, Sec. 3, pág. 1784

132. Reverendo Sun Myung Moon, "Nada fue Creado para su Propio Bien", sermón pronunciado en Seúl, Corea del Sur, 10 de agosto de 1997

133. Chon Song Guiong, 2º Edición, Libro 5, Cap. 2, Sec. 2, Verso 3, pág. 493

Fidelidad en el Matrimonio

134. Chon Song Guiong, 1º Edición, Libro 11, Cap. 2, Sec. 4, pág. 1882

135. Chon Song Guiong, 2º Edición, Libro 13, Cap. 1, Sec. 3, Verso 7, pág. 1377

136. Dra. Hak Ja Han Moon, "Seamos la Encarnación Viviente del Ideal de la Familia Verdadera", discurso pronunciado en Washington, D.C., 17 de noviembre de 1997.

137. Chon Song Guiong, 2º Edición, Libro 5, Cap. 2, Sec. 1, Verso 15, pág. 492

138. Chon Song Guiong, 1º Edición, Libro 3, Cap. 2, Sec. 5, pág. 395

139. Chon Song Guiong, 1º Edición, Libro 9, Cap. 1, Sec. 3, pág. 1383

140. Chon Song Guiong, 1º Edición, Libro 3, Cap. 3, Sec. 2, pág. 422

141. Chambumo Gyeong, Libro 4, Cap. 3, Sec. 1, Verso 10, pág. 376

El Amor Verdadero es Ciego

142. Reverendo Sun Myung Moon. "La Forma de Crecer", sermón pronunciado en Belvedere, Tarrytown, New York, 30 de agosto de 1987

143. Reverendo Sun Myung Moon. "La Familia Bendecida", sermón pronunciado en Belvedere, Tarrytown, New York, 20 de junio de 1982

144. Reverendo Sun Myung Moon. "La Familia Bendecida", sermón pronunciado en Belvedere, Tarrytown, New York, 20 de junio de 1982

145. Chon Song Guiong, 2° Edición, Libro 3, Cap. 1, Sec. 4, Verso 28, pág.283

146. Chon Song Guiong, 1° Edición, Libro 3, Cap. 2, Sec. 4, pág. 389

147. Chon Song Guiong, 1° Edición, Libro 3, Cap. 3, Sec. 1, pág. 418

148. Pyeong Hwa Gyeong, Libro 2, Discurso 3, pág. 219

149. Chon Song Guiong, 1° Edición, Libro 11, Cap. 2, Sec. 1, pág. 1834

Hacer del Amor un Verbo, no un Sustantivo

150. Yoshihiko Masuda. Amor Verdadero, Sexo y Salud: Guía de las Palabras de los Padres Verdaderos (Gapyeong: CheongShim GTS University Press, 2009), pág. 42

151. Chon Song Guiong, 1° Edición, Libro 3, Cap. 3, Sec. 2, pág. 423

152. Chon Song Guiong, 1° Edición, Libro 3, Cap. 2, Sec. 4, pág. 386

153. Chon Song Guiong, 1° Edición, Libro 3, Cap. 3, Sec. 1, pág. 386

154. Chon Song Guiong, 1° Edición, Libro 4, Cap. 7, Sec. 8, pág. 528

155. Chon Song Guiong, 2° Edición, Libro 3, Cap. 2, Sec. 3, Verso 31, pág. 307

156. Chon Song Guiong, 1° Edición, Libro 11, Cap. 2, Sec. 4, pág. 1883

El Mundo Espiritual y el Amor Conyugal

157. Chon Song Guiong, 2° Edición, Libro 7, Cap. 2, Sec. 2, Verso 21, pág.709

158. Chon Song Guiong, 2° Edición, Libro 7, Cap. 3, Sec. 4, Verso 10, pág. 753

159. Chon Song Guiong, 2° Edición, Libro 4, Cap. 4, Sec. 4, Verso 17, pág. 462

160. Chon Song Guiong, 1° Edición, Libro 4, Cap. 7, Sec. 8, pág. 527

161. Chon Song Guiong, 1° Edición, Libro 11, Cap. 2, Sec. 2, pág. 1846

162. Chon Song Guiong, 1° Edición, Libro 11, Cap. 2, Sec. 3, pág. 1876

163. Chon Song Guiong, 1° Edición, Libro 11, Cap. 2, Sec. 2, pág. 1853

164. Yoshihiko Masuda. Amor Verdadero, Sexo y Salud: Guía de las Palabras de los Padres Verdaderos (Gapyeong: CheongShim GTS University Press, 2009), pág. 158

Sección IV. Sexo Absoluto

¿Qué es el Sexo Absoluto?

165. Chon Song Guiong, 1° Edición, Libro 15, Cap. 2, Sec. 4, pág. 2427

166. Reverendo Sun Myung Moon, "El Sexo Absoluto es Importante", sermón pronunciado en el Museo de la Paz Cheon Jeong, Cheongpyeong, Corea del Sur, 7 de marzo de 2007

167. Pyeong Hwa Gyeong, Libro 2, Discurso 3, pág. 227

168. Reverendo Sun Myung Moon, "El Vigésimo sexto día de la Victoria del Amor: en el Reino del Sabbat Cósmico hay Sexo Absoluto", sermón pronunciado en el Museo de la Paz Cheon Jeong, 2 de enero de 2009

169. Reverendo Sun Myung Moon, "El Vigésimo sexto día de la Victoria del Amor: en el Reino del Sabbat Cósmico hay Sexo Absoluto", sermón pronunciado en el Museo de la Paz Cheon Jeong, 2 de enero de 2009

170. Chon Song Guiong, 1° Edición, Libro 11, Cap. 2, Sec. 5, págs. 1894-1895

171. Reverendo Sun Myung Moon, La Familia Verdadera y el Reino Ideal, Vol I, (New York: HSA-UWC, 1997), pág. 17-18

172. Chon Song Guiong, 1° Edición, Libro 4, Cap. 5, Sec. 6, pág. 503

173. Reverendo Sun Myung Moon, "El Vigésimo sexto día de la Victoria del Amor: en el Reino del Sabbat Cósmico hay Sexo Absoluto", sermón pronunciado en el Museo de la Paz Cheon Jeong, 2 de enero de 2009

Pureza Sexual Absoluta

174. Reverendo Sun Myung Moon, "La cultura juvenil debe convertirse en un movimiento de Amor Puro", discurso pronunciado en Washington, D.C., 30 de noviembre de 1997

175. Reverendo Sun Myung Moon, A Prophet Speaks Today, the words of Sun Myung Moon, ed. W. Farley Jones, (New York: HSA-UWC, 1975), p. 33

176. Reverendo Sun Myung Moon, "Mensaje de Paz 10: La Familia Enraizada en la Ética Sexual Absoluta, que es el Modelo de lo Absoluto, la Paz y el Ideal de Dios, y el Reino Global", discurso pronunciado en Ilsan, Corea del Sur, 21 de noviembre de 2006

177. Reverendo Sun Myung Moon, "Mensaje de Paz 10: La Familia Enraizada en la Ética Sexual Absoluta, que es el Modelo de lo Absoluto, la Paz y el Ideal de Dios, y el Reino Global", discurso pronunciado en Ilsan, Corea del Sur, 21 de noviembre de 2006

178. Reverendo Sun Myung Moon, "Mensaje de Paz 10: La Familia Enraizada en la Ética Sexual Absoluta, que es el Modelo de lo Absoluto, la Paz y el Ideal de Dios, y el Reino Global", discurso pronunciado en Ilsan, Corea del Sur, 21 de noviembre de 2006

179. Reverendo Sun Myung Moon, "Mensaje de Paz 10: La Familia Enraizada en la Ética Sexual Absoluta, que es el Modelo de lo Absoluto, la Paz y el Ideal de Dios, y el Reino Global", discurso pronunciado en Ilsan, Corea del Sur, 21 de noviembre de 2006

180. Reverendo Sun Myung Moon, charla sin título, pronunciada en la Conferencia de Parejas Bendecidas, New York, 21 de febrero de 1991

Ética Sexual Absoluta en la Familia

181. Reverendo Sun Myung Moon, "Establecimiento del Palacio Real", sermón pronunciado en Cheongpyeong, Corea del Sur, 28 de diciembre de 2007

182. Reverendo Sun Myung Moon, "Mensaje de Paz 10: La Familia Enraizada en la Ética Sexual Absoluta, que es el Modelo de lo Absoluto, la Paz y el Ideal de Dios, y el Reino Global", discurso pronunciado en Ilsan, Corea del Sur, 21 de noviembre de 2006

183. Reverendo Sun Myung Moon, "El Sexo Absoluto es Importante", sermón pronunciado en el Museo de la Paz Cheon Jeong, Cheongpyeong, Corea del Sur, 7 de marzo de 2007

184. Chon Song Guiong, 2° Edición, Libro 8, Cap. 2, Sec. 5, Verso 3, pág. 846

185. Pyeong Hwa Gyeong, Libro 2, Discurso 3, pág. 227

186. Chon Song Guiong, 2° Edición, Libro 3, Cap. 2, Sec. 3, Verso 37, pág. 309

Ética Sexual Absoluta en el Mundo

187. Pyeong Hwa Gyeong, Libro 2, Discurso 3, pág. 226

188. Pyeong Hwa Gyeong, Libro 2, Discurso 3, pág. 217

189. Pyeong Hwa Gyeong, Libro 2, Discurso 3, págs. 226-227

190. Pyeong Hwa Gyeong, Libro 2, Discurso 3, pág. 227

Sección V. La Caída

La Raíz

191. Reverendo Sun Myung Moon, "El Inicio de la Primavera de la Vida", sermón pronunciado en Belvedere, Tarrytown, NY, 3 de abril de 1988

192. Chon Song Guiong, 1° Edición, Libro 11, Cap. 2, Sec. 1, pág. 1835

193. Chon Song Guiong, 2° Edición, Libro 1, Cap. 1, Sec. 2, Verso 6, págs. 34-35

194. Chon Song Guiong, 1° Edición, Libro 4, Cap. 10, Sec. 2, pág. 554

195. Chon Song Guiong, 1° Edición, Libro 8, Cap. 2, Sec. 2, pág. 1223

196. Chon Song Guiong, 1° Edición, Libro 8, Cap. 2, Sec. 4, pág. 1230

197. Chon Song Guiong, 1° Edición, Libro 4, Cap. 10, Sec. 2, págs. 553-554

198. Chon Song Guiong, 1° Edición, Libro 8, Cap. 2, Sec. 1, págs. 1213-1214

199. Chon Song Guiong, 1° Edición, Libro 8, Cap. 2, Sec. 4, págs. 1231-1232

200. Reverendo Sun Myung Moon, "Los Dueños Verdaderos del Establecimiento del Reino de la Paz Cósmica y la Unidad en el Cielo y en la Tierra", sermón pronunciado en el Museo de la Paz Cheon Jeong, Cheongpyeong, Corea del Sur, 14 de Octubre de 2006

201. Chon Song Guiong, 2° Edición, Libro 11, Cap. 3, Sec. 1, Verso 19, págs. 1172-1173

Encrucijada

202. Pyeong Hwa Gyeong, Libro 2, Discurso 3, pág. 225

203. Chon Song Guiong, 1° Edición, Libro 11, Cap. 2, Sec. 5, pág. 1894

204. Chon Song Guiong, 1° Edición, Libro 11, Cap. 2, Sec. 5, pág. 1894

205. Chon Song Guiong, 1° Edición, Libro 11, Cap. 2, Sec. 5, pág. 1895

206. Chon Song Guiong, 1° Edición, Libro 11, Cap. 2, Sec. 5, pág. 1896

207. Chon Song Guiong, 1° Edición, Libro 11, Cap. 2, Sec. 5, pág. 1895

208. Chon Song Guiong, 1° Edición, Libro 11, Cap. 3, Sec. 1, pág. 1908

209. Chon Song Guiong, 1° Edición, Libro 11, Cap. 2, Sec. 4, pág. 1890

210. Chon Song Guiong, 1° Edición, Libro 6, Cap. 2, Sec. 2, págs. 960-961

211. Chon Song Guiong, 2° Edición, Libro 13, Cap. 2, Sec. 1, Verso 23, pág. 1386

212. Reverendo Sun Myung Moon,"En la encrucijada del bien y del mal", sermón pronuciado en Seul, Corea del Sur, 16 de julio de 1972

213. Reverendo Sun Myung Moon, "La armonización de los valores; la liberación y el asentamiento completo del reino que trasciende las religiones y las naciones desde la perspectiva providencial", discurso pronunciado en in Rye Brook, NY, 26 de octubre de 2004

La Odisea

214. Chon Song Guiong, 1° Edición, Libro 8, Cap. 2, Sec. 1, pág.1134

215. Chon Song Guiong, 1° Edición, Libro 11, Cap. 2, Sec. 3, pág.1745

216. Chon Song Guiong, 2° Edición, Libro 4, Cap. 2, Sec. 2, Verso 29, pág. 401

217. Reverendo Sun Myung Moon, "La armonización de los valores; la liberación y el asentamiento completo del reino que trasciende las religiones y las naciones desde la perspectiva providencial", discurso pronunciado en in Rye Brook, NY, 26 de octubre de 2004

218. Reverendo Sun Myung Moon, "Misión y Oración", discurso pronunciado en el World Mission Center, Nueva York, 12 de junio de 1983

219. Reverendo Sun Myung Moon, "Establecimiento del Palacio Real", sermón pronunciado en Cheongpyeong, Corea del Sur, 28 de diciembre de 2007

220. Rev. Sun Myung Moon, "Pureza, linaje sanguíneo, elementos que crean la vida (el órgano sexual)", sermón pronunciado en Belvedere, Tarrytown, NY, 2 de febrero de 2001

221. Reverendo Sun Myung Moon, "El líder central", sermón pronunciado en Belvedere, Tarrytown, NY, 13 de febrero de 1974

222. Reverendo Sun Myung Moon, "El líder central", sermón pronunciado en Belvedere, Tarrytown, NY, 13 de febrero de 1974

Inmoralidad y Juventud

223. Pyeong Hwa Gyeong, Libro 2, Discurso 3, págs. 225-226

224. Reverendo Sun Myung Moon, "El Maestro habla sobre Satanás, la Caída y el Mal (sesiones de preguntas y respuestas)", conferencias pronunciadas en varios lugares de Estados Unidos, marzo-abril de 1965

225. Chambumo Gyeong, Libro 4, Cap. 3, Sec. 1, Verso 20, págs. 379-380

226. Reverendo Sun Myung Moon, "El Vigésimo sexto día de la Victoria del Amor", sermón pronunciado en el Museo de la Paz Cheon Jeong, 2 de enero de 2009

227. Reverendo Sun Myung Moon, Blessing and Ideal Family, Volume I, Part I, (Washington D.C.: FFWPU International, 1998), pág. 99

228. Reverendo Sun Myung Moon, "La construcción de un Mundo de la Cultura del Corazón basado en el Amor Verdadero", discurso pronunciado en Seúl, Corea del Sur, 10 de julio de 2003

Inmoralidad en la Familia y en el Mundo

229. Chambumo Gyeong, Libro 4, Cap. 3, Sec. 1, Verso 1, pág. 373

230. Chambumo Gyeong, Libro 4, Cap. 3, Sec. 1, Verso 3, pág. 374

231. Dra. Hak Ja Han Moon, "El Hogar Ideal y la Paz Mundial", discurso pronunciado en Seul, Corea del Sur, 23 de Agosto de 1995

232. Pyeong Hwa Gyeong, Libro 10, Discurso 2, pág. 1474

233. Reverendo Sun Myung Moon, "La Armonización de los Valores; la Liberación y el Asentamiento Completo del Reino que Trasciende las Religiones y las Naciones desde la Perspectiva Providencial", discurso pronunciado en Rye Brook, NY, 26 de octubre de 2004

234. Chon Song Guiong, 2° Edición, Libro 13, Cap. 2, Sec. 1, Verso 14, pág. 138

235. Reverendo Sun Myung Moon, "La Armonización de los Valores; la Liberación y el Asentamiento Completo del Reino que Trasciende las Religiones y las Naciones desde la Perspectiva Providencial", discurso pronunciado en in Rye Brook, NY, 26 de octubre de 2004

Sección VI. Restauración

Aprendiendo de Nuestros Padres, sobre el Sexo

236. Chon Song Guiong, 1° Edición, Libro 11, Cap. 2, Sec. 1, pág. 1834

237. Yoshihiko Masuda. Amor Verdadero, Sexo y Salud: Guía de las Palabras de los

Padres Verdaderos (Gapyeong: CheongShim GTS University Press, 2009), pág. 209

238. Reverendo Sun Myung Moon. "Día de Todas las Cosas Verdaderas y el Iniciador de la Armonía" Sermón pronunciado en Belvedere, Tarrytown, NY, 5 de junio de 1997

239. Chon Song Guiong, 1° Edición, Libro 11, Cap. 2, Sec. 2, pág. 1853

¿Por qué el Mesías Viene?

240. Chon Song Guiong, 1° Edición, Libro 11, Cap. 2, Sec. 2, pág. 1853

241. Pyeong Hwa Gyeong, Libro 2, Discurso 3, pág. 226

242. Chambumo Gyeong, Libro 13, Cap. 2, Sec. 1, Verso 17, pág. 1482

243. Pyeong Hwa Gyeong, Libro 2, Discurso 3, pág. 226

244. Reverendo Sun Myung Moon. "Vigésimo sexto Día de la Victoria del Amor: En el Reino del Sabbat Cósmico hay Sexo Absoluto", sermón pronunciado en el Museo de la Paz Cheon Jeong, Cheongpyeong, Corea del Sur, 2 de enero de 2009

245. Reverendo Sun Myung Moon. "El Establecimiento del Palacio Real", sermón pronunciado en Cheongpyeong, Corea del Sur, 28 de diciembre de 2007

246. Chon Song Guiong, 1° Edición, Libro 11, Cap. 2, Sec. 5, pág. 1895

247. Dr. Michael Mickler, 40 Años en América, (New York: HSA-UWC, 2000), pág. 6

248. Reverendo Sun Myung Moon. "Oración final de los Padres Verdaderos, en la Coronación por la Autoridad de la Liberación de Dios, el Rey de Reyes", oración pronunciada en el Museo de la Paz Cheon Jeong, 15 de enero de 2009

249. Pyeong Hwa Gyeong, Libro 2, Discurso 3, pág. 225

250. Chon Song Guiong, 2° Edición, Libro 1, Cap. 4, Sec. 1, pág. 111

La Posición Intermedia

251. Chon Song Guiong, 1° Edición, Libro 10, Cap. 1, Sec. 4, pág. 1590

252. Chon Song Guiong, 2° Edición, Libro 8, Cap. 2, Sec. 2, Verso 12, pág. 827

253. Chon Song Guiong, 2° Edición, Libro 13, Cap. 2, Sec. 1, Verso 9, pág. 1383

254. Reverendo Sun Myung Moon. "La Iglesia Hogar y la Realización del Reino de los Cielos", discurso pronunciado en el Centro Mundial de Misiones, Ciudad de New York, NY, 1 de enero de 1979

255. Reverendo Sun Myung Moon. La Bendición y la Familia Ideal, Volumen I, Parte I, (Washington D.C.: FFWPU Internacional, 1998), pág. 95

256. Reverendo Sun Myung Moon. Exposición del Principio Divino, Introducción al Principio de la Restauración por Indemnización, Sec. 1, (New York: AESUCM, 1996), pág. 176

257. Reverendo Sun Myung Moon. Exposición del Principio Divino, Introducción al

Principio de la Restauración por Indemnización, Sec. 1, (New York: AESUCM, 1996), pág. 176

258. Chon Song Guiong, 1° Edición, Libro 11, Cap. 2, Sec. 5, pág. 1894

259. Reverendo Sun Myung Moon. "Los Verdaderos Dueños en el Establecimiento del Reino de Paz y Unidad, en el Cielo y en la Tierra", discurso pronunciado en Seúl, Corea del Sur, 10 de abril de 2006

Terminando con la Vergüenza

260. Chon Song Guiong, 1° Edición, Libro 1, Cap. 2, Sec. 3, pág. 103

261. Chon Song Guiong, 1° Edición, Libro 4, Cap. 7, Sec. 6, pág. 525

262. Chon Song Guiong, 1° Edición, Libro 8, Cap. 2, Sec. 1, pág. 1215

263. Chon Song Guiong, 1° Edición, Libro 8, Cap. 2, Sec. 4, pág. 1229

264. Chon Song Guiong, 1° Edición, Libro 11, Cap. 2, Sec. 3, pág. 1876

265. Chon Song Guiong, 1° Edición, Libro 3, Cap. 2, Sec. 5, pág. 397

266. Chon Song Guiong, 1° Edición, Libro 11, Cap. 2, Sec. 2, pág. 1847

267. Chon Song Guiong, 1° Edición, Libro 11, Cap. 2, Sec. 2, pág. 1847

268. Chon Song Guiong, 1° Edición, Libro 3, Cap. 2, Sec. 4, pág. 390

269. Yoshihiko Masuda, Amor Verdadero, Sexo y Salud: Guía de las Palabras de los Padres Verdaderos (Gapyeong: CheongShim GTS University Press, 2009), pág. 183

Una Vida Sin Sombras

270. Reverendo Sun Myung Moon. "Que Este Sea un Buen Año", discurso pronunciado en el Centro de Misión Mundial, Ciudad de New York, NY, 2 de enero de 1983

271. Chon Song Guiong, 2° Edición, Libro 12, Cap. 3, Sec. 2, Verso 3, pág. 1302

272. Chon Song Guiong, 2° Edición, Libro 12, Cap. 3, Sec. 2, Verso 1, pág. 1301

273. Chon Song Guiong, 2° Edición, Libro 12, Cap. 3, Sec. 2, Verso 2, pág. 1302

274. Chon Song Guiong, 2° Edición, Libro 4, Cap. 3, Sec. 3, Verso 28, pág. 436

275. Chon Song Guiong, 2° Edición, Libro 4, Cap. 3, Sec. 3, Verso 26, pág. 436

276. Reverendo Sun Myung Moon, "El Significado Providencial del 44° Día de los Hijos Verdaderos", sermón pronunciado en Cheongpyeong, Corea del Sur, 25 de octubre de 2003

277. Reverendo Sun Myung Moon, "La Armonización de los Valores y la Liberación, y el Establecimiento Completo del Ámbito que Trasciende Religiones y Naciones desde la Perspectiva Providencial", discurso pronunciado en Rye Brook, New York, 26 de octubre de 2004

278. Dr. Andrew Wilson. Las Escrituras del Mundo y las Enseñanzas de Sun Myung

Moon (New York: Federación para la Paz Universal, 2007), pág. 627

279. El Camino de la Tradición, Volumen III, (New York: HSA-UWC, 1980), pág. 87

280. El Camino de la Voluntad de Dios, (New York: HSA-UWC, 1980), pág. 199

281. Chon Song Guiong, 2° Edición, Libro 8, Cap. 1, Sec. 2, Verso 5, pág. 794

282. El Camino de la Tradición, Volumen II, (New York: HSA-UWC, 1980), pág. 100

El Movimiento de Amor Puro

283. Chambumo Gyeong, Libro 4, Cap. 3, Sec. 1, Verso 16, pág. 378

284. Chon Song Guiong, 2° Edición, Libro 13, Cap. 2, Sec. 2, Verso 27, pág. 1393

285. Chambumo Gyeong, Libro 4, Cap. 3, Sec. 1, Verso 12, pág. 377

286. Reverendo Sun Myung Moon. "La Armonización de los Valores y la Liberación, y el Establecimiento Completo del Ámbito que Trasciende Religiones y Naciones desde la Perspectiva Providencial", discurso pronunciado en Rye Brook, New York, 26 de octubre de 2004

287. Chambumo Gyeong, Libro 4, Cap. 3, Sec. 1, Verso 11, pág. 377

288. Chambumo Gyeong, Libro 4, Cap. 3, Sec. 1, Verso 15, pág. 378

289. Reverendo Sun Myung Moon. "La Cultura Juvenil debe Convertirse en un Movimiento del Amor Puro", discurso pronunciado en el Tercer Festival Mundial de Cultura y Deporte, Washington, D.C., 30 de noviembre de 1997

290. Reverendo Sun Myung Moon. "La Cultura Juvenil debe Convertirse en un Movimiento del Amor Puro", discurso pronunciado en el Tercer Festival Mundial de Cultura y Deporte, Washington, D.C., 30 de noviembre de 1997

291. Reverendo Sun Myung Moon, "La Cultura Juvenil debe Convertirse en un Movimiento del Amor Puro", discurso pronunciado en el Tercer Festival Mundial de Cultura y Deporte, Washington, D.C., 30 de noviembre de 1997

292. Reverendo Sun Myung Moon, "La Cultura Juvenil debe Convertirse en un Movimiento del Amor Puro", discurso pronunciado en el Tercer Festival Mundial de Cultura y Deporte, Washington, D.C., 30 de noviembre de 1997

293. Reverendo Sun Myung Moon, "La Cultura Juvenil debe Convertirse en un Movimiento del Amor Puro", discurso pronunciado en el Tercer Festival Mundial de Cultura y Deporte, Washington, D.C., 30 de noviembre de 1997

Bibliografía

Bailey, Megan. "7 Godly Love Stories that Inspire." Beliefnet. Accessed 2019. https:// www.beliefnet.com/love-family/relationships/marriage/7-godly-love-stories-that-inspire.aspx.

Ballard, Larry. "Multigenerational Legacies — The Story of Jonathan Edwards." July 1, 2017. https://www.ywam-fmi.org/news/ multigenerational-legacies-the-story-of-jonathan-edwards/.

Bloom, Linda, and Charlie Bloom. "Want More and Better Sex? Get Married and Stay Married." *HuffPost*. July 13, 2017. https://www. huffpost. com/entry/want-more-and-better-sex-get-married-and-stay-married_b_5967b618e4b022bb9372aff2.

Federación de Familias para la Paz y la Unificación Mundial. *Chon Song Guiong*. Seul: Editorial Sunghwa, 2006.

Gresh, Dannah. "Healthy Sexuality: Sending the Right Message to Your Kids." Focus on the Family. June 27, 2017. https://www. focusonthefamily.com/parenting/healthysexuality-sending-the-right-message-to-your-kids/.

Herbenick, Debby, Michael Reece, Vanessa Schick, Stephanie A. Sanders, Brian Dodge, and J. Dennis Fortenberry. "Sexual Behavior in the United States: Results from a National Probability Sample of Men and Women Ages 14–94." *The Journal of Sexual Medicine* 7, no. s5 (October 2010): 255–65. doi: 10/1111/j.1743-6109.2010.02012.x.

Homero, *La Odisea*. Traductor José Manuel Pabón. Madrid: Gredos, 2008

Izquierdo, Victoriano. "How Porn & Technology Might Be Replacing Sex for Japanese Millennials." Fight the New Drug. April 17, 2019. https:// fightthenewdrug.org/how-porn-sex-technology-is-contributing-to-japans-sexless-population/.

Lee, Sang Hun. *Explicando el Pensamiento de Unificación*. Bridgeport: Instituto de Pensamiento de Unificacion, 1981.

Lee, Sang Hun. *La Realidad del Mundo Espiritual y la Vida en la Tierra*. Uruguay: Federación de Familias para la Paz y la Unificación Mundial, 1998.

Librera Editrice Vaticana. Catechism of the Catholic Church, 2nd ed. Washington, D.C.: United States Conference of Catholic Bishops. 2019.

Lickona, Thomas. "Ten Emotional Dangers of Premature Sexual Involvement." *Center for the 4th and 5th Rs* (2007). https://www2. cortland. edu/centers/character/images/sex_character/2007-Fall-red.pdf.

Max Lucado. *Tú Eres Especial*. Editorial Spanish House, 2000

Luther, Martin. "The Estate of Marriage." Sermon, Germany, 1519.

Martelaro, Nikolas. "Turning Nuclear Weapons into Nuclear Power." Course work, Stanford University, March 23, 2017. http://large.stanford.edu/ courses/2017/ph241/martelaro2/.

Masuda, Yoshihiko. *Amor Verdadero, Sexo y Salud: Guía de las Palabras de los Padres Verdaderos*. Gapyeong: CheongShim GTS University Press, 2009.

McIlhaney, Joe S., and Freda McKissic Bush. *Hooked: New Science on How Casual Sex Is Affecting Our Children*. (El Levante: La Nueva Ciencia de Cómo el Sexo Casual está Afectando a Nuestros Hijos) Chicago: Northfield Publishing, 2008.

Messora, Rene. "A child raised by many mothers: What we can learn about parenthood from an indigenous group in Brazil." *The Washington Post*. September 6, 2019. https://www.washingtonpost.com/ lifestyle/2019/09/06/child-raised-by-many-mothers-what-we-can-learnhow-other-cultures-raise-their-children/.

Rev. Sun Myung Moon. *El Ciudadano Global que Ama la Paz*. Fundación Washington Times, Impresora Polo, 2011.

Pak, Joong Hyun. "Absolute Sex—Exploring Its Meaning." Sermon, Belvedere Estate, Tarrytown, NY, February 1, 1997. tparents.org. http:// www.tparents.org/UNews/Unws9702/jpak9702.htm.

Roizen, Michael. *Edad Real*. Editorial Atlántida, 2000

Made in the USA
Middletown, DE
30 May 2023

31517065R00159